국가는 왜 싸우는가

국가는 왜 싸우는가

전쟁과 평화의 경계에서 마주한 질문

2025년 6월 3일 1쇄 찍음
2025년 6월 11일 1쇄 펴냄

지은이 정성철

편집 김천희·이근영
디자인 이수경·김진운
마케팅 유명원

펴낸이 윤철호
펴낸곳 ㈜사회평론아카데미
등록번호 2013-000247(2013년 8월 23일)
전화 02-326-1545
팩스 02-326-1626
주소 (03993) 서울특별시 마포구 월드컵북로6길 56
홈페이지 www.sapyoung.com
이메일 academy@sapyoung.com

ISBN 979-11-6707-184-2 93340

* 이 저서는 2022년 대한민국 교육부와 한국연구재단의 지원을 받아 수행된 연구임 (NRF-2022S1A6A4047422).

국가는 왜 싸우는가

전쟁과 평화의 경계에서 마주한 질문

정성철 지음

사회평론아카데미

들어가는 글

『국가는 왜 싸우는가: 전쟁과 평화의 경계에서 마주한 질문』은 국제정치 안내서이다. 한반도를 살아가는 우리에게 국제정치의 영향력은 가히 압도적이다. 혹자는 우리를 고래 싸움에 낀 새우에 비유한다. 신문과 뉴스는 트럼프, 시진핑, 푸틴, 김정은의 신상과 정책에 대한 이야기를 쏟아낸다. 우리는 이러한 스트롱맨들의 손바닥 위에 놓였는가? 이 책은 우리를 둘러싼 국제정치에 대해 단선적이기보다 통합적인 이해와 설명을 제시하고자 하였다. 지난 100여 년 동안 국제정치학은 다양한 논쟁 속에서 주요 개념과 이론을 발전시켜 왔다. 우리의 뿌연 시야를 다소나마 밝혀줄 안경인 셈이다.

많은 이들이 '나'를 알고자 한다. 자신을 객관적으로 바라보려고 할 때 비로소 유년기를 벗어나게 된다. 이렇게 나를 알고자 할 때 안과 밖, 즉 내면과 환경을 살피는 것이 중요하다. 아무리 내면을 파고들어도 자기 행동을 이해할 수 없다면 나를 압박하고 제한하는 환경에 눈을 돌려야 한다. 실제로 많은 이들이 가족, 학교, 동네, 사회, 국가를 두루 살피며 인간을 파악하고자 노력한다. 그런데 나를 둘러싼 우리 사회와 국가는 국제정치의 영향력에 놓여 있다. 그러기에 국제정치는 나를 둘러싼 환경의 '끝판왕'이라 칭할 수 있다. 훗날 우주정치가 본격화되기 전까지는 말이다.

우린 슬픈 한반도의 역사에 익숙하다. 16세기 명나라로 가는 길을 열라는 일본의 요구를 거절하자 7년의 전란이 한반도를 집어삼켰다. 17세기 후금은 명과의 관계 단절을 강요하며 조선의 왕을 무릎 꿇리고 머리를 조아리게 만들었다. 19세기 말 20세기 초 청과 러시아를 제압한 일본은 한반도를 식민지로 삼고 우리의 문화와 언어를 말살하고자 했다. 20세기 중반 해방을 맞이했으나 곧 분단과 전쟁을 경험하며 한반도는 분단과 가난의 상징이 되고 말았다. 흔히 무능하거나 탐욕스러운 정치인들을 비판하지만 그들의 부재가 평화를 보장하지는 않는다. 서구에서 발전한 국제정치학의 개념과 접근이 우리의 역사와 현실을 비춰준다면 굳이 배척할 이유가 없다. 안경 없이 주변만 더듬거리거나 길을 잃어서는 안 될 뿐이다.

이 책은 총 네 부분으로 나뉜다. 전쟁의 주요 당사자인 주권국가의 등장을 이야기한 한 후, 국가 간 충돌과 협력을 설명하고, 국제관계의 미래에 대한 논의를 전개한다. 〈1부 국가는 언제 생겨났는가?—주권국가〉는 주권, 균형, 자강, 동맹이라는 키워드로 구성된 네 개의 장(1장~4장)에서 국가의 속성과 활동을 소개한다. 유럽에서 종교개혁 이후 불거진 구교와 신교 간 전쟁을 막고자 주권체제가 등장했으며, 이러한 주권국가는 수백 년에 걸쳐 세계정치의 주요 행위자로 자리 잡았다. 하지만 그러한 국가는 서로 경쟁하면서 갈등과 분쟁에서 벗어나지 못했다. 각국은 스스로 불가침 '주권'을 보유했다고 믿는 가운데 끊임없이 생존을 위한 자구책 마련에 애썼던 것이다.

그렇다면 왜 국가는 외교를 통해 충돌을 피하지 못하는가? 〈2부 국가는 왜 충돌하는가?—국제분쟁〉은 오인과 이슈, 세력전이, 지도자, 정체성(5장~8장)이라는 네 가지 이유로 무력 충돌을 설명한다. 협상을 통해 모두 이득을 볼 수 있음에도 총칼로 상대를 죽이는 전쟁이 발발하는 이유를 탐색한 것이다. 한편, 지난 백 년 동안 국가들은 경쟁 속에서도 다양한 형태로 협력을 펼치기도 했다. 국가가 때로는 서로를 동업자로 간주했던 셈이다. 따라서 〈3부 국가는 어떻게 협력하는가?—국제협력〉은 국가 간 협력을 패권질서, 상호의존, 민주평화(9장~11장)라는 관점에서 살펴본다. 사실 〈2부〉와 〈3부〉는 전쟁과 평화라는 동전의 양면을 각각 비추면서 짝을 이루고 있다고 할 수 있다.

마지막 〈4부 국가는 이제 퇴장하는가?—신흥도전〉은 근대국가의 미래에 대한 다양한 전망을 소개한다. 특히 기술 발전과 초국가도전에 초점을 맞추어 자유주의 세계질서 이후에 대해 성찰하고 논의한다(12장, 13장). 신냉전(New Cold War) 담론을 경계하면서 기후변화와 보건위기에 맞설 새로운 비전이 필요함을 주장한다. 마지막으로 한반도를 둘러싼 국제정치의 현실(14장)을 논하면서 국제 환경뿐 아니라 그것을 만들어 나가는 우리 사회를 돌아본다. 우리가 함께 추구할 가치와 이익은 무엇인가? 그것을 우리의 이웃과 더불어 지키고 가꾸는 방법은 무엇일까? 미중 경쟁이 심화되는 상황에서 동아시아 화해와 평화를 이룰 방안은 무엇인가? 한반도가 전장(戰場)의 역사를 뒤로하고 광장(廣場)과 시장(市場)의 미래로 나아가길 기대하며 이 책은 마무리된다.

국제정치를 통해 나를 알아가고 우리를 깨닫게 된다. 수많은 스승의 지혜와 인내 덕분에 엄중한 현실의 무게 속에서 새로운 미래를 모색하는 작업이 가능했다. 특히 책을 쓰는 동안 학위논문을 지도해 주셨던 고(故) 신욱희 교수님과 Jack S. Levy 교수님이 자주 생각났다. 넓고 깊게 국제관계를 탐구하도록 안내해 주셨지만 특정 시각과 방법을 주입시키지 않으셨다. 최근 너무 일찍 우리 곁을 떠나신 신 교수님을 생각하면 감사하고 죄송한 마음에 스스로를 애써 추스를 뿐이다.

이 책은 사실 학생들과 나눈 대화의 기록이라 할 수 있다. 강의를 준비하고 질문에 답변하면서 얼마나 나의 사고와 이해가 모호하고 설익었는지를 깨달았다. 그러한 명지대 종합관 6층에서의 시간이 쌓여 지금의 책을 세상에 내놓게 되었다. 앞으로 갈 길이 먼 교육자이자 연구자이지만 제자들과 호흡한 기록을 남긴다는 심정으로 감히 책을 쓰기 시작했다. 부족하고 투박했던 수업을 수강했던 모든 분들이 나를 성장시켰음을 다시금 고백한다.

개인적으로 좋은 연구자의 필요조건은 좋은 인간이라 생각한다. 무엇이 중요하고 무엇을 나눌지를 사회 속 연구자는 고민해야 하기에 그렇다. 이런 생각의 밑바탕에는 나의 가족이 존재한다. 팔순이 넘어서도 글을 읽고 쓰며 자식에게 믿음, 바름, 감사, 기쁨, 봉사를 말씀하시는 부모님의 지혜와 사랑은 내게 늘 샘터이다. 사랑하는 아내(지영)와 아이들(준희·서희·준기)은 내가 앞길만 쳐다보지 않고 하늘을 우러러볼 믿음과 여유를 주었다. 모든 가족에게 사랑과 감사를 표한다.

차례

2부 국가는 왜 충돌하는가? — 국제분쟁

3부 국가는 어떻게 협력하는가? — 국제협력

1부

국가는 언제 생겨났는가?

주권국가

1장

주권
— 모든 국가는 평등하다?

1 주권국가와 근대체제

2022년 2월 24일 러시아가 우크라이나를 침공했다. 실시간으로 온갖 정보와 많은 영상이 전 세계로 퍼져 나갔다. 밀과 천연가스의 최대 수출국 러시아와 유럽의 곡창지대 우크라이나가 전쟁을 벌이자 전 세계 곡물과 에너지 가격은 급등했다. 한국의 라면 가격은 14년 만에 최고로 올랐고 외식 물가도 덩달아 뛰었다(머니투데이 2023.6.5.). 우크라이나를 침공한 러시아에 대해서 미국은 전 세계 민주국가들과 더불어 강경한 제재로 맞섰다. 그러한 상황 속에서 한국이 우크라이나에 대한 무기지원 의사를 내비치자 러시아는 그러한 행위는 "전쟁 개입"을 의미하며 "러한 관계를 망칠 수 있다"고 경고하였다(연합뉴스 2023.4.19.). 이후 북한과 러시아가 무기와 기술을 맞교환하고 북한군이 전장에 투입되자, 유럽의 전쟁이 그들만의 일상과 평화를 위협하는 것이 아님이 더욱 명확해졌다.

우리는 국제정치에서 자유롭지 않다. 흔히 한국을 미국과 중국 사이에 낀 신세로 비유한다. 강대국 틈바구니에서 자유롭지 않다는 뜻이다. 우리처럼 수출로 먹고 살며 강대국 이웃을 둔 국가에게 국제정치의 영향은 엄중하다. 이번 우크라이나 전쟁을 계기로 식량안보에 대한 논의가 재점화되었다. 식량이 무기화되고 미중 갈등 속에서 반도체와 자동차의 수출로가 막힐 경우 우리 경제는 버텨낼 수 있을까? 대만문제를 두고 미국과 중국 두 강대국이 충돌한다면 우리는 중립을 지킬 수 있을까? 그렇지 못하다면 우리가 치러야 할 비용과 피해는 어떠할까? 이처럼 우리의 의지나 희망과 상관없이 국제정치는 우리의 삶을 에워싸고 있다.

그렇다면 '국제정치'란 무엇인가? 말 그대로 국가 사이의 정치이다. 정치를 더불어 살기 위한 과정으로 이해한다면, 국제정치는 국가들이 지구상에서 자원과 지위를 배분하며 함께 살아가려는 노력이다. 여기서 국가는 무엇인가? 우리가 흔히 떠올리는 국가는 바로 근대국가이다. 영토 내 국민에 대해 주권을 보유한 정치단위로 주권국가 혹은 민족국가로도 불린다. 따라서 자국의 문제에 대하여 다른 국가의 간섭을 받지 않을 권리를 가진 공동체이다. 다른 국가의 주권을 무시하는 국가에 대한 비난은 당연하다. 다수의 국가가 우크라이나를 침공한 러시아에 대해 비난하고 제재에 동참한 이유가 바로 여기에 있다. 강자의 횡포가 분노와 불안을 촉발시켰다.

제2차 세계대전 이후 설립된 국제연합(The United Nations)은 "모든 회원국의 주권평등 원칙에 기초"(the principle of the sovereign equality of all its Members)한다고 선언한다(국제연합헌장 제2조 1항). 국가 위에 국가 없고, 국가 밑에 국가가 없다. 구체적으로 국제연합은 "기본적 인권, 인간의 존엄 및 가치, 남녀 및 대소 각국의 평등권"(equal rights of men and women and of nations large and small)을 언급하고 있다(국제연합헌장 서문). 모든 인간이 평등하고, 모든 국가도 평등하다는 입장이다. 현대를 살아가는 대다수 사람들이 동의하고 주장하는 바이다. 자국의 내정이 타국에 의해 간섭을 받을 때 그것을 정당하다고 받아들이는 경우는 매우 드물다.

그렇다면 주권평등 원칙은 얼마나 오래되었을까? 정말 모든 국가는 원래 평등한가? 이러한 주권평등의 시각에서 볼 때 조선의 중국에 대한 사대는 이해불가이다(그림 1-1 참고).

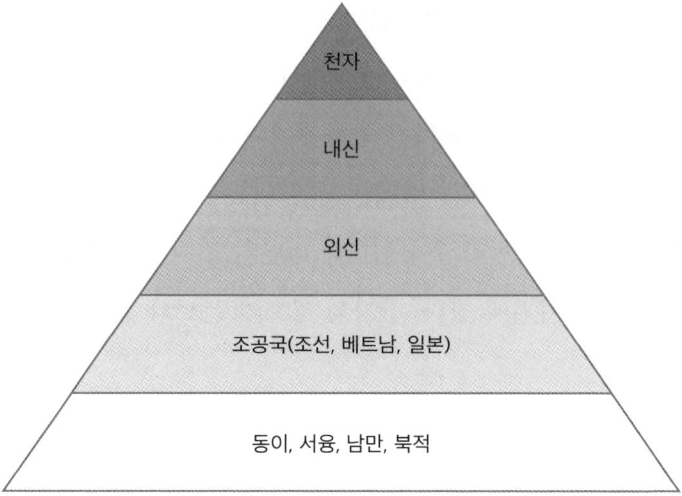

그림 1-1 동아시아의 중화질서

출처: 나무위키를 바탕으로 저자 작성 (https://namu.wiki/w/%EC%A4%91%ED%99%94%EC%82%AC%EC%83%81?rev=687)

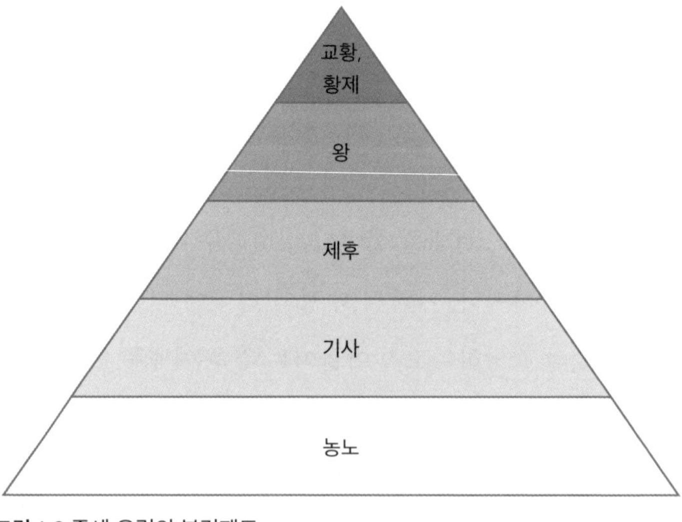

그림 1-2 중세 유럽의 봉건제도

어찌 다른 나라에 정기 상납(조공)을 할 뿐 아니라 왕의 지위도 인정받는 절차(책봉)를 밟을 수 있는가? 왜 조선은 왕이고 중국은 황제인가? 하지만 이러한 중화질서(혹은 천하질서)와 같은 정치 단위 간 위계가 동아시아 역사에만 존재한 것은 아니었다. 중세 유럽의 봉건 질서가 대표적이다(그림 1-2 참조). 국왕은 교황과 황제의 권위를 인정하였다. 동시에 그들은 제후에게 봉토·보호를 제공하고 충성·자원을 요구하는 상하관계를 유지하였으며, 제후·기사·농노는 그와 유사한 위계질서를 형성하며 사회를 유지하였다.

사대의 예를 거스른 군주는 그 자리를 지킬 수 없었다. 1623년 인조반정으로 광해군은 폐위된다. 이를 주도한 서인 일파가 내세운 명분은 크게 세 가지였다. 수차례 옥사를 일으켜 왕족을 죽이고 인륜을 해쳤으며, 토목공사와 인사파행으로 백성을 괴롭혔으며, 은혜를 베푼 명나라를 배신했다는 것이다.[1] 임진왜란이 일어나자 의주까지 피신했던 선조는 나라를 지킨 공을 피흘려 싸운 조선의 군대와 의병이 아니라 파병을 했던 명나라에 돌렸다. 재조지은(再造之恩), 즉 우리를 다시 만들어주었다고 찬양한 것이다. 이후 광해군이 즉위

....

1 "인조반정: 서인의 시대가 열리다 (1623년[광해군 15])" 우리역사넷. http://contents.history.go.kr/mobile/kc/view.do?levelId=kc_i305300&code=kc_age_30 (검색일: 2024.1.8.)

하여 후금과 명나라 사이에서 주체적 외교를 실행하자 이에 대한 비판이 폐위의 빌미가 되었다. 광해군을 몰아내고 왕위에 오른 인조가 친명정책을 펼친 가운데 후금(이후 청)의 침략을 막지 못한 채 정묘호란과 병자호란의 치욕을 경험하였다. 근대를 살아가는 우리에게 이들의 위계적 세계는 선뜻 이해가 되지 않는다.

역사 속 오랜 위계질서가 사라지면서 근대적 국가가 등장한 모습은 어떠했는가? 대외적으로 보면 주권평등을 외치기에 위계질서는 사라졌지만, 대내적으로 국왕을 중심으로 권력이 중앙에 집중되었다. 국가는 강력한 주권을 보유하지만 다른 주권을 침해할 수 없다. 과거 조선은 중화질서를 받아들였지만 국내문제에서 상당한 자율성을 누리고 있었다. 따라서 조선이 명나라에 바친 조공을 일종의 무역관계로 바라보기도 한다. 그러기에 19세기 김윤식은 "자주는 가하되 독립은 불가하다"고 말하며 조선은 중국의 '속방'(屬邦)이지 '속국'(屬國)이 아니라고 주장했다(김성배 2007). 중세유럽의 왕도 제후에게 노동력과 수확물을 바칠 것을 요구하였지만 제후는 자신의 영지에서 재판과 징수를 자유롭게 실시하였다. 마치 국가 안의 국가와 같은 모습이었다.

하지만 유럽에서 종교개혁으로 구교(가톨릭)와 신교(개신교)의 싸움이 번지면서 구체제는 종식을 맞이했다. 스페인과 네덜란드 공화국 등이 참가한 30년 전쟁을 치르면서 신성로마제국의 제후들은 자신의 종교를 선택할 수 있는 권리를 부여받았다. 더이상 황제와 교황의 권위에 따를 필요가 없게 된 것이다. 황제와 교회의 권위는 사라지고 그 자리를 비워둔 채 복수의 주권이 공존하는 국제정치가 시작된 것이다. 흔히 국제정치가 무정부상태(anarchy)에서 일어난다고 설명한다. 주권국가들을 통제하고 간섭할 세계정부와 같은 권위체가 없는 상태를 빗댄 것이다. 국가 안에서 범죄 혹은 다툼이 발생하면 경찰과 사법 체계가 작동하지만, 국가 간 분쟁과 전쟁이 일어날 때 이를 중재할 권위체를 찾기 어렵다. 전쟁을 멈추기 위해 주권을 인정했지만, 그 전쟁이 사라진 것은 아니었다.

이러한 근대국가의 특징을 '약탈 지배'(predatory rule)로 규정하기도 한다(Levi 1988). 중앙정부는 영토 내 자원을 확보하여 공공재를 제공할 뿐 아니라 통제력을 확보한다. 영토 내 국민에게 세금을 거두어 지도자와 그 추종자만을 배 불리는 약탈 체제라는 뜻이다. 그렇다면 이러한 강한 국가의 등장은 부정적이기만 할까? 1990년대부터 다수 연구자는 내전의 발발에 주목하였다. '국가 간 전쟁'(inter-state war)보다 오히려 '국가 내 전쟁'(intra-state war)으로 목숨을 잃은 사람의 수가 늘어났다. 이러한 내전이 발발하는 원인 중 하나가 바로 '취약국가'(fragile state) 혹은 '실패국가'(failed state)의 출현이다. 국가의 기능이 마비된 경우 정부군과 반정부군 간의 전쟁이 발발하면서 걷잡을 수 없는 혼란과 살육이 지속된다는 점이다. 미국의 이라크 침공으로 독재자 후세인이 사라졌지만, 그곳에 안정과 평화가 자리 잡지 못했다. 오히려 이슬람국가(ISIS)와 같은 무장 테러단체의 근거지가 되고 말았다.

이러한 근대국가가 왜 17세기 유럽에서 등장했을까? 유럽이 근대질서를 창출하고 주도했는가? 앞서 언급한 종교개혁 이외에도 군사혁명에서 답을 찾는 이들이 있다. 화약의 발명으로 총과 화포가 등장하면서 창칼로 싸우는 시대는 저물었다. 자연스럽게 화기를 개발하고 보유할 수 있는 역량, 밀집대형과 성벽구축에서 벗어난 새로운 공격전술을 구축하고 실행할 수 있는 정치집단만이 생존할 수 있는 시대가 도래했다. 그러한 역량을 갖출 수 있는 군사력과 경제력이 있는 정치단위가 바로 근대국가였다. 대규모 인적·물적 자원을 관료제를 통해 동원하여 강한 군대를 항상 유지하는 역할을 감당해야 했다. 관료제와 상비군은 근대국가의 두 기둥으로 국가의 권력을 강화하는 핵심 요소이기도 했다. 이렇듯 국제정치의 시작은 기술혁신에서 비롯되었다고도 할 수 있다.

2 국제정치와 지정학

유럽에서 등장한 근대국가와 국제체제는 수 세기에 걸쳐 전 세계로 확산되었다. 물론 비유럽인의 자발적 수용보다는 유럽인의 강제적 이식의 결과였다. 동아시아의 조선, 중국, 일본은 19세기에 이르러 이러한 압력에 직면하였다. 이들 3국은 모두 초기에 서구의 근대체제를 거부했다. 중화질서의 관점에서 유럽인은 야만인들에 불과하였다. 그들의 습속과 제도를 받아들일 이유도 명분도 없었다. 흥미로운 것은 유럽인들이 보기에 동아시아인들 역시 야만인들이었다. 산업혁명과 과학혁명 이후 무력과 재력을 갖춘 그들의 눈에 비친 아시아는 후진 사회였다. 서로를 야만으로 보는 두 "세계관의 충돌"이었던 셈이다(김용구 2001). 동시에 이 시기는 동아시아 국가 간 힘의 격차가 벌어지는 출발점이었다.

19세기 서구를 처음 맞대한 조선은 쇄국정책을 펼치며 중화질서에 머물고자 하였다. 유교적 예의 기준으로 볼 때 야만인 그들을 따를 수 없었던 것이다. 그러나 중국이 두 차례 아편전쟁에서 영국에 패하며 그 위상이 추락하고, 일본이 메이지유신(1868) 이후 발 빠르게 서구화를 추진하자 조선의 국내는 요동하기 시작하였다. 여기에서 우리의 19세기 국망의 역사가 시작되었다. 외부 세계의 변화에 대응하는 국내

개혁에 연이어 실패하면서 일본·청국·러시아·미국에 기대고자 했지만 그 누구도 우리의 든든하고 믿을 만한 후원국은 아니었다. 청일전쟁(1894-1895)과 러일전쟁(1904-1905)에서 승리한 일본은 세계 강대국의 일원으로 인정받는 가운데 한반도를 병합하여 영토확장을 이루는 데 성공하였다.

이러한 우리의 망국 경험은 세계사에서 유일무이하지 않다. 파잘(Tanisha Fazal)의 연구에 따르면 1816-2000년 동안 207개국 중 66개국이 정복·점령·병합을 통해 외교권을 상실하였다(Fazal 2007). 그 중 하나가 조선(대한제국)이다. 이러한 66개의 망국(state death) 사례를 살펴보면 50개 사례는 폭력의 결과였다. 동독(1990년)과 소련(1991년)과 같은 사례를 제외한 대다수 망국은 자발적·평화적이지 않았다. 비록 탈식민화와 국가해체, 평화적 통일과 점령 종료 등으로 국가가 부활한 경우도 있었지만, 영원히 사라지거나 온전히 영토를 회복하지 못한 사례도 다수 있다. 한편, 외교권을 박탈당하지 않았더라도 국토의 일부를 잃거나 주권을 침해당하는 사건은 더욱 빈번하다. 2016년 러시아의 크림반도 병합과 2022년 우크라이나 전쟁을 목도하며 우리는 강대국의 위압과 약소국의 비애를 다시 한 번 실감하였다.

그렇다면 지금 지구상에는 얼마나 많은 국가가 있을까? 사실 무엇을 기준으로 국가인지를 결정하는 작업은 논쟁적

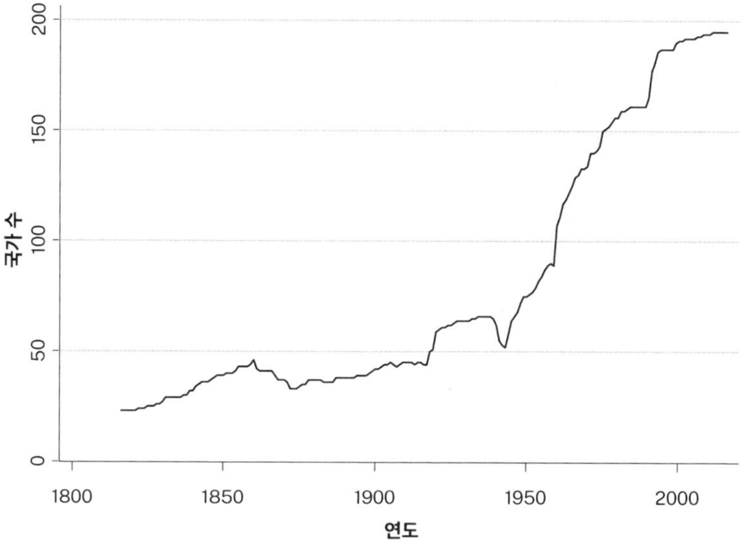

그림 1-3 국가의 수, 1816-2016

출처: National Material Capabilities v6.0을 활용하여 저자 작성
(https://correlatesofwar.org/data-sets/national-material-capabilities)

이다. 예를 들어, 대만, 남오세티야, 압하지야 등을 생각해 볼 수 있다. 스스로 국가라 여기지만, 국제연합의 회원국은 아니고, 일부 사람들은 국가로 인정한다. 국제정치의 데이터를 장기간 생산한 Correlates of War 프로젝트에 따르면 2016년 기준으로 총 195개의 국가가 존재한다(그림 1-3 참조).[2] 1816

2 Correlates of War 프로젝트에서 국가 여부를 결정하는 기준은 다음과 같다. 1920년 이전에는 50만 이상의 인구를 가지고 영국·프랑스와 임시대리대사(rank of charge d'affaires) 이상의 관계를 맺고 있음; 1920년 이후에는 (1) 국제연맹이나 국제연합의 회원이거나, (2) 50만 이상의 인구를 가지고 두 강대국(major power)의 외교사절 파견을 받음. https://correlatesofwar.org/data-sets/state-system-membership (검색일: 2022.7.12.)

년 23개국, 1900년 42개국, 1950년 75개국, 2000년 191개국으로 늘어났다고 보고하고 있다. 두 차례의 세계대전이 끝난 1945년 이후 국가 수가 급속히 늘어났으나 2000년 이후 소강상태에 접어들었다. 우리의 경우처럼 다수 민족이 식민지로 전락한 이후 독립을 맞이했거나 소련과 유고연방 등의 해체로 인한 결과였다.

그렇다면 망국의 원인은 무엇일까? 어떠한 국가들이 지도상에서 사라져 버린걸까? 앞서 언급한 파잘의 연구에 따르면 '완충국'(buffer state)과 '1945년 이후'(post-45)가 중요한 변수이다. 라이벌 국가들 사이에 끼인 국가일수록, 1945년 이전에 존재했던 국가일수록 원치 않은 망국을 맞이할 가능성이 높다는 분석이다. 주변국의 전략경쟁이라는 '지리의 힘'과 국제규범이라는 '생각의 힘'이 국가 운명을 좌우한다는 것이다. 청-일본, 일본-러시아 라이벌 사이에서 1905년 외교권을 상실하며 식민지로 전락한 조선이 대표적 예시이다. 흥미롭게도 파잘은 국력 수준이나 동맹 여부가 망국에 미치는 영향은 제한적이었다고 밝히고 있다.

두 라이벌 사이에 놓인 소위 완충국의 운명은 바뀔 수 없는 것일까? 왜 그러한 지리적 위치가 지대한 영향력을 발휘하는 것일까? 사실 단순히 두 라이벌 사이에 끼였다는 이유만으로 국가의 존립이 위험하지는 않을 것이다. 그보다는 완충국이 두 라이벌 국가에게 '전략적 영토'이기에 그러할 것이다. 그 땅을 차지할 경우 자국 방어는 한층 손쉽게 되지만, 반대로 상대가 차지한다면 자국의 안위는 극도로 위협받는다. 임진왜란이 발발하자 명이 조선에 파병한 이유가 여기에 있다. '입술'(조선)이 없으면 '이'(명국)가 시리는 법(순망치한)이다. 한반도를 차지한 일본이 언제든 만주를 통해 북경까지 쳐들어올 수 있다는 두려움이 작동했다. 한편, 청일전쟁을 앞두고 일본은 한반도를 청국이 자국의 "심장을 겨누는 단검"이라고 보았다(정성철 2020, 168). 조선을 영향권에 둔 중국은 언제든 일본을 위협할 수 있다는 인식의 반영이다.

또한 전략적 영토인 한반도는 분단의 아픔을 피하지 못했다. 제2차 세계대전의 종전 속에 한반도에 진주한 미국군과 소련군은 각각 군정을 실시하면서 남한과 북한 정부 수립을 지원하였다. 사실 이러한 한반도의 분단은 과거에도 논의된 바 있다. 임진왜란이 일어나고 1년이 지나자 명과 일본 사이에 장기간에 걸친 강화협상이 이어졌다. 이때 도요토미 히데요시가 명에 요구한 것이 바로 "조선 8도 중 남쪽의 4도"였다. 1894년 청일전쟁을 앞두고 중재에 나선 영국의 외무장관 존 킴벌리는 "서울을 경계로 북쪽은 청나라가, 남쪽은 일본이 점령"할 것을 제안하였다(함규진 2010). 일본은 이러한 제안을 거부한 채 청일전쟁에 돌입해 승리를 거두었다. 이후 일본과 러시아는 한반도를 39도선을 경계로 분할할 것을 수차례 논의했지만 합의에 이르지 못하고 러일전쟁을 치렀다. 수백 년 동안 한반도를 차지하려는 강대국 간 경쟁과 분쟁은 끊이지 않았다. 완충국의 슬픈 운명인 셈이다.

하지만 20세기부터는 영토점령에 따른 이익보다 비용이 커졌다는 사실도 잊지 말아야 한다. 과거 유럽 강대국이 전 세계를 식민지로 삼았던 이유는 그만큼의 이익이 있었기 때문이다. 영토는 곧 국력이자 금력이었다. 하지만 국경을 넘어선 무역과 투자가 활성화되자 '군사-영토국가'(military-territorial state)는 '무역국가'(trading state)로 탈바꿈하였다(Rosecrance 1986). 불어난 영토와 늘어난 인구는 보호와 관리 비용을 증가시키는 주범으로 국가의 부담을 가중시켰다. 이러한 관점에서 지정학의 중요성은 줄어들었다는 주장이 20세기 후반부터 확산되었다. 전통적으로 국력을 구성하는 요인 중 하나였던 인구는 오히려 국력을 소모하는 요인으로 바라보는 시각 또한 등장했다. 인프라 구축과 보건·의료 비용뿐 아니라 노동집약 산업의 생산성 감소를 고려할 때 총인구와 경제력의 관계가 비례적이라고 더 이상 보기는 힘들다.

그럼에도 러시아의 크림반도 병합(2016)과 우크라이나 전쟁(2022)은 지정학의 변치 않는 중요성을 알려준다. 크림반도를 둘러싼 러시아와 우크라이나의 충돌, 남중국해를 둘러싼 중국과 이웃국의 긴장은 물리적 공간이 여전히 갈등의 핵심이라는 사실을 일깨워 준다. 그 영토와 영해는 경제적 가치뿐 아니라 군사적·정치적·종교적 가치를 지녔다. 더구나 미국과 중국의 전략경쟁이 심화되고 재세계화(re-globalization)의 흐름이 거세지면서 지정학은 더욱 중요해지고 있다. 이념을 공유하는 유사국가 간 의존망을 구성하는 한편, 지리적으로 근접한 이웃과 리스크를 낮춘 경제망을 유지하려는 시도가 다각적으로 이루어지고 있기 때문이다. 짧게는 수십 년 동안 진행된 세계화 자체를 전면적으로 되돌릴 수 없는 상황에서 안보와 이익을 모두 포기할 수 없다는 국가의 노력이 한창인 시대가 도래한 것이다.

요약하면, 17세기 유럽에서 근대국가가 등장하면서 국제정치는 시작되었다. 주권을 보유한 다수 국가가 펼치는 국제정치는 무엇보다 이들을 통제할 상위 권위가 존재하지 않는다는 중요한 특성이 있다. 그렇다면 국제정치는 공동의 문제를 어떻게 해결해 왔는가? 안타깝게도 근대국가들은 서로 주권을 존중하며 평화와 협력을 실현하지 못했다. 20세기 초반 두 차례 세계대전을 치르면서 국가들은 수천만 명을 죽음으로 내몬 장본인이었다. 근대국가의 탄생으로 이러한 비참한 전쟁은 불가피했던 것일까? 이러한 비극을 피할 방법은 무엇이었을까? 왜 첫 번째 세계대전이 끝난 지 20여 년이 지나지 않아 또 다시 세계대전이 발발했을까? 이러한 고민과 질문은 20세기 초 국제정치학을 출범시켰다. 국제정치를 체계적으로 이해하고 국제 평화를 달성하려는 현실적 목표가 존재했기 때문이다. 현실의 비극이 새로운 학문을 낳았던 것이다.

따라서 지난 백 년 동안 국제정치학자들은 전쟁 없는 세계를 지향하며 끊임없이 질문하고 답변해왔다. 국제정치 현상을 설명하고 이해하기 위한 다수 학자들의 노력은 역사학, 경제학, 사회학, 심리학, 인류학 등과 영향을 주고받으며 다양한 국제정치 이론과 담론이라는 결실을 내놓았다. 이 책에서 소개하는 국제정치 무대에서 벌어지는 협력과 갈등에 대한 다채롭고 흥미로운 시각과 설명이 바로 그것들이다. 하지만 냉전의 종식과 전쟁의 발발을 예견하지 못했다는 지적 속에서 국제정치학에 대한 회의와 비판 역시 꾸준히 제기되었다. 그럼에도 불구하고 미국과 중국의 강대국 경쟁과 기후변화와 인공지능의 불확실성 속에서 국제정치학은 자성과 혁신을 거듭하며 우리 곁에서 목소리를 내고 있다.

더 생각거리 **무엇이 더 중헌디?**

주권체제는 이상적인가? 주권은 그 무엇보다 상위의 가

치인가? 21세기를 살아가는 우리들은 주권과 인권 간의 긴장 관계에서 자유롭지 않다. 한편으로는 주권의 가치를 소리 높여 주장한다. 대표적으로 러시아의 우크라이나 침공을 들 수 있다. 강대국이 약소국의 주권을 짓밟는 행위라고 비판을 가한다. 힘이 강하다는 이유로 이웃국의 영토를 침탈하는 행위는 용납할 수 없다고 강변한다. 주변 강대국에 의해 망국을 경험한 우리에게 주권의 소중함은 남다를 수밖에 없다. 따라서 남중국해를 "역사적 주권"을 내세우며 자국의 바다로 주장하는 중국에 대한 우리의 시선도 고울 수가 없다. 주권은 약자를 보호하며 강자와 약자의 공존을 보장하는 최소한의 약속으로 생각한다.

다른 한편으로, 인권에 기초한 국제 활동을 지지한다. 2021년 8월 탈레반 정권이 아프가니스탄에서 정권을 탈환하자 국내외에서 여성과 약자 인권에 대한 우려를 바탕으로 미군 철수 결정을 내린 바이든 행정부에 대한 비판이 높아졌다. 비록 타국민이라 할지라도 그네들의 인권을 무시할 수 없다는 것이다. 같은 해 2월 미얀마 군부는 총선 결과에 불복하고 쿠데타로 권력을 탈취했다. 이후 반대 세력을 무참히 탄압하며 민주주의를 파괴하자 이를 둘러싼 세계적 공분은 커졌다. 미얀마를 지지하는 성명과 운동이 한동안 이어졌다. 국경 너머의 문제라 할지라도 목소리를 내고 해당 정부를 압박하는 일들은 글로벌 뉴스의 단골 주제이다.

그런데 만약 주권과 인권이 충돌한다면 우리는 어떠해야 하는가? 특정 국가의 인권 문제를 이야기할 때 해당 정부는 내정간섭을 멈출 것을 요구하며 맞선다. 미국과 유럽이 홍콩 시위에 대한 지지와 더불어 중국 정부의 탄압에 대해 우려를 표명하자, 중국의 반응은 자국 주권에 대한 침해라며 강력하게 반발하였다. 신장과 티베트 등지에 대한 인권 문제가 불거질 때마다 중국의 주장은 주권 가치에 기반하여 펼쳐진다. 미국 내 인종 문제와 총기 사건을 논하지 않듯 미국도 자국을 존중하라는 메시지이다. 보편적 인권을 내세워 우리가 요구하고 주장할 수 있는 수준은 어디까지인가? 주권국가가 사라진다면 전 세계 인권 증진, 즉 개인의 안전과 행복을 어떻게 보장할 수 있을까? 유능하고 정의로운 주권국가를 건설하는 방안은 없는가?

냉전 이후 르완다와 유고슬라비아의 내전과 학살을 목도하면서 국제사회는 "보호책임"(Responsibility to Protect, R2P)이라는 개념을 만들었다. 주권과 인권의 조화를 고민한 결과물이었다. 국가가 국민을 보호할 능력 혹은 의지가 없을 경우 그들을 보호할 책임이 국제사회에 있다는 개념이다. '개입'보다는 '보호'를 내세우고, '권리'보다는 '책임'을 강조하면서 주권존중과 인권보호라는 두 이상을 동시에 추구했다고 볼 수 있다. 일차적으로 주권국가에게 그 책임이 있지만 그 다음은 국제사회라고 밝히면서 국제사회의 개입의 조건과 시기를 제시했다. 하지만 현실세계에서 보호책임에 따른 해외개입이 주권-인권 딜레마를 해결하지는 못했다.

대표적 예시로 북한인권을 생각할 수 있다. 2014년 2월 유엔 북한인권조사위원회(COI)는 북한의 "체계적이고 광범위하며 심각한 인권침해"(systemic, widespread and gross human rights violations)를 보고했다. 탈북 인사들의 각종 증언과 활동으로 북한인권에 대한 국제사회의 관심이 이미 고조된 시기였다. 문제는 어떻게 이 상황을 개선하느냐였다. 북한에 대한 외교적·경제적 압박이 이어졌지만 지금까지 뚜렷한 개선은 찾기 어렵다. 비록 다자형태의 경제제재를 가했지만 그 결과는 답답하고 북중러 연대의 강화에 대한 우려는 커진다. 더구나 그러한 경제제재의 가장 큰 피해자는 북한 내 약자라는 비난마저 무시하기는 힘들다. 국제사회의 역량과 의지는 분명한 한계를 보인다. 그 속에서 주권-인권 간 긴장은 오늘도 이어지고 있다.

국제연합헌장 서문

우리 연합국 국민들은 우리 일생중에 두 번이나 말할 수 없는 슬픔을 인류에 가져온 전쟁의 불행에서 다음 세대를 구하고,

기본적 인권, 인간의 존엄 및 가치, 남녀 및 대소 각국의 평등권에 대한 신념을 재확인하며,

정의와 조약 및 기타 국제법의 연원으로부터 발생하는 의무에 대한 존중이 계속 유지될 수 있는 조건을 확립하며,

더 많은 자유속에서 사회적 진보와 생활수준의 향상을 촉진할 것을 결의하였다.

그리고 이러한 목적을 위하여

관용을 실천하고 선량한 이웃으로서 상호간 평화롭게 같이 생활하며,

국제평화와 안전을 유지하기 위하여 우리들의 힘을 합하며,

공동이익을 위한 경우 이외에는 무력을 사용하지 아니한다는 것을, 원칙의 수락과 방법의 설정에 의하여, 보장하고,

모든 국민의 경제적 및 사회적 발전을 촉진하기 위하여 국제기관을 이용한다는 것을 결의하면서,

이러한 목적을 달성하기 위하여 우리의 노력을 결집할 것을 결정하였다.

따라서, 우리 각자의 정부는, 샌프란시스코에 모인, 유효하고 타당한 것으로 인정된 전권위임장을 제시한 대표를 통하여, 이 국제연합헌장에 동의하고, 국제연합이라는 국제기구를 이에 설립한다.

출처: 대한민국 외교통상부 국제기구국 (https://www.mofa.go.kr/viewer/skin/doc.html?fn=UN_charter&rs=/viewer/result/202309)

주요 개념

- **주권** 영토 내 사람들에 대한 최고의 권위를 지칭함. 대외적으로 독립성을 인정받고 대내적으로 자율성을 행사할 수 있는 근거임. 이러한 주권을 보유하고 행사하는 정치단위인 주권국가는 근대국가 혹은 국민국가로 칭하기도 함.
- **근대체제** 30년 전쟁의 종식을 가져온 베스트팔렌조약(1648)으로 유럽국가들은 자국의 종교를 선택할 권리를 보유하게 됨. 그 결과 주권국가가 핵심 행위자인 근대체제가 유럽에서 형성되었고, 이는 전 세계로 확장되면서 국가 간 정치, 즉 국제정치가 발생하는 체제를 뜻하게 됨.

더 읽을거리

- 김용구. 2001.『세계관 충돌과 한말 외교사, 1866-1882』. 문학과지성사.

  19세기 조선이 사대 질서와 국제법 질서의 충돌을 경험했다는 관점에서 19세기 외교사를 서술함. 유럽에서 출현한 국제질서가 우리의 세계관에서 볼 때 얼마나 이질적이었는지를 기술하고 당시 열강의 압박과 조선의 대응에 대한 주요 설명을 담고 있음.
- 김준석. 2011.『근대국가』. 책세상.

  근대국가를 서구의 빌명품으로 평가하며 이에 대한 역사적 배경과 철학적 논의를 흥미롭게 기술함. "유럽제"(made in Europe) 근대국가를 역사화하고 상대화하는 논의를 통해 우리가 현재 몸담고 있는 국가에 대한 심도 있는 이해를 제공함.
- 김준석. 2018.『국제정치의 탄생: 근세 초 유럽 국제정치사의 탐색, 1494-1763』. 북코리아.

  국제정치가 유럽역사의 산물이라는 관점에서 국제정치의 기원을 추적하며 소개함. 16세기부터 18세기까지 유럽에서 근대국가들이 부상하고 서로 경쟁과 협력을 이어가면서 국제정치체제가 등장하고 변화했다는 역사적 설명을 제공함.

2장

균형
— 공포가 평화를 가져온다?

1 세계대전과 권력정치

한국의 핵무장 여론이 부상하고 있다. 2019년부터 최근까지의 여론조사에 따르면 60%에서 70%에 이르는 한국인들이 독자 핵무장에 찬성하는 것으로 나타났다. 제1차 북핵위기가 터진 1990년대만 하더라도 상상하기 힘든 상황이 연출되고 있다. 한국과 미국이 북핵 위협에 대비한 확장억제책을 내놓지만 핵무장 여론은 수그러들지 않는다. 프랑스 드골 대통령은 미국 케네디 대통령에게 "파리를 지키기 위해 뉴욕을 희생할 수 있습니까?"라고 물으며 핵개발에 나섰다고 알려졌다(박주화 2023). 소련이 파리를 공격해도 미국이 프랑스를 대신해 소련과 핵전쟁을 벌이지 않으리라는 의구심이 존재했던 것이다. 다수의 한국인도 '하늘은 스스로 돕는 자를 돕는다'라고 되뇌며 핵무장을 주장하고 나서는 듯하다.

'자조'(自助)는 국제정치학의 대표적 핵심어 중 하나이다. 냉혹한 국제정치 현실에서 자기만 믿을 수 있다는 인식의 반영이다. 19세기 말 개항 이후 조선의 역사를 생각해 보자. 당시 조선에는 임오군란과 갑신정변을 거치면서 이른바 친청파(親淸派)와 친일파(親日派)가 있었지만 지금 돌아보건대 그 어떤 외세도 조선의 독립을 진심으로 도울 친구는 아니었다. 청일전쟁에서 일본이 승리하자 고종은 아관파천을 단행하며 친러시아 행보를 보였지만 그것 역시 한반도의 슬픈 역사를 막지 못했다. 결국 약소국이자 완충국이었던 조선은 제국임을 선포하며 변혁을 꾀했지만 이미 망국의 길로 들어선 이후였다. 너무 늦었던 것이리라. 사실 제국의 시대에 식민의 역사는 지구촌 곳곳에서 확인할 수 있다.

주권국가 등장 이후에도 세계는 전쟁과 평화의 역사를 이어갔다. 서로의 주권을 인정하며 공존하는 시기와 그렇지 못한 시기가 반복되었다. 특히 20세기 전반기 인류는 두 번의 거대한 충격, 제1차 세계대전(1914-18)과 제2차 세계대전(1939-45)을 맞이했다. 이 두 차례의 대전은 수천만 명의 인명을 앗아가며 참혹함을 안겼을 뿐 아니라 또 한 번의 대전을 막지 못했다는 당혹감을 고조시켰다. 제3차 대전을 다시 맞이하지는 않을까? 대량살상무기가 개발되고 확산되면 인류는 전쟁으로 종말에 이르지 않을까? 인류는 끊임없이 진보한다는 믿음은 허상에 불과한가? 이러한 질문들이 국제정치를 하나의 연구 대상으로 격상시켰다.

수백 년 동안 국가는 지속되는 경쟁 속에서 전쟁을 반복했다. 전쟁은 "정치조직 간 지속되고 조율된 폭력"(sustained, coordinated violence between political organizations)으로 정의할 수 있다(Levy and Thompson 2010, 5). 전쟁에 의한 인명 손실은 자연재해나 사건사고에 의한 피해와 분명 다르다. 둘 이상의 조직이 각자의 목적을 위해 일정 기간 동안 계획적으로 싸움에 임한 의도된 결과이기 때문이다. 욱해서 주먹을 휘두르는 싸움과는 다르다. 이러한 전쟁에 의한 사망자가 양차 대전기는 수천만 명에 이른다. 〈그림 2-1〉은 10년 단위로 전쟁에 의한 사망자 수를 나타낸 것이다.[3] 1840년부터 1900년까지 10년 단위로 전쟁에 의한 사망자 수는 최소 23,179명(1880년대)에서 최대 50,7181명(1850년대)이었으나, 양차 대전이 일어난 기간에는 무려 890만여 명(1910년대), 590만여

3 1930년부터 1999년까지 발발한 국가 간 전쟁(inter-state war)을 대상으로 했으며, 전쟁발발 연도에 따라 10년 동안 전쟁에 의한 사망자 수를 계산하였다. Coorelates of War 프로젝트의 COW War Data v4.0를 활용했으며, 본 데이터는 국가 간 무력 충돌에 의한 사망자 수가 1,000명이 넘는 경우만 전쟁으로 취급하고 있다.

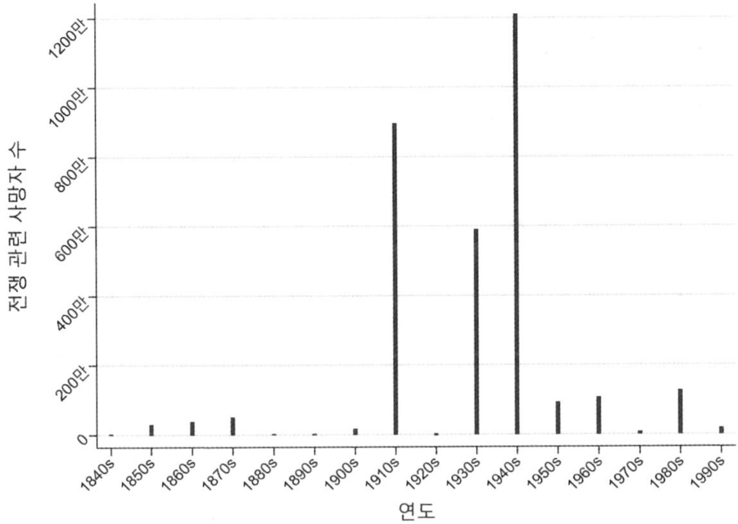

그림 2-1 전쟁관련 사망자 수, 1850-1990

출처: COW War Data v4.0을 활용하여 저자 작성.
(https://correlatesofwar.org/data-sets/COW-war)

명(1930년대), 1200만여 명(1940년대)이었다.

이러한 전대미문의 비극은 국제정치에 대한 체계적 분석을 촉구했다. 특히 누가 1차 세계대전을 원했는지는 지금까지 풀리지 않는 의문이다. 한 연구자에 따르면, 1914년 오스트리아-헝가리와 세르비아 간 위기가 발생했을 때 세계대전을 원한 주요 행위자는 없었다(Levy 1990, 162). 오스트리아-헝가리와 독일은 발칸반도 내의 양자 전쟁을 희망했고, 러시아·프랑스·영국·세르비아는 일정한 양보를 담보한 협상으로 평화를 달성하고자 했다. 하지만 유럽을 넘어 세계가 전쟁터인 비극적 결과에 이르렀다. 마치 여섯 사람이 모여 회식을 하는데 아무도 원하지 않은 식당에서 모임을 하는 꼴이었다. 집단을 이해하기 위해 개인만을 분석할 때 발생하는 한계를 보여준다.

결국 양차 대전을 겪으면서 주요 국가의 선호와 역량을 넘어 국제정치의 특성과 구조를 연구하는 국제정치학이 등장했다. 1919년 영국 애버리스트위스 대학(University College of Wales, Aberystwyth)은 세계 최초로 국제정치학과(Department of International Politics)를 설립하였으며 영국 외교관 출신의 E. H. 카(Edward Hallett Carr)를 교수로 임용했다. 카는 제1차 대전 이후 설립된 국제연맹(The League of Nations)을 비판하고 나섰다. 국가 사이의 이해가 조화(harmony of interests)될 수 있다는 믿음에 기초한 이상주의(utopianism)의 한계를 지적하였던 것이다(Carr 1939). 그에 따르면 국제정치의 권력정치(power politics) 속성을 깨닫고 현실주의(realism)와 이상주의의 조화를 꾀할 때 평화의 가능성은 높아진다. 모든 국가가 이익을 조화롭게 추구할 수 있다는 헛된 희망은 전쟁을 막지 못한다고 보았다. 배타적 이익을 강압적으로 추구하는 국가들 사이에서 힘의 논리에 따른 정치가 펼쳐질 수밖에 없음을 역설하였던 것이다. 그렇지만 그의 경고는 무시되었고 세계는 또 다시 대규모 전쟁에 돌입하고 말았다.

이처럼 제1차 세계대전 이후 비극의 재발을 막을 수 있는 방안에 대한 고민은 국제정치학을 탄생시켰다. 유럽인은 종교전쟁을 종식시키고자 주권국가를 인정하며 근대체제를 수립하였다. 하지만 주권국가 간 긴장과 갈등을 원천적으로 가로막을 방안은 없었다. 국내 자원을 동원하여 중앙집권에 성공한 주권국가들은 종종 서로를 경쟁자로 바라보며 영토와 이익을 둘러싸고 충돌하였다. 산업혁명과 과학혁명으로 무장한 국가가 벌이는 전쟁은 역사상 유례없는 사상자를 낳았고 이는 인류 진보에 대한 희망을 무너뜨렸다. 제2차 세계대전을 앞당겨 종식시킨 핵무기는 예상을 훌쩍 뛰어넘는 파괴력을 선보이며 또 다른 공포를 안겨다 주었다. 인간이 개발한 대량살상무기로 아마겟돈이 펼쳐지고 세상의 종말이 멀지 않았다는 두려움이 찾아온 것이다.

2 현실주의와 세력균형

제2차 세계대전이 끝나자 미국 학계를 중심으로 권력을 키워드로 삼는 현실주의 국제정치학이 부상하였다. 현실주의가 주목한 것은 국가의 권력과 그러한 권력의 분포, 즉 세력균형(balance of power)이었다. 모겐소(Hans Morgenthau)와 월츠(Kenneth Waltz)에 의해 세력균형론(balance of power theory)은 가장 대표적인 국제정치이론으로 자리를 잡았다(Morgenthau 1948; Waltz 1979). 물론 이를 둘러싼 논쟁과 비판은 지금까지 이어지고 있다. 그럼에도 세력균형론이 권력의 관점에서 국제정치를 바라보고 설명하는 대표적 분석틀을 제공한다는 점은 부정하기 어렵다. 그 결과 많은 일반인들조차 국제정치 하면 권력을 떠올리곤 한다.

이러한 세력균형론에 따르면 국가 사이에 권력 균형이 존재할 때 우리는 평화를 기대할 수 있다. 아주 단순화해서 말하자면, 두 진영의 힘이 비등할 경우 서로를 경계하며 공격을 자제하게 된다. 물론 이러한 세력균형이 우리가 이상적으로 꿈꾸는 신뢰와 안정에 기반한 평화를 약속하지 않는다. 서로 의심하고 경계하지만 먼저 방아쇠를 당기지 못하는 상황, 즉 공포에 기댄 평화만을 보장한다. 가장 대표적으로 힘의 균형을 가져오는 상황은 두 국가 모두 핵무기를 가진 상태이다. 절대적 무기라 불리는 핵무기를 가진 국가들은 서로 함부로 공격하지 못한다. 자국이 먼저 상대를 공격해서 심대한 피해를 입힐 수 있지만 상대가 보복공격을 가할 경우 양측 모두 공멸한다는 상호확증파괴(MAD: Mutually Assured Destruction)에 대한 믿음이 작동한다. 물론 이에 대한 반론도 만만치 않지만, 아직까지 핵무장 국가 간 핵전쟁은 일어나지 않았다.

그렇다면 세력균형은 어떻게 발생하고 유지되며, 국가는 세력균형을 어떻게 구현하는가? 두 가지 방법이 있다. 하나는 '자강'(제3장의 주제)이고 다른 하나는 '동맹'(제4장)이다. 전자를 내적 균형(internal balancing), 후자를 외적 균형(external balancing)이라고 부른다. 가령 한 국가(A)의 힘이 가파르게 성장한다고 가정해 보자. A에 대항하여 B국가가 군사력을 강화해 맞서고자 한다면 B에 의한 내적 균형이다. 한편, B국가와 C국가가 동맹을 체결하여 A에 대항한다면 이는 B와 C에 의한 외적 균형이다. 물론 이러한 두 방식이 동시에 여러 국가들에 의해 취해질 수 있다. 나폴레옹의 프랑스와 이에 대항한 세력 간 전쟁이 끝나자 유럽국가들은 오스트리아 빈 회의 등을 통해 이른바 유럽협조체제(Concert of Europe)를 형성하였다. 영토·병력·배상 등을 통해 세력균형을 추구했던 것이다(Kissinger 1994).

이러한 국제체제 속 세력균형은 흔히 발생하는가? 19세기 초반 유럽협조체제는 근대 유럽만의 독특한 경험이 아닌가? 사실 국가는 부상하는 권력에 대해서 균형정책으로 맞서기만 하지 않는다. 그 국가와 협력하여 자국의 생존과 이익을 도모하는 편승정책(bandwagoning)을 취할 수 있다. 그렇다면 언제 균형정책이 아닌 편승정책을 취하는가? 어떤 이들은 상대적으로 취약한 국가만이 어쩔 수 없이 편승을 선택한다고 주장하고(Walt 1987), 다른 이들은 상승국이 뚜렷한 위협이 아닐 때 이익을 위한 편승이 매력적이라고 지적한다(Schweller 1994). 이렇듯 부상하는 강대국에 대하여 주변국이 균형이 아닌 편승을 선택할 경우 그 강대국은 손쉽게 지역 패권을 차지하면서 세력확장에 성공할 것이다. 세력균형이 아닌 패권 등장의 역사를 중국 춘추전국시대, 일본 전국시대, 한반도 삼국시대의 종결에서 확인할 수 있다(Hui 2005; Streich 2012). 진나라, 도요토미 정권, 신라가 통일하면서 각 지역에서 여러 세력이 경쟁하며 균형을 이루던 시대는 막을 내렸던 것이다. 이는 근대유럽에서 나폴레옹의 프랑스와 히틀러의 독일이 유럽 통일에 실패한 역사와 대비된다고 할 수 있다.

이렇듯 세력균형론은 국가 간 권력 분포를 통해 국제정치를 설명한다. 스스로 힘을 키우기도 하고, 상호 연대를 통해 연합을 구성하기도 한다. 그 결과 세력균형이 유지된다면 견제 속에서 현상은 유지된다. 하지만 이러한 세력균형을 어떻게 인식하고 측정하느냐의 문제는 끊임없는 비판의 대상이다. 예를 들어, 미국과 중국 사이 세력균형을 생각해 보자. 중국은 미국의 국력을 따라잡았는가? 조만간 양국 사이에서 힘의 우위가 바뀔 것인가? 군사력은 미국, 경제력은 중국이 우위를 점하고 있는가? 어떤 이는 2015년 세계은행이 구매력 기준 GDP를 인용하며 중국이 미국을 뛰어넘었다고 말하지만, 다른 이는 2020년 기준 미국 군사비 지출은 7,780억 달러지만 중국의 군사비는 2,520억 달러에 불과하다며 미국의 압도적 우위를 강조한다. 과연 무엇을 보고 우리는 세력균형을 논할 수 있으며, 각국의 지도자는 어떠한 힘을 중시하며 역학관계를 인식하는가?

국제정치학자는 일반적으로 다양한 지표를 활용하여 세력(불)균형을 논한다. 어느 국가가 우위를 점하고 있는지, 두 집단 간 힘의 균형이 존재하는지를 객관적으로 분석하기 위해서이다. 예를 들어, 월트(Stephen Walt)는 1985년에 발표한 그의 논문에서 미국과 소련이 이끄는 두 연합의 세력균형을 비교하였다(Walt 1985; 표 2-1 참조). 우선, 미국 진영과 소련 진영을 세 방법으로 구분하고, 각 방식에서 인구·경제(GNP)·국방(군인 수, 국방비) 비율을 살펴보았다. 총 8개의 세력균형 지표를 제시하면서 월트는 군인 수 관련 한 지표를 제외하고 모든 지표가 미국 진영의 우위를 나타낸다고 지적하였다. 이를 통해 그는 당시 미국의 쇠퇴와 소련의 위협에 대한 우려가 과장되었다는 결론을 내렸다. 세력균형 관점에서 불리한 쪽은 미국이 아니라 바로 소련이라는 것이다.

표 2-1 미국·소련 동맹 네트워크 간 세력균형

	연합	인구	GNP	군인 수	국방비
1	미국 + 동맹 / 소련 + 동맹	2.25	3.26	0.99	1.17
2	미국 + 동맹 + 중국 / 소련 + 동맹 + 인도	1.81	3.30	1.32	1.30
3	미국 + 동맹 + 중국 / 소련 + 동맹	4.08	3.52	1.49	1.32

출처: Walt(1985: 34), Table 1.

남북한 세력균형을 비교하는 작업도 이러한 방식을 사용할 수밖에 없다. 하지만 북한이 핵무기를 개발하면서 큰 난제에 봉착했다. 경제력·기술력·외교력 등을 고려할 때 1980년대 이후 한국의 북한에 대한 우위가 강화된 것은 명확하지만, 핵무기를 보유한 북한과 재래식 전력에서 앞서는 한국 사이에서 군사적 우위를 논하는 것은 까다롭다. 더구나 한국의 동맹인 미국은 핵우산을 약속하고 있기에 한반도 군사력 균형에 대한 평가는 매우 다양할 수밖에 없다. 최근 한국의 핵무장을 주장하는 사람들은 한국의 군사적 열세를 주장하는 한편, 경제적 유인을 통해 북한과 협상할 것을 제안하는 이들은 북한의 낙후된 경제와 피폐한 민생을 강조한다. 이처럼 권력 우위와 열세를 둘러싼 대다수 사례는 무엇을 기준으로 삼고 있는지, 어떠한 영역(군사·경제·외교)에 초점을 맞추는지에 따라 상반된 분석을 초래하면서 논쟁을 동반한다.

이러한 세력균형 논의에서 무엇보다 중요한 것은 과연 무엇을 위협으로 보는가이다. 객관적 사실만큼 주관적 인식이 중요하기 때문이다. 월트는 각국의 외교정책을 위협에 대한 대응으로 바라보며 위협균형론(balance of threat theory)을 제시하였다(Walt 1987). 무조건 강국이라고 다른 국가에게 위협이 되지 않는다. 지리적 거리, 공격 능력, 공격 의도까지 고려해서 국가는 위협을 인식한다는 주장이다. 모든 국가의 핵무기를 우리가 위협으로 받아들이지 않는 이치이다. 어떤 국가가 언제, 어디서 무슨 능력을 구비했는지가 중요하다. 우크라이나 전쟁이 발발하자 인도태평양을 중심으로 유사국가(like-minded states)는 연대하면서 상대 진영의 국가만을 위협으로 규정하는 현상을 떠올릴 수 있다. 다만 국가가 위협을 인식하는 과정은 단순하지 않다. 국가 내 다수의 행위자가 다양한 경로를 통해 위협을 구성하는 작업에 참여한다. 이들이 상대의 역량과 의도에 대해 일치하는 견해를 가진 경우는 매우 드물다.

따라서 국제정치에서 각국의 지도자들과 엘리트의 중요성은 클 수밖에 없다. 그들에 의해 특정 세력의 위협이 과대평가될 수도 과소평가될 수도 있기 때문이다. 이러한 차원에서 볼 때 국제체제에서 권력 배분이 차지하는 중요성은 제한적일 수 있다. 그럼에도 세력균형론자들은 상대적 국력이라는 단일 변수가 제공하는 설명력을 강조한다. 이런 저런 변수들을 모두 동원하는 접근은 우리의 이해와 설명을 제약한다고 바라본다. 복잡한 문제를 단순화해서 설명하는 작업이 사회과학의 주요 임무라고 여긴다. 비록 세세한 설명과 엄밀한 전망을 내놓지 못하더라도 말이다. 특히 국제정치에서 상대의 의도를 파악하는 게 사실상 불가능하다고 보는 이들에게 위협균형론의 매력은 매우 떨어질 수밖에 없다.

2010년대 들어서 중국의 부상을 우려하는 목소리가 국내외에서 높아졌다. 1980년대부터 고속성장을 꾸준히 지속한 중국은 한국을 포함한 다수 국가에게 경제적 기회를 제공하였다. 하지만 세력균형론자들은 이러한 중국의 부상이 몰고 올 폭풍을 지속적으로 경고하였다. 2008년 미국발 금융위기 이후 미중 간 전략경쟁이 심화되고 코로나19를 겪으면서 두 강대국은 안보·기술·가치를 둘러싼 다차원 경쟁을 본격화하였다. 과거 중국의 평화로운 부상과 미중 협력을 예상한 이들조차 신(新)냉전을 우려하는 목소리에 힘을 더한다. 국가의 역량에 따라 목표는 변화한다는 현실주의 입장에서 볼 때 부상하는 중국이 아시아의 패권을 지향하는 것은 자연스러운 결과이며, 그러한 중국이 미국과 라이벌 관계를 맺는 것은 불가피하다(Mearsheimer 2021).

만약 세력균형이 유지된다고 하더라도 우리는 소극적 평

화, 즉 전쟁 없는 상태를 기대할 수 있다. 현실주의 시각에서 볼 때 20세기 중후반 미국과 소련 사이에서 열전(熱戰, hot war)이 벌어지지 않았던 이유는 세력균형에 있다. 하지만 누구도 그러한 긴장 속 적대 상태를 이상으로 삼지 않는다. 적극적 평화를 위해서 우리가 무엇을 해야 하는지에 대한 구체적 답변은 다른 이들에게서 찾아야 한다. 대다수 현실주의자는 그러한 마법을 국제정치에서 기대하기 어렵다고 응수한다. 그러하기에 국제정치를 더욱 권력정치의 관점에서 이해하고 풀어가는 노력이 필수적이라고 말한다. 이러한 현실주의의 입장과 주장을 둘러싼 논의는 국제정치의 주요 논쟁으로 발전한 바 있다. 권력정치의 관점에서 국제정치의 냉혹한 현실을 인정하고 대비할 것을 주문하는 현실주의자들에 대하여 의문을 표하면서 다른 방식으로 국제정치를 그려볼 수 있다고 주장하는 이들이 존재한다(이 책의 9, 10, 11장 참조).

정리하면, 국제정치를 체계적으로 접근하려는 노력은 20세기 초 두 번의 비극적인 세계대전을 겪으면서 시작되었다. 단순히 국가들이 무엇을 원하는지만 파악해서는 국제정치를 온전히 이해할 수 없음을 깨달은 것이다. 전쟁의 참상을 목도한 현실주의 학자들은 국제관계의 권력정치 속성을 강조하였다. 특히 세력균형론은 국제체제 내 권력배분에 따라 국제정치와 외교정책을 설명하면서 예측하는 작업을 실시하였다. 하지만 국가가 균형전략이 아니라 편승전략을 취하고, 세력균형이 아니라 패권 등장이 발생하는 사례는 심심치 않게 발생한다. 또한 권력이 아니라 위협에 대응하는 국가의 모습을 볼 때 세력균형 자체보다 그에 대한 인식이 중요하다는 주장도 설득력을 얻는다.

다양한 비판에도 불구하고 현실주의자가 강조하는 상대적 권력과 그 배분은 국제정치학의 기축으로 자리 잡았다. 어떤 이들은 권력배분을 핵심변수로 삼는 현실주의 국제정치학을 활용하고 발전시키는 반면, 다른 이들은 권력배분 이외의 변수에 초점을 맞추어 현실주의 이론을 대체하는 작업을 추구한다. 전자의 관점에서 후자는 부차적 변수에 천착하는 연구로 본다면, 후자의 관점에서 전자는 권력변수로 모든 것을 설명하려는 오만한 시도이다. 아무튼 현실주의와 그에 대한 비판 속에서 국제정치학은 논쟁을 거듭하며 지금에 이르고 있다. 그러한 과정 속에 다양한 관점과 접근이 등장하며 경쟁하는 학문의 장이 펼쳐졌다. 세력균형론은 그 중심자리를 오랫동안 유지하고 있는 강자인 셈이다.

더 생각거리 **불의한 창과 정당한 방패?**

1983년 3월 24일 미국 레이건 대통령은 훗날 스타워즈(Star Wars) 계획으로 불리는 전략방위구상(Strategic Defense Initiative)을 발표하였다. 적국의 (핵)미사일이 떨어지기 전에 격추한다는 구상은 나중에 미사일 방어체계(Missile Defense System)로 발전하였다. 미사일 방어는 상대를 공격하고 파괴하는 무기가 아니라 자국을 방어하고 보호하는 무기라는 점에서 차별화가 되었다. 기존의 핵균형이 서로를 파괴할 수 있다는 상호확증파괴에 기초해 안정을 논했다면, 창이 아니라 방패인 미사일 방어는 상호확증안전(MAS: Mutually Assured Security) 속에 평화를 이룩한다는 주장이 부상했다.

상대를 파괴할 수 있는 무기를 통해 평화를 도모한다는 주장은 역설적이다. 반대로, 공격용 무기를 무력화할 수 있는 방어용 무기가 정당하다는 주장은 그럴듯하다. 미사일 방어의 도입은 공수균형의 긍정적 변화, 즉 공격보다 수비가 쉬운 상황을 연출하여 각국이 공격을 자제하고 방어에 치중하는 전략을 채택하게 유도할 수 있다. 하지만 이러한 이론적 설명은 현실에서 구현되기 어렵다. 미사일 방어의 구축과 활용이 현실적이지 못하다는 비판이 줄기차게 이어졌다. 아무리 막대한 비용을 지불하더라도 기술적으로 완성되기 어렵고 남북한처럼 가까운 이웃 사이에서 미사일 방어의 효용성은 떨어지기 때문이다. 따라서 미국이 주도하는 미사일 방어를 둘러싼 논쟁은 수십 년째 이어지고 있다.

또한 미사일 방어는 또 다른 군비경쟁을 낳는다는 비판이 높다. 공격용 무기와 방어용 무기를 다 갖춘 국가는 창과 방패를 모두 보유한 최강의 권력자가 될 수 있다. 창만 갖춘 국가에게 창을 휘두르면서 방패로 막아서는 국가는 두려움의 대상이다. 따라서 미사일 방어는 세력불균형을 촉진하는 주범이 되며 그에 따라 막대한 경비를 지출하는 군비경쟁을 더욱 부추기는 결과를 낳을 수 있다. 비록 방어용 무기라 하더라도 전력 차이를 유발하고 안보 불안을 가중시킬 수 있는 법이다. 하지만 트럼프(Donald J. Trump) 대통령은 2019년 미사일 방어 검토보고서를 발표하면서 "미국을 겨냥해 발사된 미사일이 언제, 어디서, 어느 지점을 향하든 모두 포착하고 파괴하는 것"이 목표라고 밝혔다(박수현 2019). 소련 붕괴 이후 주춤해졌던 미국의 미사일 방어체계가 재부상하면서 우주군의 등장을 논하는 상황을 맞이했다.

그렇다면 북한의 핵과 미사일 고도화에 따른 우리의 대응은 어떠해야 하는가? 북한의 창에 대응할 수 있는 전략은 무엇이어야 하는가? 우리나라가 2016년 배치를 결정한 사드는 미국의 미사일 방어체계의 일부이다. 이에 중국은 사드

레이더가 자국을 감시할 것이라며 노골적으로 반발하고 나섰다. 우리가 북핵 대응용이라고 강조하더라도 중국의 입장은 변하지 않았다. 우리의 방어적 행동으로 상대가 안보 불안을 느낀다면 어떠한 선택을 취해야 하는가? 남북한, 나아가 동아시아 국가들이 함께 안정과 평화를 구가할 방안은 무엇일까?

레이건의 전략방위구상("스타워즈") 연설

1983년 3월 23일

그들에게 보복을 하기보다는 생명을 구하는 것이 더 낫지 않을까요? 우리의 모든 능력과 재주를 진정으로 지속되는 안정을 얻는 데 사용함으로써 우리의 평화로운 의도를 보일 수는 없습니까? 나는 우리가 그럴 수 있고 그래야만 한다고 생각합니다. … 만일 자유민들이 … 전략적 탄도미사일이 우리 땅이나 우리 동맹국들의 땅에 도달하기 전에 우리가 그것들을 가로채 파괴할 수 있다는 것을 알고 안전하게 살 수 있다면 어떨까요? 나는 이것이 엄청난 기술적 임무이고 이 세기가 끝나기 전에 달성될 수 없을지도 모른다는 점을 알고 있습니다. 그러나 세계를 핵전쟁의 위협에서 자유롭게 하는 데 필요한 모든 투자는 가치 있는 것 아닙니까? … 나는 우리에게 핵무기를 제공해 준 과학계에 그들의 위대한 재능을 이제 인류와 세계평화의 대의 쪽으로 돌려달라고, 이러한 핵무기를 쓸모 없고 낡은 것으로 만들 수단을 달라고 요구하는 것입니다. 오늘 저녁…나는 중요한 최초의 조치를 취하려 합니다. 나는 전략핵미사일의 위협을 제거한다는 우리의 궁극적 목표를 달성하기 위해 장기간의 연구프로젝트 프로그램을 규정하는 포괄적이고 강도 높은 노력을 지시하고 있는 것입니다.

출처: 박인숙(2012, 191-192)에서 인용. 원문과 영상은 다음을 참조. https://www.americanrhetoric.com/speeches/ronaldreagansdi.htm

주요 개념

- **현실주의(Realism)** 국가가 자국의 생존과 번영을 위해 다른 국가와 끊임없이 경쟁을 펼치는 국제정치를 상정함. 국가들이 보유한 권력에 따라 국제정치가 좌우되기에 권력정치가 국제정치의 핵심 속성이라고 주장함.
- **세력균형론(balance of power theory)** 국가 사이의 힘의 배분에 따라 국가 사이에서 전쟁과 평화가 발생한다고 주장하는 이론. 힘의 균형이 이루어진 상태에서 국가들은 서로에 대한 공격을 자제하면서 평화를 유지하지만, 그렇지 않은 경우 무력 분쟁에 휘말릴 가능성이 높다고 봄.
- **균형정책(balancing)** 특정 국가(세력)에 대하여 힘의 열세에 놓인 국가가 자국의 힘을 키우거나(내적 균형) 제3국가와 연대하는(외적 균형) 방법을 채택하여 세력균형을 꾀하는 정책을 의미함.
- **편승정책(bandwagoning)** 특정 국가(세력)에 대하여 힘의 열세에 놓인 국가가 그 국가(세력)에 대하여 유화적 태도를 취하여 자국의 안위와 이익을 추구하는 정책을 뜻함.
- **위협균형론(balance of threat theory)** 국가가 서로를 위협으로 인식할 때(위협균형) 전쟁이 예방될 수 있다는 이론. 상대에 대한 위협 인식은 국력 총합, 공격 역량, 공격 의도, 거리에 좌우된다고 주장하며 세력균형론의 수정을 요구함.

더 읽을거리

- E. H. 카아. 2000.『20년의 위기』. 김태현 역. 녹문당.

  제1차 세계대전 이후 영국 외교관이었던 저자가 또 다시 세계대전에 휘말릴 수 있다는 우려를 바탕으로 이상주의와 현실주의가 결합되어야 함을 역설함. 실제로 제2차 세계대전이 발발하자 현실주의 국제정치학의 고전으로 널리 읽히며 많은 영향을 미친 저작임.

- 한스 모겐소. 2014.『국가 간의 정치 1·2: 세계평화의 권력이론적 접근』. 엄태암·이호재 역. 김영사.

  두 차례 세계대전 이후 출현한 국제정치학의 주류라고 평가받는 현실주의의 교과서와 같은 책임. 국가는 권력을 추구하는 속성을 지녔다는 전제를 바탕으로 국제정치를 권력투쟁으로 규정하며 생존과 자조, 국력과 외교, 세력균형 등의 주요 개념을 정리하고 있음.

3장

자강
— 자주국방이 우리의 살길?

1 생존을 위한 자강

우리 정부가 2022년 국방예산을 2021년 대비 4.5% 증가한 55조 2,277억 원으로 편성하자 32개 시민사회단체와 정당은 반발하고 나섰다. 이들의 핵심 주장은 "'충분한' 국방예산을 줄여 '중단된' 남북대화를 살리고 '부족한' 코로나·기후 위기 대응에 사용하자"는 것이다(참여연대 2021). 온실가스 감축과 기후위기 대응을 위해 약 12조 원, 기후대응기금으로 약 2조 4천억 원, 외교·통일 예산은 국방비의 1/9에 불과한 예산안이 부당하다는 주장이었다. 2021년 한국은 세계에서 국방비 지출 10위, 무기 수출국 8위를 기록하였다(김지

헌 2022). 전 세계 국방비 지출은 2021년도의 경우 전년도 대비 7% 증가하였으며 우크라이나 전쟁과 미중 경쟁의 여파로 이러한 추세는 강화되리라 전망되고 있다.

왜 우리는 GDP의 약 2.72%를 국방비로 사용하는가(2022년 기준)?[4] 이웃인 중국, 일본, 대만은 각각 1.60%, 1.08%, 1.61%를 지출한다. 중동과 아프리카를 제외하고 대한민국보다 GDP에서 많은 비중을 국방비에 쏟는 국가는 6개국—아제르바이잔(4.55%), 아르메니아(4.32%), 우크라이나(4.06%), 그리스(3.69%), 미국(3.45%), 콜롬비아(3.08%)—에 불과하다.[5] 북한의 핵능력 고도화, 중국의 부상과 러시아의 도발 등을 고려할 때 우리의 군사력 강화를 지지하는 목소리는 강하다. 하지만 언제까지 경제력 대비 높은 수준의 국방비 지출을 감당할 것인가? 흔히 말하는 국방과 복지, 총과 버터 간 균형을 어떻게 달성할 수 있을까?

국제정치에서 국가의 최고 목표는 생존이다. 국가를 통제하는 상위 권위체가 없는 상황에서, 즉 억울한 일을 당해도 하소연할 데도 없는 현실을 간과할 수 없기 때문이다. 그리고 그 생존을 위해 앞 장에서 언급한 세력균형이 매우 중

....

4 SIPRI Military Expenditure Database https://www.sipri.org/databases/milex (검색일: 2024.1.9.)

5 참고로 북한과 러시아에 대한 통계 자료는 제공되지 않고 있다.

요하다. 그 세력균형을 이루는 방법으로 흔히 스스로 힘을 기르는 것, 즉 자강(自强)을 생각할 수 있다. 다른 국가와 연합하는 동맹(同盟)을 생각할 수 있지만, 그것은 다음 장(4장)에서 다룰 것이다. 한국은 한국전쟁 이후 산업화에 성공을 거두면서 자주국방을 추구하였다. 우리의 힘으로 국방을 책임지겠다는 의지의 표현은 매번 지도자의 핵심 메시지로 등장하였다.

그렇다면 국제정치에서 자강은 우리의 안보를 보장해 주는가? 약소국으로 망국을 경험했던 우리가 스스로 국방력을 키우고 이를 통해 안보를 도모하는 것은 당연하다. 아래 〈그림 3-1〉에서 나타난 바와 같이 미국과 소련이 주도한 냉전이 끝난 이후 전 세계 군사비는 다소 줄어들었지만 2000년대 들어서 증가하기 시작하였다. 그 결과 2021년에는 2조 달러가 넘는 역대 최고 군사비가 지출되었다. 우리가 사는 아시아·오세아니아 지역의 군비는 2010년 유럽지역 군비를 넘어섰다. 이러한 자강의 노력으로 각국은 안보불안에서 벗어나는가? 만약 그러한 목표가 달성되지 않는다면 언제 그러한 현상이 발생하는가? 정당하고 효율적인 군비 지출은 어떻게 가능한가?

사실 자강을 위한 군사비의 적절한 수준을 세우기는 어렵다. 미국과 소련이 주도한 냉전이 끝나자 전 세계는 평화

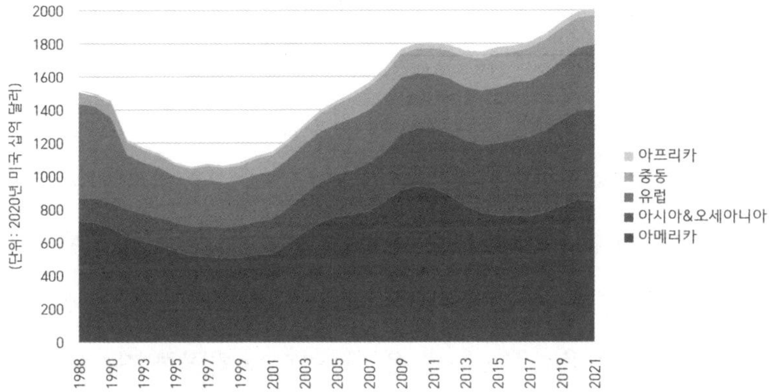

그림 3-1 지역별 군사비 지출, 1988-2021

출처: SIPRI Military Expenditure Database (https://www.sipri.org/databases/milex)

참고: 1991년 제외

의 시대를 맞이하리라는 기대가 컸다. 하지만 〈그림 3-1〉에서 나타나듯이, 2000년대에 들어서 전 세계 군사비는 상승세를 타기 시작하였다. 무엇이 이러한 군사비 증가를 주도하는가? (잠재적) 라이벌의 의도와 역량 때문인가? 사실 다른 국가의 속내를 정확히 아는 것은 사실상 불가능하다. 그렇기에 각국의 지도자는 자국민을 보호하고 국익을 증진시키는 최우선 목표를 위해 자강에 자원을 투입한다. 이러한 노력 자체를 비도덕적이라 비난하는 이들은 없을 것이다. 하지만 전 세계의 엄청난 군사비 지출을 두고 많은 이들은 불신과 불안으로 얼룩진 국제정치의 어두운 단면이라고 지적한다. 인류가 엄청난 자원을 보다 가치 있는 일에 사용하지 못하고 있다는 한탄인 것이다.

글로벌 팬데믹 기간에도 전 세계의 군비는 증강되었다. 대다수 국가들은 자신들의 군사력 강화를 자국 방어를 위한 것이라 강변한다. 외부의 위협에 대한 방어적 조치라는 것이다. 문제는 상대의 인식과 반응이다. 모든 국가들이 세력균형을 이루어 생존을 도모하는 방어자라면 우리가 항상 안보에 목맬 필요가 있을까? 2022년 우크라이나를 침공한 러시아 푸틴 대통령도 "우리 영토를 침략하려는 서방의 준비"를 언급하며 "서방의 공세에 선제적으로 대응"한 것이라고 강변했다(김윤종·황성호 2022). 자국의 행위를 공세적이라고 인정하는 경우를 본 적이 있는가? 한 국가의 군사력 확충은 다른 국가의 대응을 낳으면서 군비 경쟁은 멈추지 않는 것이다.

2 안보딜레마와 자주국방

서로를 불신한 채 경쟁하는 국가를 흔히 '죄수 딜레마'의 공범자로 비유한다. 두 사람 A와 B는 범행 후 붙잡혔다. 경찰은 물증이 없는 상태에서 두 사람을 유치장의 서로 다른 방에 가두었다. 이후 각자에게 동일한 제안을 제시한다. "만약 범행을 자백하면 너는 풀어주고, 상대만 벌하겠다. 만약 네

표 3-1 죄수의 딜레마

공범자 B		공범자 A: 침묵(협력)	공범자 A: 자백(배신)
	자백(배신)	II. A: 1년 수감 B: 즉시 석방	I. A: 6개월 수감 B: 6개월 수감
	침묵(협력)	III. A: 1주일 수감 B: 1주일 수감	IV. A: 즉시 석방 B: 1년 수감

가 머뭇거릴 때 상대가 자백하면 너만 처벌받으니 잘 생각해라." 이 말을 들은 A와 B는 바로 깊은 고민 속에 네 가지 상황을 상상한다. 둘 다 침묵을 지킨다면, 즉 서로 협력하면 둘 다 1주일 정도 구치소에 머물다 풀려날 것이다(표 3-1의 상황 III). 정반대로, 둘 다 모두 바로 자백하면 둘 다 유죄를 받고 6개월 수감생활을 한다(상황 I). 만약 내가 침묵을 지키고 상대가 자백하면 나 혼자 모든 죄를 뒤집어쓰고 1년 동안 감옥에 갇힌다(상황 II, 상황 IV). 서로를 믿고 협력하여 둘 다 만족할 수 있을 것인가?

이러한 죄수의 딜레마에서 합리적인 공범자의 선택은 무엇이 될까? 상대가 자백과 침묵 중 무엇을 선택할지 모르기에 공범자는 두 가지 상황—(1) 상대가 자백할 때, (2) 상대가 침묵할 때—을 나누어 따져본다. 각 상황에서 각각 내가 자백하는 경우와 침묵하는 경우를 비교해 보면, 두 가지 상황 모두에서 자백하는 경우가 더 이롭다. 따라서 A와 B는 모두 자백을 선택하면서 함께 6개월 수감하는 결과를 맞이한다. 만약 둘 다 침묵했다면 유치장에서 1주일만 버티고 풀려나왔을 것이다.

이러한 죄수의 딜레마를 응용한 것이 바로 안보딜레마 논의이다. 동일한 논리적 추리가 작동한다. 두 국가 A와 B는 막대한 군비 지출을 줄이고자 협상에 나섰다. 서로 협력하여 현 군사력을 유지하자는 합의에 이르렀다. 이 약속을 지키지 않고 군사력을 증강시킨다면 이는 배신이다. 과연 두 국가는 어떤 선택을 할 것인가? 둘 다 약속을 지켜 현재의 군사균형을 유지할 것인가(표 3-2의 상황 III)? 아니면 서로 배신하여 군비경쟁을 이어가 현재의 군사균형을 이어갈 것인가(상황 I)? 사실 문제가 되는 것은 어느 한쪽만 약속을 이행하여 힘의 우열이 심화되는 것이다. 만약 A국가만 약속을 지키면 B가 우위를 점하게 되고(상황 II), B국가만 약속을 이행하면 A국은 유리한 상황을 맞이한다(상황 IV).

실제로 안보딜레마 상황에 놓인 국가들은 쉽사리 군비경쟁을 멈추지 못한다. 물론 현 상황(상황 I)에서 벗어나 경제

표 3-2 안보딜레마

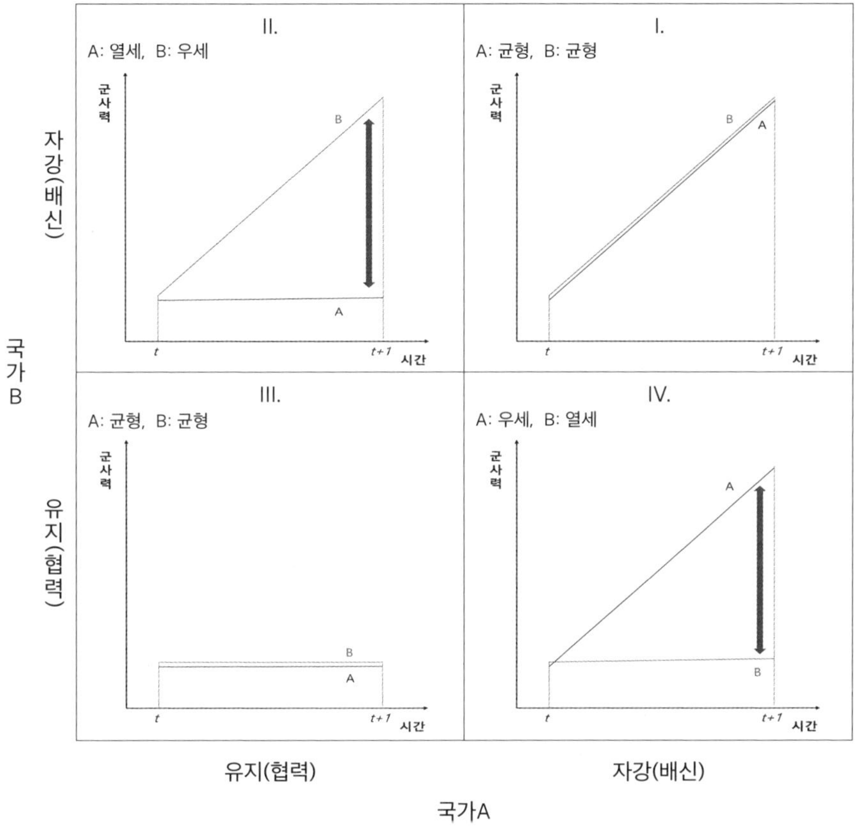

와 복지에 자원을 투입하고 싶지만, 만약 자국만 그 약속을 지키면 현재보다 더 불리한 상황에 떨어진다. 서로 협력하여 국방비를 줄일 수 있는 상황(상황 III)을 진심으로 바라더라도 국가 안위를 위태롭게 하는 도박을 벌이기는 쉽지 않다. 과거 20세기 초반 영국과 독일은 해군력 경쟁을 펼쳤으며, 냉

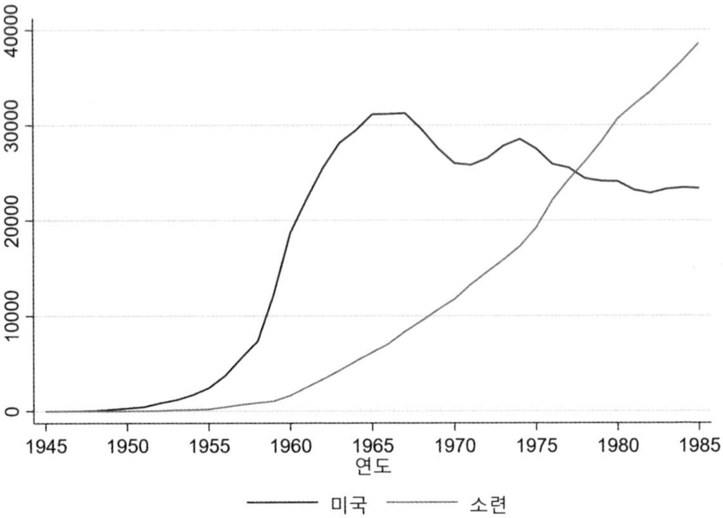

그림 3-2 미국과 소련 핵탄두, 1945-1985

출처: The Federation of American Scientists
(https://fas.org/issues/nuclear-weapons/status-world-nuclear-forces/;
https://ourworldindata.org/nuclear-weapons)

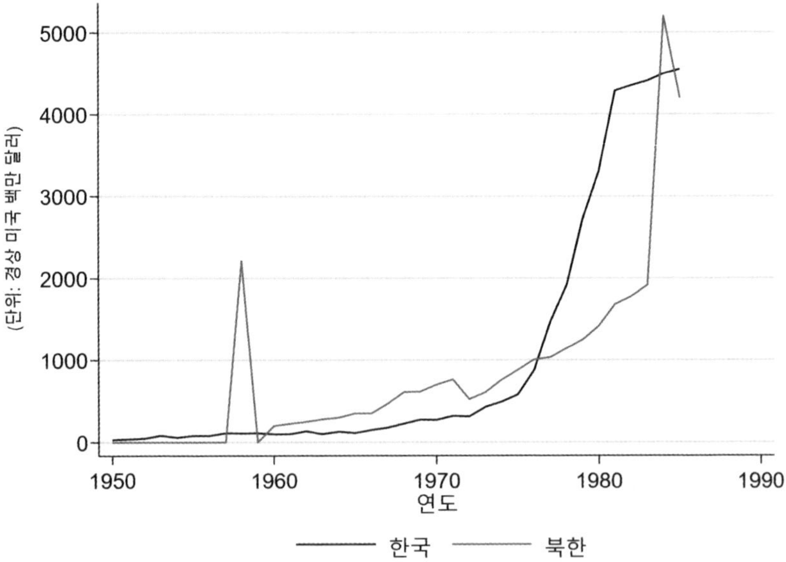

그림 3-3 남북한 군사비 지출, 1950-1985

출처: National Material Capabilities v6.0을 활용하여 저자 작성
(https://correlatesofwar.org/data-sets/national-material-capabilities)

전기 미국과 소련은 핵무기 개발에 경쟁적으로 임했다(그림 3-2). 남북한도 한국전쟁 이후 북한경제가 깊은 수렁에 빠진 1980년대 중반까지 군비경쟁을 펼친 바 있다(그림 3-3). 두 라이벌은 마치 서로 약속이라도 한 듯이 한쪽이 증강을 시작하면 시간차를 두고 따라가는 모습을 보여준다. 어느 한쪽이 더 이상 그 경쟁을 감당할 역량을 모두 소진하기 전까지 치열한 경쟁은 끝나지 않는다.

따라서 자강은 때때로 모순에 빠진다. 우리의 안보를 위해 군사력 확충을 포기할 순 없지만, 그렇게 한들 상대국도 대응 노력을 기울여 결과적으로 안보환경은 별반 개선되지 않는다. 냉전기 한국은 경제성장에 매진하면서도 막대한 비용을 군사력에 투입하였지만 남북 대결 속 긴장과 위기에서 빠져나오지 못했다(조동준 2004). 핵무기 확산도 유사한 모습이다. 1945년 미국이 최초로 핵무기를 개발한 후 일본에 투하하면서 제2차 대전을 종결시켰다. 하지만 몇 해 지나자 소련이 핵무장에 성공하고 미소 냉전이 시작되었다. 곧 미국 진영에 속한 영국과 프랑스도 핵무기를 보유하게 되었고, 소련과 영토 및 이념 분쟁을 겪은 중국도 핵개발에 성공하였다. 그러자 중국과 영토분쟁을 벌이던 인도가 핵무장에 나섰고 이는 자연스레 파키스탄의 핵개발로 이어졌다. 라이벌 국가 사이에서 핵도미노 현상이 일어났던 것이다.

그렇다면 이러한 안보딜레마에서 벗어날 수는 없을까? 끊임없이 서로를 의심하여 군비 확충에 매여 지낼 수는 없지 않은가? 사실 상당수의 국제정치학자들은 이 문제에 매달렸다. 혹자는 (1) 공격보다 수비가 쉽고, (2) 국방력 확충이 무엇(공격 혹은 수비)을 위한 것인지 구분된다면 안보딜레마는 완화된다고 주장했다(Jervis 1978). 양측 모두 무기체계나 지리적 이유로 공격하기 어렵고 방어가 쉽다면 위협에 기초한 불신은 줄어들 수 있다. 하지만 대량살상무기의 개발이 날로 심화되고 공격자를 식별하는 것조차 어려운 사이버 공간의 출현은 안보딜레마의 심각성을 더하고 있다. 상대가 나에게 피해를 입히기 전에 먼저 공격해야 한다는 심리적 압박이 강해진다.

이러한 안보딜레마는 수년 전 북미 대화에서도 발견할 수 있다. 미국은 북한에게 비핵화를, 북한은 미국에게 제재 해제를 요구한다. 만약 자국만 협력하고 상대는 배신한다면 최악의 상황에 빠진다. 그렇다고 양측이 동시에 두 작업을 진행하려고 보니 현실적 어려움이 만만치 않다. 동시에 인질과 돈을 맞교환하는 작업과는 다르다. 우리 사회는 북한 핵문제를 두고 압박과 관여라는 두 가지 전략을 두고 오랜 논쟁을 지속한 바 있다. 심각한 경제난에 빠진 북한에게 경제적 유인을 제공하며 핵 포기를 이끌자는 측과 남북 경제협력이 곧 북한의 핵무기 개발과 독재체제 존속을 도울 뿐이라는 입장이 대립하였다. 상대의 선의에 기댈 수 없는 국제정치의 비극에서 남북도 북미도 자유롭지 못한 것이다.

요약하면, 무정부상태인 국제정치에서 국가는 생존을 위한 노력의 하나로 자강을 꾀한다. 막대한 자원을 투입하여 국방력을 증강시킨다. 하지만 이러한 노력이 항상 안보증진이라는 열매를 맺지는 않는다. 상대를 자극하여 군비경쟁을 촉진시킬 수 있기 때문이다. 그럴 경우 자강의 노력에도 안보 상황은 오히려 악화될 수 있다. 자강의 역설인 셈이다. 일단 안보딜레마에 빠진 두 국가는 협상을 통해 군축에 합의하더라도, 자국만 이행하고 타국이 배신하여 자국에 닥칠 최악의 상황을 염려하게 된다. 20세기 초반 영국과 독일의 해군력 경쟁, 냉전기 미국과 소련의 핵경쟁, 한국전쟁 이후 남북한의 군비 경쟁 등 다양한 사례를 살펴보면 이러한 안보딜레마가 국제정치에서 작동하고 있음을 확인할 수 있다. 전 세계 군비지출이 줄지 않는 이유가 여기에 있다.

안보딜레마는 우리에게 '전략적 상호작용'(strategic interaction)을 일깨워 준다. A의 행동이 B의 행동에 영향을 준다. 그리고 B의 반응은 다시 A의 재반응을 이끈다. 보통 개인과 국가는 자국의 결정과 행동의 정당화를 타인과 타국의 행동에서 찾는다. 하지만 문제는 미래이다. 우리의 지금 행동이 어떤 결과를 몰고 올지에 대한 고려가 없다면 그 결정은 비합리적이다. 그렇다면 우리의 자강 노력은 헛된 것일까? 안보딜레마에 빠지지 않는 수준의 군비 확충은 가능한가? 만약 우리의 선택은 상대에 의해 '강요된 것'(forced decision)이고 상대의 선택은 '자발적인 것'(free decision)이라고 생각한다면 우리는 안보딜레마에 갇힐 가능성이 높다. 우리 모두 전략적 상호작용을 펼치며 치고받는 과정에 놓였음을 잊지 말아야 한다.

더 생각거리 **평화에 이르는 두 가지 길**

한반도 평화로 가는 길은 무엇인가? 저비스(Robert Jervis)는 나선형 모델(spiral model)과 억제 모델(deterrence model)을 비교해서 제시한 바 있다(Jervis 1976). 나선형 모델은 안보딜레마에 기초하여 충돌에 이르는 길을 보여준다. 두 국가 모두 자국의 안보를 위해 방어적 행동을 취하지만 이는 상대의 안보 불안을 야기한다. 결국 두 국가는 위기의 고조를 막지 못한 채 충돌에 이른다. 이러한 모델은 유화와 관여의 중요성을 일깨운다. 남북한 모두 평화를 희망하더라도 오해와 불신으로 상대의 방어적 행위를 공격적으로 바라볼 수 있다. 그러한 경우 남북한은 번갈아 그러한 오해에 따른 대응을 취하면서 소용돌이에 휘말린 채 충돌로 치닫게 된다. 그러한 비극은 상호 인정을 바탕으로 신뢰를 쌓아갈 때 피할 수 있다.

하지만 억제 모델의 관점에서 평화는 상대의 공격에 맞서 싸울 결연한 의지를 보일 때 가능하다. 그렇지 못하고 상대의 도발에 미온적으로 대처한다면 결국 양측은 대규모 분쟁에 휩싸인다. 상대방이 군사적 수단 자체를 고려하지 못하도록 적극적으로 압박하고 봉쇄하는 전략이 필요한 이유이다. 이 모델에 따르면 평화는 역설적이게도 싸울 준비를 마치고 결의에 찬 국가들 사이에서 유지될 수 있다. 상대를 공격하여 압도할 수 있다는 믿음이 없어야 한다는 것이다. 과거 한국전쟁의 발발도 김일성이 승리할 수 있다는 오판에 따른 결과였다. 한국과 미국이 적극적으로 북한의 공격이 엄청난 피해를 불러올 것이라는 메시지를 다양한 방법으로 전달할 때 한반도의 평화는 보장될 수 있다는 함의를 제공한다.

이러한 두 가지 주장은 모두 한반도 평화를 지향한다. 하지만 상반된 가정에서 기초한 두 입장의 정책 제언은 상이하다. 나선형 모델에서 국가는 현상유지를 희망하는 불안한 행위자이지만, 억제 모델에서 상대국은 불만족으로 현상변경을 노리는 도전적 행위자이다. 우리는 북한을 어떻게 바라볼 수 있는가? 오랜 경제 실패와 외교 고립으로 생존을 갈구하는 국가인가? 이라크 전쟁과 후세인 처형을 바라보며 두려움에 사로잡힌 실패국가로 북한을 바라보기도 한다. 반대로, 핵과 미사일 개발을 지속하면서 체제안정이 위협받을 경우 모험적 도발도 감행할 준비가 된 도전국인가? 주체사상에 기초하여 외부세력의 영향을 차단하며 정권안보에 사활을 건 공격적 행위자로 북한을 평가하기도 한다.

따라서 북한을 바라보는 시각에 따라 우리의 대북·통일 정책은 달라질 수밖에 없다. 북한은 안보 불안에 시달리는 국가인가, 아니면 정권안보를 추구하는 불만족 국가인가? 이에 대한 우리 안의 열린 토론이 합의에 이를 때 장기적 관점에서 지속가능한 대북·통일 정책이 가능할 것이다. 저비스는 나선형 모델과 억제 모델을 통해 제1차 세계대전과 제2차 세계대전을 각각 설명하였다. 상대에 대한 이해에 맞추어 우리의 대응이 결정되는 법이다. 하나의 모델에 집착할 경우 우리의 대응은 제한되고 무효할 가능성이 높다.

박정희 대통령 연초 기자회견

1971년 1월 11일

나는 작년 신년사에서 북괴가 단독적으로 침공을 해 올 때에 있어서는, 우리도 단독적인 힘으로써 능히 이를 저지하고 분쇄할 수 있는 자주적인 국방 역량을 언제든지 확보하고 있어야 한다는 것을 강조한 일이 있읍니다. 우리는 벌써 몇년전부터 우리의 국토는 일차적으로 우리의 힘으로써 이것을 지키자는 각오 아래 자주 국방 역량을 기르는 데 힘을 써 왔읍니다. 그리고 또, 이제부터 우리가 살아 나가는 길은 국방이든, 경제든, 외교든 모든 분야에 있어서 자주. 자립. 자조의 정신으로써 우리가 해나가야 된다고 생각합니다.

이러한 의미에 있어서 자주 국방이라고 하는 것은 우리가 그동안 우방의 여러 가지 많은 지원과 도움을 받아왔지만, 이제부터는 우리 자력으로써 해나갈 수 있는 그런 준비를 빨리 서둘러야 된다고 보는 것입니다.

우리는 지난 해에 자주 국방 역량을 강화하기 위해서 여러 가지 노력을 했읍니다. 방위 산업의 육성이라든지, 또는 군 편제의 개편이라든지, 동원 체제의 재정비, 국군의 장비 현대화 등 군사 기밀에 관한 부문도 많기 때문에 세부 설명은 드릴 수 없겠읍니다마는, 이러한 부문에 있어서 우리는 면밀하고도 여러 가지 진지한 검토를 해 왔고, 또 상당한 성과를 우리는 가져왔다고 보는 것입니다.

특히, 작년에 주한 미군의 일부 감축 논의가 대두되면서부터 우리 나라의 자주 국방 역량이 그 어느 때보다도 절실한 과제로 등장한 것은 사실입니다. 지난해에 우리는 이러한 노력으로 우리의 자주 국방의 기반을 조성하는 데 많은 성과를 가져왔다고 확신하는 바입니다.

노무현 대통령 제58주년 광복절 경축사

2003년 8월 15일

6.25 전쟁에서 미군은 수많은 젊은이들의 목숨을 바쳐 우리의 자유를 지켜주었고, 오늘날까지 이 땅의 자유와 평화를 지키고 있습니다. 앞으로도 동북아의 평화와 안정을 유지하는 데 기여할 것입니다. …

그러나 그렇다고 해서 우리의 안보를 언제까지나 주한미군에 의존하려는 생각도 옳지 않습니다. 자주독립국가는 스스로의 국방력으로 나라를 지킬 수 있어야 합니다. 우리 국군은 6.25전쟁을 거친 이후 꾸준히 성장하여 능히 나라를 지킬만한 규모를 갖추고 있습니다. 그럼에도 아직 독자적인 작전 수행의 능력과 권한을 갖지 못하고 있습니다.

미국의 안보전략도 수시로 바뀌고 있습니다. 미국의 전략이 바뀔 때마다 국방정책이 흔들리고 국론이 소용돌이치는 혼란을 반복할 일이 아닙니다. 대책없이 미군철수 반대만 외친다고 될 일도 아닙니다. 이제 현실의 변화를 받아들일 때가 되었습니다.

저는 저의 임기동안, 앞으로 10년 이내에 우리 군이 자주국방의 역량을 갖출 수 있는 토대를 마련하고자 합니다. 이를 위해 정보와 작전기획 능력을 보강하고, 군비와 국방체계도 그에 맞게 재편해 나갈 것입니다. …

정부가 수립된 지 55년이 되었습니다. 세계 12위의 경제력도 갖추었습니다. 이제 스스로의 책임으로 나라를 지킬 때가 되었습니다. …

우리가 자주국방을 하더라도 한미동맹 관계는 더욱 단단하게 다져나가야 합니다. 세계 대부분의 나라들이 상호동맹 또는 집단안보동맹으로 평화체제를 관리하고 있습니다. 자주국방과 한미동맹은 결코 서로 모순되는 것이 아닙니다. 상호 보완의 관계입니다.

출처: 행정안전부 대통령기록관 연설기록 (https://www.pa.go.kr/research/contents/speech/index.jsp)

주요 개념

- **자강** 스스로 힘을 키우거나 무장(自强, armament)한다는 의미로 흔히 세력균형론에서 제시하는 내적 균형정책을 의미함. 내적 균형정책은 자국 혹은 자국이 소속된 연합이 힘의 열세인 상황에 놓였을 때 세력균형을 이루고자 자국의 국방력을 강화하는 것을 지칭함.
- **안보딜레마** 한 국가의 방어적 행동이 다른 국가의 안보 불안을 가중시켜 그 국가로 하여금 군사적 행동을 취하도록 유도하며 양국 사이의 군사적 긴장이 고조됨. 숙적관계에 놓인 두 국가는 이러한 안보딜레마에 갇혀 서로를 적대하면서 안보 불안에서 벗어나지 못한 채 머묾. 한 국가의 자강이 안보 불안을 해소하는 것이 아니라 오히려 악화시키는 결과를 낳을 수 있다는 함의를 제공함.

더 읽을거리

- 케네스 월츠. 2013.『국제정치이론』. 박건영 역. 사회평론.

  국제정치이론은 국제체제('국제구조'와 '상호작용하는 단위들')를 통해 국제정치를 설명해야 한다는 입장을 제시함. 무엇보다 국가들 사이에 힘이 어떻게 배분되었는지가 국제정치에서 가장 중요한 변수라고 주장하며 구조적 현실주의의 시작을 알림.

▸ 돈 오버도퍼·로버트 칼린. 2014.『두 개의 한국』. 이종길 역. 길산.

워싱턴포스트의 기자를 역임한 돈 오버도퍼가 다양한 에피소드를 중심으로 한국의 현대사를 현장감 있게 기술함. 한국, 미국, 북한 등에서 오랫동안 취재한 내용들과 주요 인물들의 생생한 증언을 통해 한국 전쟁 이후 한반도 역사를 생생하게 추적함.

4장

동맹
— 영원한 친구, 영원한 적?

1 동맹의 기원: '자율'과 '안보'

2023년 한미동맹 70주년을 맞이하여 양국 정상은 양국 동맹이 글로벌 포괄적 전략 동맹으로 발전해 왔다고 자평하면서 〈워싱턴 선언〉을 포함하여 신흥기술, 사이버 안보, 우주탐사에 대한 공동성명서들을 발표하였다. 한국전쟁 직후 한미 양국이 체결한 군사동맹이 한반도를 넘어 글로벌 영역의 다층적 영역의 문제를 해결하는 포괄적 동맹으로 성장한 것이다. 한편, 2022년 우크라이나 전쟁이 발발하자 북미와 유럽의 국가들은 NATO(북대서양조약기구)를 중심으로 안보협력을 강화하고 있다. 냉전기 공산권 위협에 맞서고자 12개국이 결성한 NATO는 줄곧 확장한 결과 현재 총 31개국의 회원국을 보유한 다자동맹이다. 아시아와 유럽의 대다수 동맹은 냉전기에 형성되었지만 탈냉전기에도 그 결속력을 유지하고 있다.

사실 2010년대 이후 세계는 다양한 안보협력체의 부상을 목도하고 있다. 2007년에 시작하고 2017년에 재개한 쿼드(QUAD: Quadrilateral Security Dialogue)는 미국-일본-호주-인도가 참여하는 안보협력체이다. 주요 민주국가가 다영역에 걸쳐 안보협력을 논의하는 쿼드는 인도태평양의 자유주의 국제질서를 보호하기 위한 모임으로 주목을 받고 있다. 이 밖에도 미국은 한국·대만·일본과 더불어 칩4(Chip4)를 결성하여 반도체 생산과 공급을 위한 국제협력을 강화할 뿐 아니라, 2021년부터 전 세계 민주국가들이 모여 민주주의와 국제질서와 관련해 협의하는 민주주의 정상회의를 주도하고 있다. 한편, 중국과 러시아는 우크라이나 전쟁 직전 양국 정상이 양국 간 "무제한 파트너십"에 합의하며 양국 협력의 수준을 강화하고 있다. 군사·경제·기술·가치에 걸쳐 다양한 국제연합이 이루어지는 전환의 시대가 도래한 것이다.

앞의 장들에서 논의했듯이, 국가는 자강을 하거나 동맹을 통해 안보를 증진시킨다. 자기 힘을 기를 수 있지만 든든한 친구를 만드는 방법도 좋다. 사실 자강과 안보, 내적 균형과 외적 균형은 상이한 장단점을 보유하고 있다(Morrow 1993). 스스로 힘을 기르면 그것을 언제든 발휘할 수 있지만, 막대한 자원과 상당한 시간을 투입해야 하는 부담이 있다. 반면에, 동맹의 경우 단기간 내에 체결하여 효과를 누릴 수 있지만, 동맹국을 얼마나 신뢰할 수 있는지가 항상 고민이다. 그러기에 자강과 동맹 중 하나만 맹신하여 세력균형을 추구하는 경우보다 양자를 적절히 활용하는 사례가 일반적이다. 한국은 그동안 자주국방과 한미동맹을 꾸준히 발전시켜 왔다.

물론 모든 국가가 자강과 동맹을 동시에 추구할 수 있는 것은 아니다. 국내 및 국제 환경의 제약이 존재하기 때문이다. 만약 지도자가 국내 자원을 동원할 정치적 역량이 부족하거나 국내 자원이 매우 빈약한 상황이라면, 그 국가는 자강보다는 동맹을 통해 안보를 확보하려는 노력을 기울이고자 할 것이다(Barnett and Levy 1991). 한국의 경우 1950년대 미국의 원조와 지원에 전적으로 의존했던 시기가 존재했다. 국내 산업이 발전하지 못한 시기에 외부의 힘을 적극 활용한 사례이다. 반대로, 동맹 상대를 찾기 어려운 상황에 빠진 국가라면 자강이라는 수단에 의지하여 안보문제를 해결할 수밖에 없다. 냉전이 와해되는 가운데 소련은 해체되고 중국은 남한과 수교를 맺자 핵개발을 통해 돌파구를 찾던 1990년대 북한을 생각해 볼 수 있다.

그렇다면 동맹은 자주 체결되는가? 월트(Stephen Walt)는 동맹을 "둘 이상의 주권국가 간 안보협력의 공식적·비공식적 관계"라고 정의하였다(Walt 1987, 1 각주1). 이처럼 안보협력을 위한 다양한 관계를 모두 동맹으로 바라보기도 하지만, 어떤 이들은 구체적 책임을 명시한 조약에 근거한 안보협력만을 동맹으로 취급한다. 아래 〈그림 4-1〉은 동맹조약을 체결한 양자관계의 증가를 보여준다. 1900년에 2012년까지 12쌍에서 1,289쌍으로, 강대국(major power)을 포함한 동맹

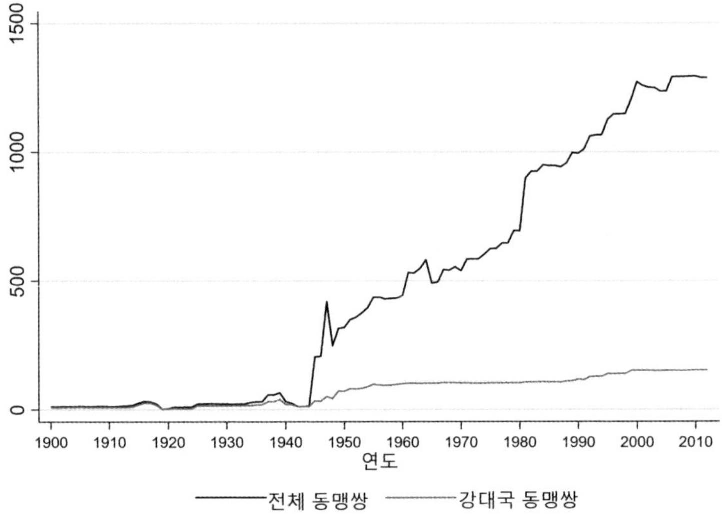

그림 4-1 동맹 국가쌍, 1900-2012

출처: Formal Alliances v4.1을 활용하여 저자가 작성 (https://correlatesofwar.org/data-sets/formal-alliances)

참고: "defense" 조약만을 동맹으로 간주

은 같은 기간에 9쌍에서 153쌍으로 늘어났다. 물론 국가 수가 꾸준히 증가했을 뿐 아니라(그림 1-3), 양자 동맹과 더불어 다자 동맹이 체결되면서 다층적 동맹망이 형성된 결과이다. 20세기 중반 이후 대다수 주요 국가들이 공식·비공식 동맹을 국가망으로 형성하며 안보를 추구하고 있다는 점을 확인할 수 있다.

그렇다면 동맹은 안보를 증진시키는가? 동맹에 가입하면서 평화를 원치 않는 국가는 찾기 어려울 것이다. 그렇지만 동맹이 오히려 전쟁과 충돌을 부추긴다면? 사실 오랜 논쟁 이슈이다. 세력균형론에 따르면 국가는 동맹을 맺어 힘의 균형을 회복할 수 있다. A국이 부상하면, B국과 C국이 동맹을 맺어 A vs. B-C 간 균형이 발생한다. 그리되면 서로를 견제할 뿐 승리를 예상하고 선제 공격을 감행하는 국가는 존재하지 않는다. 이는 억제(deterrence) 논리에 기초한 채 동맹이 부재하면 힘의 불균형으로 전쟁이 발발하리라 예상한다. 한국전쟁이 발발하기 전 한미동맹이 존재했다면? 한국전쟁이 일어나기 전 북한은 미국이 개입을 하지 않거나 늦게서야 개입하리라고 추측했다. 물론 오판이었지만 그 오판의 대가는 너무 컸다.

하지만 동맹이 오히려 전쟁을 부추기거나 확대시킬 수 있다는 주장도 존재한다. 강대국과 동맹을 맺은 국가는 과거와 달리 담대한 행동을 불사할 수 있다. 상대가 자국의 동맹을 의식한다고 믿을 때 소규모 분쟁을 일으키는 것을 주저하지 않을 수 있다. 따라서 불필요하거나 과도한 무력 사용이 동맹으로 증가할 수 있다. 이는 핵무기 개발에 성공한 국가들에게도 적용된다. 핵무기를 믿고 (상대적으로) 담대히 제한적 무력 사용을 감행한다는 주장이다. 한편, 다수가 동맹관계로 얽힌 상황에서 소규모 분쟁은 다수 국가가 참여하는 대규모 분쟁으로 비화될 수 있다는 경고도 존재한다(Christensen and Snyder 1990). '애들 싸움이 어른 싸움 된다'는 말처럼, 둘 사이에서 국지전으로 끝날 분쟁이 다수가 참전하여 국제전으로 격화되는 현상을 지적하는 것이다.

이렇듯 동맹은 그 영향에 대한 논쟁 속에서도 국제정치의 핵심 변수로 기능한다. 이러한 동맹은 주로 언제 체결되고, 무엇이 동맹을 이끄는가? 가장 대표적 설명은 '공동위협'(共同威脅)이다. 월트는 '위협균형론'에 근거해 두 국가가 위협에 함께 맞서고자 동맹을 체결한다고 주장했다(Walt 1987). 그에 따르면 (1) 전체 국력, (2) 공격 의도, (3) 공격 능력, (4) 지리적 거리가 종합적으로 위협을 구성한다. 한 국제정치학자는 "왜 500기의 영국 핵무기보다 5기의 북한 핵무기가 미국에 더 위협적인가?"라고 질문을 제기하였다(Wendt 1995, 73). 단순히 힘이 세다고 위협이 아니라는 점을 강조한 것이다. 실제로 두 국가가 공동 위협을 상정할 때 동맹을 체결하는 경향은 뚜렷하다.

따라서 공동위협에 대처하는 동맹형성은 삼각관계로 이해할 수 있다. 만약 세 행위자가 한 경쟁관계(B-C)와 두 협력관계(A-B, A-C)를 맺는다면 "낭만적 삼각"을 이룬다고 볼 수 있다. A를 차지하고자 B와 C가 경쟁하는 것이다. 하지만 동맹은 두 경쟁관계(A-B, A-C) 속에서 한 협력관계(B-C)가 존재하는 "안정적 결혼"에 해당한다. A에 맞서서 B와 C가 연합하는 것이다(Dittmer 1981). 이처럼 동맹관계는 단순히 양자 수준에서 이해하기보다는, 그 너머의 제3자가 포함된 다자 수준을 상정할 때 그 성격과 동학을 제대로 이해할 수 있다. 국제정치에서 이루어진 동맹과 라이벌은 각각 양자 관계를 규정하지만 이들은 서로 얽혀 영향을 주고받으며 공존한다.

한국전쟁으로 전략적 위협이 급증하자 동아시아 주요 동맹 관계가 출범하였다. 한국-미국 동맹(1953) 이외 자유진영에서 미국-일본 안전보장조약(1951)과 미국-대만 상호방위조약(1955)이 체결되었다. 이에 맞서 북한은 1961년 소련 및 중국과 각각 동맹조약을 체결하였다. 자유진영과 공산진영으로 나누어 전쟁을 치른 후 서로를 위협으로 바라보며 양 진영에서 다수의 동맹이 등장한 것이다. 흥미로운 것은 유럽에서 북대서양조약기구(NATO)를 주도한 미국이 아시아에서 다자동맹을 창출하지 않았다는 점이다. 그 대신미국은 복수의 양자동맹을 체결하여 중심을 차지하는 이른바 '중심축-바퀴살 체제'(hub-and-spoke system)를 아시아에 구축하였다. 소련 역시 동유럽 국가들과 바르샤바조약기구를 아시아에서 체결하였으며 중소·북소 동맹을 통해 미국에 대항하였다.

그렇다면 공동위협 외에 동맹을 촉진하는 다른 요인은 없는가? 대표적으로 유유상종(類類相從)론이 존재한다. 이후 제10장에서 자세히 다루겠지만, 민주주의 간 동맹이 쉽게 형성되고 오래 지속된다는 주장이다. 민주국가끼리 서로를 신뢰할 뿐 아니라 협력이 용이하다는 시각이다. 이를 확대해 정치체제의 유사성과 동맹의 형성·유지가 보이는 상관성에 주목하는 이들도 존재한다. 2010년대 이후 '민주주의 대 권위주의' 구도가 부상하면서 이렇듯 유사국가(like-minded states) 간 안보협력이 강화되었던 것은 사실이다. 앞서 언급했던 쿼드, 칩4, 민주주의 정상회의 모두 민주주의를 공유하는 국가 간 협력체이다. 우리 정부가 최근 강화하고 있는 한미동맹, 한미일 협력, G7과의 협력도 사실 민주국가들이 연합한다는 특징을 보여준다. 하지만 냉전 전반기 미국이 동맹을 체결한 다수의 국가는 비민주주의였다. 반공(反共)이라는 목표하에 민주주의-권위주의 연대가 성사되었다는 역사를 볼 때, 전략적 이해를 공유하는 국가 간 동맹은 사실 다양한 방식으로 결합된다.

이러한 동맹체결을 두고 국가는 종종 '자율-안보 딜레마'(autonomy-security dilemma)에 직면한다(Morrow 1991). 특히 강대국과 동맹을 체결하는 약소국은 안보를 위해 자율성을 일부 포기하는 경우가 흔하다. 한국의 경우도 주한미군 주둔을 위해 영토의 일부를 제공하고 비용의 일부를 부담한다. 주한미군이 저지른 범죄는 종종 사회이슈로 대두되면서 반미감정을 부추기는 상황을 연출한다. 사실 주권국가 내에 다른 국가의 군대가 주둔한다는 점은 언뜻 납득하기 어렵다. 하지만 안보를 위해 다수의 국가는 이러한 희생과 비용을 감수한다는 점이 동맹의 주요 특징이다. 동맹 조약에서 제기하는 의무 사항 역시 주권국가의 자율성을 제약한다. 따라서 국내 비준을 요구하는 동맹조약이 국내적 압박에 직면하는 경우도 드물지 않다. 민족주의가 거세지는 상황에서 기존의 동맹관계가 위협받을 수 있다는 것을 1990년대 초 필리핀 주둔 미군이 철수한 사례 등에서 확인할 수 있다.

따라서 영원한 동맹은 찾기 어렵다. 1902년 러시아의 남하를 막고자 체결된 영일동맹도 제1차 대전 이후 1920년대에 폐기되었으며, 냉전기 소련이 중국·북한과 체결한 동맹도 사라지고 말았다. 공식적으로 폐기되지는 않았지만 유명

무실해진 동맹도 다수이다. 그 이유는 동맹체결만큼이나 동맹유지도 어렵기 때문이다. 공동위협이 존재하는 한 안보협력의 중요성은 불변하겠지만 동맹을 유지하는 비용과 문제는 항상 발생하기 때문이다. 사실 무정부상태에서 벌어지는 국제정치에서 약속에 근거한 안보협력을 유지하는 것 자체가 다소 모순적이다. 상위 권위체가 없고 규범과 제도의 영향이 제한적인 상황에서 동맹은 당연히 일정한 리스크를 유발하는 제도이기 때문이다. 그럼에도 안보추구를 위한 국가의 노력 중 하나로 동맹은 여전히 활용도가 높은 제도이다.

2 동맹의 유지: 방기와 연루

'동맹 이후'는 어떠한가? 흔히 동맹을 결혼에 비유하는데 결혼은 흔히 어려움을 동반한다. 대표적으로, 방기(abandonment)와 연루(entrapment)의 두려움을 들 수 있다(Snyder 1997). 방기는 동맹 상대로부터 버림당하는 것을, 연루는 동맹 상대 때문에 원치 않은 전쟁에 끌려 들어감을 뜻한다. 이러한 방기의 두려움은 바로 냉전기 한국의 사례가 대표적이다. 베트남 전쟁에서 빠져나오려는 닉슨 대통령은 1969년 닉슨독트린을 통해 "아시아인에 의한 아시아 방위"를 천명하였다. 그러자 박정희 정부는 주한미군의 철수를 막고자 총력전을 펼치게 된다. 미국이 아시아에서 발을 뺄 수 있다는 우려 속에서 안보 불안이 가중되었다. 이러한 한국의 방기 두려움은 양국 관계를 긴장으로 몰아넣기까지 했다.

한편, 동맹은 연루의 두려움을 종종 야기한다. 한국전쟁 이후 미국은 제2의 한국전쟁에 연루될 가능성을 경계하였다. 특히 이승만 대통령의 북진정책과 1·21 청와대 습격사건(1968) 이후 박정희 정부의 대응을 두고 미국의 우려는 컸다. 북한의 무력 도발 뿐 아니라 한국의 과잉 대응을 억제할 필요를 느꼈던 것이다. 최근까지 미국 내 일부 인사들은 동맹국을 "치명적 매력"(fatal attraction)을 지닌 존재라고 묘사한다(Allison 2017, 211). 자국의 안보 파트너이지만 자국의 안보를 해칠 수 있다는 이러한 시각은 바로 연루에 의한 전쟁 참여를 경고하는 것이다. 강대국 입장에서 약소국의 전략적 가치를 판단하고 그에 합당한 리스크만을 감당할 것을 제언하는 입장이다.

이러한 연루의 두려움은 강대국만의 문제는 아니다. 2000년대 초반 미국의 일방주의 대외전략은 한국을 포함한 미국의 동맹에게 깊은 고민을 안겼다. 9·11테러 이후 이라크를 테러의 배후로 지목하고 침공에 나선 미국에 동의할 수 없는 상황에서 부시 행정부는 동맹들에게 파병을 요청했다.

불필요하고 부정의한 전쟁에 자국의 군대를 보내지 말 것을 요구하는 국내 의견이 거세게 올라왔다. 한국에서도 정부 내 소위 자주파와 동맹파의 대립 속에서 전 사회적인 논쟁과 갈등이 불거졌다. 베트남 전쟁 파병의 경우 박정희 정부의 국가이익과 국내정치를 고려한 적극적 선택이었던 반면에, 이라크전 파병은 동맹 유지를 위한 전략적 대응이었다. 최근 미중 갈등이 심화되는 상황에서 한국이 미국의 동맹으로 부담할 리스크에 대한 우려를 제기하는 이들도 바로 연루 가능성에 주목한다.

하지만 동맹의 대외적·대내적 기능은 방기와 연루의 두려움을 잠재우기도 한다. 대외 위협에 대항하여 방어 기능을 수행하는 동맹을 포기하기는 쉽지 않다. 그 위협이 현저히 약해진 경우를 제외하고 동맹의 가치는 일반적으로 유지된다. 또한 다수의 동맹을 유지하는 국가는 일부 동맹을 포기할 경우 다른 동맹의 와해를 염려하는 상황이 발생할 수 있다. 예를 들어, 미국이 만약 대만을 포기할 경우 미국의 다른 동맹 파트너는 미국에 대한 신뢰를 잃게 될 것이다. 최악의 경우 미국이 주도하는 동맹망 자체가 와해되고 말 것이다. 미국이 자국의 파트너에게 안보 공약에 대한 믿음을 심어주지 못할 경우 이는 곧 미국의 영향력 감소를 의미하고 동맹 조약은 무의미해지기 때문이다. 반대로 미국이 안보공약을 이행할 경우 미국의 모든 안보 파트너의 미국에 대한 신뢰도는 상승할 수밖에 없다.

한편, 동맹은 안보 파트너를 '제지'(restraining) 혹은 '결박'(tethering)하는 대내적 기능도 담당한다(Pressman 2008; Weitsman 1997). 1976년 럼스펠드(Donald Rumsfeld) 국방장관은 한국이 핵무기 개발을 강행할 경우 "남한과의 모든 관계를 재검토할 것"이라고 경고하며 안보 파트너의 핵개발을 저지하고자 하였다(돈 오버도퍼 2002, 120). 이처럼 동맹 관계를 볼모로 안보 파트너에게 일정한 영향력을 행사하는 것이 가능하다. 특히 비대칭 동맹에서 강대국 파트너가 약소국 파트너에 대한 영향력은 클 수밖에 없다. 탈냉전기 북중 관계가 냉각되었지만 양국 동맹이 지속되는 이유도 이러한 관점에서 이해가 가능하다. 동맹이라는 제도를 통해 다양한 협의와 만남이 손쉽게 이루어질 수 있기 때문이다.

그동안 현실 국제정치에서 동맹 형성과 유지를 둘러싼 다양한 논쟁이 존재했다. 강대국의 부상에 따른 결과를 두고 상이한 예측이 충돌했기 때문이다. 과거 나폴레옹의 프랑스와 히틀러의 독일이 유럽 패권을 차지하려고 나서자 영국을 위시한 국가들이 연대하여 패권 등장을 막아선 역사를 기억하는 이들이 많다. 이들에게 잠재적 패권국과 이에 대항하는 연합세력은 자연스러운 조합이다. 따라서 소련이 갑작스럽게 붕괴하자 미국이 주도하는 단극시대가 도래했지만, 다수의 세력균형론자는 경고장을 날리기 시작했다. "단극 환상"(unipolar illusion)을 경계하며 미국에 대항하는 강대국 부상을 전망했다(Layne 1993). 결국 20세기 초와 같은 다극시대가 재등장할 것을 주장하며 승리감에 도취한 미국인들에게 찬물을 끼얹었다.

하지만 2000년대 중반까지 뚜렷한 반미(反美)연합이 등장하지 않았다. 오히려 비국가 행위자인 테러집단이 핵심 위협으로 부상하며 미국 일방주의를 비난하는 반미주의가 거세졌다. 그러자 세력균형론자는 다른 논리를 통해 이 현상을 설명했다. 바로 미국이 역외세력균형자(offshore balancer)라는 것이다. 세계를 지역으로 나누어 볼 때, 지역패권을 보유한 국가는 미국이 유일하다. 아래 〈표 4-1〉에서 볼 수 있듯이, 미국은 아메리카 대륙 군사비의 90.77%를 지출하고 있다. 다른 지역의 경우 최대 군사비 지출국의 비중이 50%를 넘지 않는 가운데, 다만 중국이 역내 2등 군사비 지출국(인도)과 30% 포인트 이상의 격차를 보일 뿐이다.

이렇듯 유일한 지역 패권국인 미국은 다른 지역에서 자신과 같은 지역패권국이 등장하는 것을 원하지 않는다(Mearsheimer 2001, Chapter 7). 구체적으로 바이든 행정부는 아시아 지역에서 한국·일본·호주·인도와 연대하여 중국을 견제

표 4-1 지역 및 주요국가 2021년 군사비

	2021년 군사비 (백만 US달러)	**%**
아프리카	34105.76	100.00
(1) 알제리	9115.81	26.73
(2) 모로코	4997.41	14.65
(3) 나이지리아	4017.39	11.78
아메리카	845811.98	100.00
(1) 미국	767780.13	90.77
(2) 캐나다	24001.45	2.84
(3) 브라질	18746.77	2.22
아시아-오세아니아	546796.30	100.00
(1) 중국	270016.55	49.38
(2) 인도	73574.66	13.46
(3) 일본	55773.52	10.20
(4) 한국	47676.29	8.72
유럽	392646.91	100.00
(1) 러시아	63485.06	16.17
(2) 영국	62489.28	15.91
(3) 프랑스	53559.59	13.64
중동	149746.56	100.00
(1) 사우디아라비아	53759.06	35.90
(2) 이스라엘	22500.82	15.03
(3) 이란	17574.95	11.74

하고, 유럽에서 영국·독일·프랑스와 협력하여 러시아를 억제한다. 우크라이나 전쟁의 발발로 미국이 이끄는 반(反)권위주의 연대는 더욱 강화되기도 하였다. 유럽과 아시아의 중견국들에게 가장 시급한 문제는 역내 문제이기에 멀리 떨어

진 미국과 손잡는 안보협력은 매력적일 수 있다. 이에 더하여 일부 학자들은 미국 패권의 우호적 속성을 강조하거나(Ikenberry 2012), 미국과 강대국이 서로 위협하지 않는 전략적 공존을 지적하기도 한다(Monteiro 2014).

요약하면, 국제정치에서 동맹은 자강과 더불어 힘의 균형을 회복하고 유지하는 전략으로 널리 활용된다. 다만 동맹을 맺을 때 무력 충돌이 제한되거나 확전이 억제되는 효과가 항상 발생하지 않는다. 동맹은 기본적으로 복수의 국가가 위협을 공유할 때 체결되지만 이를 위해 일부 국가는 자율성을 희생할 수밖에 없다. 또한 동맹이 체결된 이후 국가는 동맹 파트너로부터 방기되거나 불필요한 분쟁에 연루될 두려움에 빠지곤 한다. 하지만 동맹의 대외적 기능(공동방어)과 대내적 기능(제지·결박)을 고려하는 국가에 동맹 파기는 힘든 선택이다. 비록 동맹 상대가 만족스럽지 않더라도 동맹 유지를 통해 안보적·외교적 이익을 기대할 수 있을 때 동맹은 유지되곤 한다.

현재 미중 경쟁이 심화되는 상황에서 다양한 연대의 모습이 등장하고 있다. 기존 군사동맹(military alliance)이 강화되는가 하면, 경제·기술·외교 분야의 복합연합(complex alignment)이 활발히 결성되고 있다. 쿼드, 한미일 협력, 상하이협력기구가 대표적 사례라 할 수 있다. 이러한 복합연합은 참여국에게 의무사항을 적시한 조약 체결을 강요하지 않지만 안보에 직결되는 다양한 분야의 협력을 제도화하도록 유인한다. 급변하는 상황에 맞추어 효율적이고 필수적인 협력을 가능하게 한다는 점에서 복합연합이 군사동맹을 대체하고 국제협력의 대표적 제도로 부상할 가능성도 존재한다. 사실 안보를 소중한 가치에 대한 위협이 없는 상태라고 정의할 때 기존 군사동맹이 제공하는 안보 조치는 21세기 국가에게 부족하다. 따라서 현재 국가들은 다양하고 포괄적 형태의 협력을 시도하고 있는 것이다.

더 생각거리 **도미노 이론 vs 세력균형론**

냉전기 미국의 대소련 정책의 핵심은 봉쇄(containment)였다. 소련의 영향력 팽창을 가로막고자 반공 노선을 내세우며 유럽과 아시아 우방과 연대를 구축하였다. 1949년 중국이 공산화되자 미국은 인도차이나에서 공산 세력의 확장을 막아야 한다는 논의가 힘을 얻었다. 중국에 이어 베트남이 공산화된다면, 아시아 전역의 공산화가 불가피하다는 도미론 이론(domino theory)을 케네디 행정부와 존슨 행정부가 채택하였던 것이다. 한 곳이 무너지면 다른 곳도 넘어간다는 시각에서 남베트남은 반드시 사수해야 할 보루였다. 사실 북베트남과 중국은 소련과 인도차이나를 두고 제한적 협력관계를 이어갔으며 베트남 전쟁이 끝난 후 불과 몇 년이 안 되어 전쟁을 치르고 말았다. 그만큼 단합된 공산세력은 존재하지 않았던 것이다.

이러한 베트남에 파병하였던 한국 역시 도미노 이론을 따르고 있었다. 박정희 대통령은 파병의 이유를 거론하며 베트남의 공산화가 "자유세계의 대공전선에 커다란 혼란과 차질"을 야기하며 공산세력의 "자유국가들에 대해서 노골적이며 급진적인 도발행위"를 부를 것이라고 주장했다. 그들뿐 아니라 우리의 안보도 위협받는 상황임을 내세운 것이다. 사실 우리의 안보에 직접적 위협이 아닌 상황에서 해외파병을 결정한다는 것은 매우 어려운 일이다. 당시 한국의 경우 안보적·경제적 이익을 고려해 대규모 파병을 진행했지만, 당시 박정희 정부가 내세운 주요 명분은 인도차이나와 한반도가 연계되었다는 점이었다.

흥미로운 점은 세력균형의 관점에서 도미노 이론의 설득력은 떨어진다는 점이다. 만약 한 국가가 팽창한다면 그 국가에 대항하는 세력이 규합된다는 점을 세력균형론은 주장한다. 하지만 도미노 이론은 팽창하는 세력이 더욱 힘을 얻으리라는 정반대 상황을 예견한다. 공산세력이 힘을 얻을 경우 그 기세를 꺾는 것은 더욱 어려워질 것을 이야기한다. 만약 국가들이 부상하는 세력에 대해 편승을 일반적으로 취한다면 도미노 이론이 말하는 바가 사실에 부합할 것이다. 그렇지만 세력균형론은 편승전략보다 균형전략이 더 일반적이라고 주장한다. 부상하는 세력과 연합할 경우 훗날 버림받을 가능성이 더 높기 때문이다. 반대로 그에 대항하여 안보 파트너를 구할 경우 서로 의지하며 연대를 이어갈 개연성이 크다.

세력균형론은 명실상부 대표적인 국제정치 이론이다. 하지만 미국의 외교정책에 미친 영향은 제한적이다. 이러한 역설은 학문과 현실의 일정한 간극을 보여준다. 학문이 현실을 반영하고 인도하는 역할을 수행하기도 하지만, 현실은 정치적 논리와 흥정의 결과를 중심으로 펼쳐진다. 도미노 이론은 두려움을 자극한다. 상대를 지금 제압하지 못하면 앞으로 기회는 오지 않는다는 두려움이 유발될 경우 개입을 정당화하고 지지를 끌어내는 것은 손쉽다. 따라서 위협에 대한 객관적 분석과 판단은 매우 중요할 수밖에 없다. 다양한 이론적 시각을 구비하고 현실에 따라 활용해야 하는 이유가 바로 여기에 있다.

박정희 대통령 "월남파병에 즈음한 담화문"

1965년 1월 26일

친애하는 국민 여러분! 정부는 월남공화국의 추가지원요청에 관하여 헌법의 정하는 바에 따라, 국회의 동의를 얻어 약 2,000명의 국군을 증파하기로 결정하였읍니다. 이 증원군은 자체 경비병력을 포함한 공병과 수송병의 비전투요원으로 구성되었으며, 월남의 후방지역에서 부여된 임무를 수행하게 될 것입니다.

지금 월남공화국은 중공의 지원을 받는 것으로 간주되는 월맹「게릴라」군의 악질적인 공격에 직면하여 힘겨운 반공투쟁을 수행하고 있읍니다.

월남에 대한 공산세력의 도발행위는 비단 월남 한 나라의 안위에 국한된 것이 아니라, 아세아의 평화와 안전에 직결된 문제로서 이에 대처하기 위하여 미국을 비롯한 여러 자유우방국가들은 이미 월남공화국에 대하여 군사, 경제 및 다각적인 지원을 계속강화하고 있는 것입니다.

새삼스럽게 말할 필요도 없이 자유월남이 공산화하는 경우, 대략 다음 두가지 가공할 사태의 발생을 우리는 예단할 수 있읍니다.

그 첫째는 공산주의자들의 침략에 대항하는 자유세계의 대공전선에 커다란 혼란과 차질이 생길 것이 확실하다는 것이며, 그 둘째는 동남아에 대해서 월남을 출구로 하는 공산세력은 한반도를 포함하는 전태평양지역의 자유국가들에 대해서 노골적이며 급진적인 도발행위로 나올 것이 명확하다는 사실입니다.

여기서 우리는 앉아서 기다릴 것인가, 아니면 미리 일어서서

막을 것인가를 결정지어야 하기에 이른 것입니다. 아세아를 불사를지도 모를 위험에 대해서 목하 월남을 불태우고 있는 하나의 『불씨』를 미연에 꺼버리는 데 협력하는 것은 안전을 위한 최상의 길이고 또 우리의 의무이기도 한 것입니다.

이에 한국정부는 국토의 직접방위에 지장을 주지 않는 범위 내에서 가능한 한의 모든 지원을 월남 공화국에 제공하기를 결정하기에 이른 것입니다.

이와같은 정부의 결정은

첫째, 월남에 대한 우리의 지원은 전 아세아의 평화와 자유를 수호하기 위한 집단안전보장에의 도의적 책임의 일환이라는 판단에 입각하였고,

둘째, 자유월남에 대한 공산침략은 곧 한국의 안전에 대한 중대한 위협임으로 우리의 월남지원은 바로 우리의 간접적 국가방위라는 확신에 의한 것이며,

세째, 과거 16개국 자유우방의 지원으로 공산침략을 격퇴시킬 수 있었던 우리는 우리의 눈앞에서 한 우방이 공산침략의 희생이 되는 것을 좌시할 수 없다는 한국민의 정의감과 단호한 결의에 따른 것입니다.

물에 빠져 허덕이는 친우를 보고 어떠한 일이 있어도 구해내야 하겠다는 것은 『의』를 사랑하는 우리 민족의 드높은 기개이기도 한 것입니다.

…

출처: 행정안전부 대통령기록관 연설기록 (https://www.pa.go.kr/research/contents/speech/index.jsp)

주요 개념

- **동맹** 일반적으로 둘 이상의 주권국가가 안보협력을 위해 조약을 체결한 관계. 현실주의에서 동맹은 외적 균형정책의 방법으로 국가가 연합하여 세력균형을 꾀하는 전략임.
- **자율-안보 딜레마** 동맹을 체결하게 되면 안보를 증진할 수 있더라도 동맹 의무로 인해 자율성이 줄어드는 딜레마. 특히 약소국 입장에서 강대국과 동맹을 맺을 경우 기지 제공과 정보 공유로 인한 자율성 축소를 감수해야 함.
- **방기와 연루 두려움** 동맹을 체결한 이후 국가는 동맹 상대가 자국을 버릴 수 있다는 방기(abandonment)의 우려를 가질 수 있음. 혹은 동맹 상대 때문에 원치 않은 분쟁에 휘말릴 수 있다는 연루(entrapment)의 우려를 가지게 됨.
- **동맹 제지와 결박** 동맹을 체결한 이후 국가는 동맹 상대와 더불어 외부 위협에 대항할 뿐 아니라 동맹 상대에 대한 영향력을 행사하기도 함. 특히 강대국은 자신의 비강대국 동맹 상대를 제지하거나 결박하려는 시도나 행동을 취함.

더 읽을거리

- 존 미어셰이머. 2017.『강대국 국제정치의 비극』. 이춘근 역. 김앤김북스.

  무정부상태에서 강대국은 생존을 위해 권력 극대화를 추구한다고 주장하며 강대국 간 충돌은 불가피하다는 입장을 견지함. 이러한 공격적 현실주의의 관점에서 21세기 중국은 19세기 미국과 마찬가지로 팽창을 추구하며 다른 국가와 갈등할 것이라고 예견함.
- 누노 몬테이로. 2021.『단극 체계 국제정치이론』. 백창재·박현석 역. 사회평론아카데미.

  단일 국가가 압도적인 단극체계는 지속될 수 있지만 평화롭지는 않으리라는 이론적 전망을 제시함. 초강대국과 강대국 간 충돌은 막대한 비용으로 제한될 수 있지만, 초강대국과 비강대국 사이의 갈등은 종종 전쟁으로도 비화된다고 주장함.
- 스티븐 월트. 2024.『동맹의 기원: 국가들은 어떤 상황에서 어떤 국가와 동맹을 맺는가』. 이준상 역. 김앤김북스.

  공동의 위협이 존재할 때 국가들은 서로 동맹을 맺는다고 주장함. 국가는 권력보다 위협에 대응한다는 위협균형론에 근거하여 이념과 제도의 공유가 동맹에 미치는 영향은 제한적이라고 평가하며 현실주의 관점에서 동맹의 형성을 논의함.

2부

국가는 왜 충돌하는가?

국제분쟁

5장

오인과 이슈
— 오해 말고 양보하라고?

1 협상 대신 전쟁, 왜?

제1부에서 왜 국가가 서로 불신하면서 경쟁을 펼치는지를 살펴보았다. 국가들을 통제할 권위와 역량을 두루 갖춘 상위체는 없다. 주권국가들은 영토 내에서 국민을 대상으로 최고의 권위를 행사한다. 그러나 한 국가의 주권을 다른 국가가 무시할 경우 이를 제재할 현실적 방안이 딱히 존재하지 않는다. 강대국이 이웃 약소국의 영토를 넘보는 경우가 대표적이다. 많은 이들은 국제연합(UN: The United Nations)과 같은 국제기구를 떠올리겠지만 결정적 순간에 국제기구의 민낯은 실망스럽다. 특히 강대국 개입의 경우 그러하다. 물론

국제기구의 자율성과 영향력은 증가하는 추세였지만 강대국을 억제하고 독자적 결정을 내리며 국제질서를 형성할 역량은 갖추지 못하였다. 2003년 이라크 전쟁과 2022년 우크라이나 전쟁을 떠올려보라.

이런 상황에서 국가 간 무력충돌은 불가피한가? 국내정치와 달리 규범과 제도가 효율적으로 작동하지 못하는 정글과 같은 곳에서 싸움은 일상인가? 만약 국가들이 비합리적 행위자라면 그러한 설명에 반박하기는 힘들다. 하지만 국가들은 끊임없이 계산한다. 무엇을? 자신의 목적을 이루기 위한 가용한 수단을 고려하고, 그러한 수단들이 가져올 결과를 비교한 후 가장 만족스러운 결과를 추구하는 행위자를 합리적이라고 가정하자. 국가는 비록 제한적이나마 합리적 모습을 보인다. 예를 들어, 북한이 핵무기를 포기하게 만들 것을 목표로 삼은 한국과 미국은 이를 달성할 수 있는 다양한 수단들을 고민하며 전략을 짜내고 실행에 옮긴다.

두 국가 사이에 무역을 두고 갈등을 빚고 있다고 가정해보자. A국은 B국이 과도하게 과세를 부과하여 자국 물품의 수입을 제한하고 있다고 주장한다. 이에 대해 B국이 문제없다는 식으로 대응하면 A국도 B국의 물품에 관세를 올리며 긴장을 고조시킨다. 이러한 긴장이 무력 충돌로 이어질까? 문제는 전쟁에서 항상 이길 수 없다는 것이며, 설사 이기더라도 그 인적·물적 비용이 만만치 않다. 더구나 대량살상무기가 개발된 20세기에 들어서 이러한 전쟁비용은 천문학적이다. 따라서 많은 이들이 더 이상 강대국 간 전면전은 바람직하지 않을 뿐 아니라 불가능하다고 여긴다. 전쟁으로 돈 벌기 어려운 시대가 도래한 것이다.

국제정치학자 피어론(James Fearon)은 전쟁의 비합리성을 간단한 수리모형을 통해 보여주었다(Fearon 1995, 그림 5-1). A는 B와의 분쟁 속에서 최고의 결과는 1(맨 오른쪽=B의 최악의 결과)이고 최악의 결과는 0(맨 왼쪽=B의 최선의 결과)이다. 만약 A가 전쟁에서 승리해 최고의 결과(1)를 쟁취할 가능성을 p라고 하고, 그 전쟁의 비용을 C_A라고 하자. 그러면 전쟁에 대한 A의 기대값은 $(p \times 1)-C_A$이다. 따라서 A는 아래 수직선에서 $p-C_A$보다 오른쪽 결과를 도출하는 협상결과는 받아들이고자 한다. 자신의 전쟁을 통해 얻을 수 있는 것보다 더 많은 이익을 안겨다 주기 때문이다. 같은 논리로 B는

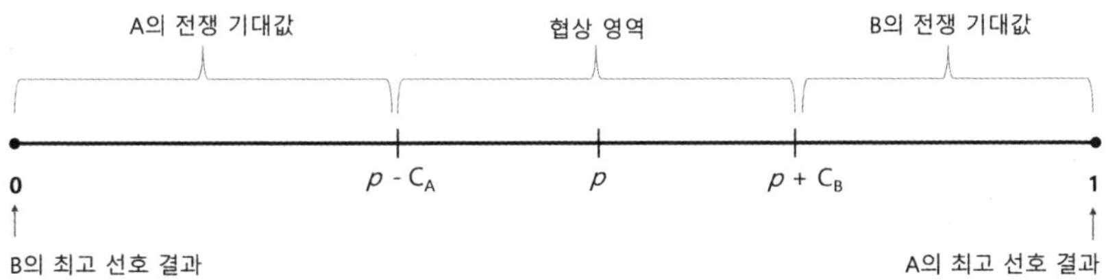

그림 5-1 협상영역

출처: Fearon(1995, 387), Figure 1.

수직선에서 p+C_B보다 왼쪽 결과를 안겨다주는 협상결과를 환영할 것이다. 그렇다면 양측은 협상영역(p-C_A와 p+C_B 사이)의 한 지점에서 합의하며 전쟁을 회피한다. 양쪽 모두 전쟁보다 나은 평화에 만족하며 이익을 구가한다.

위의 수리모형은 몇 가지 가정에 기초하고 있다. 가장 중요한 것이 바로 A가 전쟁에서 이길 확률 p를 두 행위자 모두가 받아들인다는 점이다. 하지만 현실에서 전쟁을 벌이는 국가는 서로 다른 승리 확률을 상정하는 경우가 다반사이다. 모두 자국이 승리하리라 예상하며 전쟁에 임할 수 있으며, 한 국가가 잘못된 역량 평가에 기초하여 승리를 과신한 채 협상을 거부할 수 있다. 또한 전쟁 비용에 대한 평가 역시 다양할 수 있다. 자국의 전쟁 비용을 가볍게 볼수록 협상 영역은 줄어들며, 상대가 부담할 비용이 크다고 생각한다면 더 많은 양보를 요구하여 맞설 것이다. 이렇듯 승리 확률과 전쟁 비용에 대한 예상이 일치하지 않을 때 양측 모두 수긍하는 협상 영역은 줄어들거나 사라진다. 그 결과 협상은 멀어지고 전쟁은 다가온다.

아무튼 이러한 협상모델은 전쟁의 비합리성을 보여준다. 더구나 21세기 전쟁 비용은 막대하다. 그럼에도 왜 우리는 전쟁을 멈추지 않는가? 물론 이러한 협상 결과로 많은 경우 국가는 협력을 이어간다. 여기에서 협력은 갈등 이슈가 전혀 없는 상황을 뜻하지 않는다. 안보와 경제, 외교와 환경을 둘러싼 이견이 존재하지만 그럼에도 대화와 협상을 통해 문제를 해결하는 상태이다. 양측 모두 갈등이 증폭되어 충돌하는 것을 원치 않는 것이다. 하지만 이러한 협상이 깨질 때 우리는 엄청난 충돌의 피해를 목도한다. 달리 말해, 국제정치의 무정부상태는 항상 전쟁을 유발하지 않는다. 합리적 국가는 나름 질서를 유지하며 평화와 번영을 도모한다. 단지 그것이 종종 실패할 뿐이다.

그렇다면 국가는 언제, 그리고 왜 협상이 아니라 전쟁을 선택하는가? 국가는 왜 폭력을 통해 문제해결을 시도하는가? 이 질문에 대해 (1) 오인(5장), (2) 세력전이(6장), (4) 국내정치(7장), (5) 정체성(8장)이라는 몇 가지 답을 제시하고자 한다. 물론 가장 손쉽게 생각할 수 있는 답은 비이성적 국가이다. 실제로 우리는 북한과 러시아 등을 종종 그렇게 묘사한다. 무엇보다 김정은과 푸틴 같은 지도자를 즉흥적이며 독단적 결정을 일삼는 무능하고 위험한 인물로 평가한다. 하지만 이런 접근은 왜 그들이 지도자가 되었으며 그 권력과 지위를 유지할 수 있는지를 설명하지 못한다. 그렇게 신중하지 못하고 근시안적인 인물이 그 권좌를 지킬 수 있는 이유는 무엇인가? 독재자들은 그 누구보다도 뛰어난 현실에 대한 이해 속에서 자신의 이익을 극대화하는 냉철하고 노련한 인물일 가능성이 크다.

2 오인: 정보 제한과 인지 편향

국제정치에서 오인(misperception)은 불가피하다. 일상에서도 인간은 서로를 제대로 파악하지 못하는 경우가 흔하듯 국가 사이에서도 오인은 중요한 이슈이다. 흔히 상대에 대한 오인만을 생각하지만, 자신에 대한 오인도 심심찮게 발생한다. 특히 지도자의 경우 자국 군대의 역량과 의지 등을 오판할 수 있다. 그렇다면 역량에 대한 오인은 어떻게 전쟁을 일으킬까? 무엇보다 전쟁의 승리 가능성을 오판한다. 만약 자국의 승리 가능성을 $\frac{\text{자국 역량}}{\text{자국 역량} + \text{타국 역량}}$ 이라고 한다면, 자국 역량을 과대평가하거나 상대 역량을 과소평가하면 자국의 승리 가능성은 올라간다. 현재 진행 중인 협상 결과보다 전쟁 이익을 높이 평가하면서 쉽사리 전쟁에 임하는 결과를 추동한다.

상대방의 의도에 대한 오인도 문제이다. 상대가 방어적 태세를 갖추고 있음에도 이를 공격적으로 해석할 경우 선제공격의 유혹에 빠져든다. 하지만 상대가 방어적이라는 인식이 항상 평화를 가져다주는 것은 아니다. 한국전쟁을 준비했던 김일성은 남침할 경우 미국이 한국을 보호하지 않거나 뒤늦게 참전하리라 예상했다. 이를 기반으로 소련과 중국을 설득하였다. 만약 미국이 전쟁에 참여해 한국을 지킬 의지가 명확하다고 판단했다면 당시 김일성의 전쟁 개시는 어려움에 빠지고 말았을 것이다. 한편, 인천상륙작전 이후 38선 이남을 수복한 미국은 중공의 참전 의지를 낮게 보고 북한 지역으로 전선을 확대하였다. 하지만 이 역시 오판이었다. 이렇듯 전쟁의 발발과 확전에서 오인과 오판은 흔히 발견된다.

임진왜란의 예를 들어보자. 명나라로 가는 길을 터달라는 일본의 요구에 대해 조선은 거부 의사를 명확히 하였다. 히데요시에 의해 통일된 일본의 사정을 탐사하고 온 두 사신의 평가는 상반되었지만, 선조는 일본의 역량과 위협을 낮다고 단정했다. 결국 그러한 오판은 7년 전쟁의 참혹함을 낳고 말았다. 그러나 일본 역시 오판에서 자유롭지 않았다. 이순신이 이끄는 조선 수군의 반격을 예상하지 못했기에 한양을 점령하고 신속히 평양으로 진격했지만 수로가 막혀 물자와 식량 보급에 어려움을 겪고 말았다. 조명 연합군과 일본군과의 치열한 전투 이후 수년 동안 지속된 협상은 양측이 만족하는 결과를 내놓지 못하였고, 히데요시가 죽자 일본군이 물러나면서 결국 전쟁은 끝났다.

이러한 오인으로 인한 전쟁은 반복될 수밖에 없는가? 무정부상태의 국제정치에서 정보의 제약은 상수(常數)다. 특히 상대에 대한 정보로 인한 '정보 비대칭'과 '사적 정보'의 문제는 일반적이다. 혹자들은 지도자나 정책그룹의 무능이나 태만을 지적한다. 물론 이러한 설명이 항상 부당한 것은 아니지만, 그동안 외교정책과 국제정치 연구자들은 오인을 증가시키는 인지적·환경적 원인을 밝혀왔다. 사실 국가를 막론하고 지도자 역할을 하는 이들은 유능한 자들이다. 비록 혈연이나 무력으로 그 자리에 오른 자라 할지라도 자신의 권력과 지위를 유지하는 술수와 배짱은 인정할 만하다. 그렇다면 이들을 오인과 오판으로 이끄는 개인적·집단적 원인은 무엇일까? 이러한 실수와 실패를 조장하는 환경은 어떻게 조성되는가?

이러한 질문에 대하여 그동안 정치심리학적 설명이 제시되었다. 대표적으로 '그룹사고'(group think), '확증편향'(confirmation bias), '정박효과'(anchoring effect)가 존재한다. 미국 케네디 대통령과 그 참모들은 쿠바 카스트로 정부를 전복하기 위해 쿠바 망명자로 구성된 부대를 침투시켰으나 그 결과는 참혹했다. 이후 침공계획이 허술하면서 비상식적이었다는 사실이 드러났다. 재니스(Irving Janis)는 그 원인을 그룹사고에서 찾았다(Janis 1983[1971]). 당시 정책결정자들은 하버드 출신의 엘리트 모임이었지만 동조압력 속 의

견 일치를 중시하는 분위기가 토론과 협의를 가로막으면서 합리적 의사결정을 불가능하게 만들었다. 이후 그룹사고는 다양한 외교정책 실패 사례를 설명하는 요인으로 평가받고 있다.

한편, '확증편향'과 '정박효과'는 개인의 인지적 한계를 명확히 보여준다. 인간의 뇌는 인지하는 모든 정보를 동일한 비중으로 처리하지 못한다. 따라서 인간은 차별적으로 정보를 처리하는 인지적 구두쇠(cognitive miser)가 될 수밖에 없다. 확증편향은 기존 믿음에 부합하는 정보만을 중시하는 경향을 뜻한다. 만약 특정 국가가 호전적이라는 믿음을 가졌다면 그에 걸맞은 정보만을 신뢰하면서 다른 정보들은 무시하고 넘어간다. 자신의 믿음과 판단을 쉽사리 바꾸지 않는 것이다. 정박효과는 최초 정보가 닻(anchor), 즉 기준이 되어 이후 정보를 받아들이는 것을 뜻한다. 만약 특정인이 경제위기 가능성을 '매우 낮음'이라고 판단 내린 상황이라면, 앞으로 그에게 주어지는 정보는 그 판단에 제한적 영향만을 미치게 된다. 이미 확실한 기준이 자리를 잡았기 때문이다.

심리학을 활용한 외교정책연구는 오인과 오판에만 집중하지 않는다. 개인과 집단의 편향, 감정, 믿음, 경험 등이 정보처리와 의사결정에 미치는 영향 전반에 대해 다양한 시각과 분석틀을 제공한다. 이러한 연구는 경제학의 영향 속에 개인과 국가의 합리적 선택에 초점을 맞춘 연구들과 차별적이다. 언뜻 보면 비합리적 판단과 결정이라고 볼 수 있는 사례들이 많다. 그러나 심리적 요인을 고려한다면 그러한 사례들이 이해될 뿐 아니라 다른 사례에도 적용할 만한 패턴을 추출할 수 있다. 다만 국제정치는 복수의 국가(혹은 집단)가 함께 빚은 결과를 의미하기에 일부 개인이나 집단만을 대상으로 한 심리연구의 적용이 어렵기도 하다. 비록 확증편향에 사로잡힌 지도자와 집단사고에 매몰된 정책집단이 존재하더라도 관료와 야당, 여론의 비판과 견제 속에 국가는 (보다) 합리적 판단으로 정책을 수립하고 실행할 수 있는 법이다.

3 이슈: 모 아니면 도

한편, '오인의 문제' 이외 '이슈의 특성'도 왜 국가가 전쟁에 돌입하는지를 설명해준다(Jervis 1976; Levy 1983). 국가는 다양한 이슈로 대립한다. 영토, 무역, 역사 등 다양하다. 어떠한 이슈들은 0과 1 사이 어느 지점에서 양측이 합의를 보는 것이 가능하지만, 다른 이슈들은 0과 1 중 하나로 귀결될 수밖에 없다. 예를 들어, 두 동업자가 수익을 배분할 때 5:5나 6:4를 두고 협의를 통해 합의에 이를 수 있다. 하지만 솔로몬의 재판에 등장하는 두 여인 중 친모는 아이를 나누는 데 동의할 수 없었다. 즉, '모 아니면 도'(all or nothing)인 상황이다. 만약 두 국가가 이처럼 불가분(不可分) 이슈를 두고 대립할 때 합의 가능성은 낮아진다.

1894년 청일전쟁에서 승리한 일본은 동아시아 강대국으로 올라섰다. 동아시아 중화질서가 막을 내리고 새로운 질서를 일본이 선도하기 시작했다. 하지만 러시아를 비롯한 서구 열강은 이를 순순히 받아들이지 않았다. 러시아·독일·프랑스 삼국은 청일전쟁 직후 일본에게 랴오둥 반도를 할양 받지 말고 돌려줄 것을 요구했다. 마지못해 일본은 순응했지만 만주와 한반도를 둘러싼 러일 간 갈등은 고조되었다. 양국은 각각 만주와 한반도를 차지하는 이른바 만한교환론(滿韓交換論)을 내세우며 협상을 시도했지만 결국 러일전쟁을 벌이고 말았다. 만주와 한반도, 나아가 중국까지 영향권으로 삼겠다는 목표를 두고 양측은 양보할 수 없었다.

만약 국가가 지위(status)를 두고 경쟁을 펼칠 때, 그들 사이의 충돌은 더욱 빈번해진다. 특정 지역의 패권을 두고 대립하는 두 세력이 적당히 패권을 나누거나 공유하기는 힘들다. 그것은 이미 패권이 아니기 때문이다. 현재 미국과 중국이 아시아 혹은 글로벌 패권을 두고 경쟁을 펼친다고 바라볼 때, 양국 간 대화와 협상을 통한 문제해결은 쉽지 않다. 제

2차 대전 이후 아시아에서 상당한 영향력을 발휘한 미국이 아시아 리더십을 중국에 넘길 것을 기대하기 어려우며, 중국 역시 과거의 지위를 회복하는 작업을 포기할 이유가 없기 때문이다. 오히려 빼앗긴 것을 되찾고자 할 때 그 열망은 더욱 고조될 수밖에 없다.

1948년부터 남북한은 한반도의 유일한 합법정부의 지위를 두고 대립했다. 이러한 불가분 지위를 두고 남북한이 협상을 통해 해결할 여지는 매우 좁다. 그 지위 추구를 스스로 포기하지 않는 한 양측은 지위 불안 혹은 불만을 느끼면서 경쟁을 이어간다. 만약 한쪽이 원하는 것을 성취하면 상대의 좌절은 더욱 깊어진다. 국가 간 라이벌 관계는 대부분 영토와 지위를 두고 경쟁을 벌이면서 형성되기 마련이다. 한번 그 경쟁이 시작되면 그 결과가 어떠하든 한쪽은 불만을 이어가며 현상변경을 시도한다. 따라서 대다수 국제분쟁은 이미 과거에 충돌한 국가 사이에서 일어나는 것이 다반사이다. 그 이슈 자체가 사라지지 않아서이지만, 근본적으로 그 영토와 지위를 포기하지 않았기 때문에 라이벌 관계는 끝나지 않는다.

더구나 영토와 영해는 민족적·종교적 의미를 지니는 경우가 대부분이다. 그렇기에 그 땅과 바다를 공유하거나 일부를 양보하는 것은 상상하기 어렵다. 그러한 결과는 이미 실패이자 패배이다. 비록 제3자가 보기에는 전략적·경제적 가치가 떨어지는 영토지만 당사자에게 그 어떤 것으로 대체할 수 없는 대상이다. 1982년 영국과 아르헨티나가 포클랜드 전쟁을 벌이자 레이건(Ronald Regan) 미국 대통령은 왜 두 동맹이 "얼음 뒤덮인 작은 바위들"(that little ice cold bunch of rocks)을 두고 싸우는지 의문을 표했다(Aitken 2014). 하지만 당사국들에게 포클랜드는 포기할 수 없는 주권의 문제였다. 타인이 아니라 자신이 소유한 물건일 때 그 가치를 높이 평가하는 소유효과(endowment effect)도 생각할 수 있다. 세상에는 나눌 수 없으며 대체 불가능한 대상이 여럿 존재하는 법이다.

요약하면, 무정부상태에서 국가는 협력과 경쟁을 이어간다. 대규모 충돌이 몰고 올 불확실성과 높은 비용을 생각한다면 국가는 협상을 통해 모두 만족할 수 있는 결과를 만들어 갈 유인이 크다. 국가가 자신의 목표를 위해 가용한 수단을 세세히 비교하며 선택하는 합리적 행위자라면 더욱 그럴 것이다. 그러나 합리적 국가도 자신과 상대의 역량과 의도에 대해 오인하기 쉬우며, 그러한 상황에서 당사국은 전쟁 승리와 결과에 대한 동상이몽으로 합의에 실패할 수 있다. 또한 적당히 양보할 수 없는 이슈를 두고 대립할 때 싸움은 승자와 패자가 결정될 때까지 끝나지 않는다. 하지만 이번에 패배를 경험한 국가는 승자가 되기 위한 기회를 끊임없이 엿본다. 영토와 지위를 둘러싼 라이벌 관계가 장기화되면서 분쟁이 재발되는 핵심 이유이다.

흔히 승자가 없는 전쟁을 미련한 것으로 치부한다. 하지만 승리를 확신하는 국가가 서로 만난다면 그들 사이의 전쟁은 비합리적이지 않다. 또한 국가는 승자가 되기 위한 전쟁이 아니라 패자가 되지 않기 위한 전쟁을 치루기도 한다. 치욕스러운 굴욕을 가져올 정치적 상황을 앞두고 지도자는 전쟁 개시라는 차악을 선택할 수 있다. 이렇듯 전쟁의 합리성을 밝히는 작업은 왜 합리적 행위자가 모여 그토록 이해하기 힘든 결과에 이르렀는지를 설명하고자 한다. 두 차례 세계대전을 펼친 국가들 모두 미치광이 지도자의 손아귀에 놓였던 것은 아니다. 왜 그들이 전쟁에 빠져들어 갔는지를 이해하는 데서부터 그러한 비극을 막으려는 체계적 노력이 시작되었다고 할 수 있다.

더 생각거리 **'기준점'과 영토 분쟁**

카너먼(Daniel Kahnemen)과 트버스키(Amos Tversky)는 전망이론(prospect theory)을 통해 인간의 선택을 새롭게

설명하였다. 기존의 기대효용이론과 달리 기준점(reference point)을 기준으로 이익(gain)과 손실(loss)에 따라 달리 반응하고 결정하는 인간을 보여주었다. 대표적 발견이 바로 '손실회피'(loss aversion)이다. 인간은 이익보다 손실에 대한 반응이 더욱 크다. 유명한 테니스 선수 코너스(Jimmy Connors)는 "나는 승리를 사랑하는 것보다 패배를 싫어한다"(I hate to lose more than I love to win)라고 말했다. 달리 말하면, 승리하기 위해서 싸우기보다는 패배하지 않기 위해 싸운다는 것이다. 이익으로 회유하기보다 손실로 압박할 때 효과가 더욱 크다는 점을 알려준다.

이러한 전망이론의 주요 발견 중 하나는 기준점에 대한 것이다. 누구나 자신의 소유와 지위 관련 기준점을 상정한다. 흥미롭게도 그 기준점은 이익에 따라 쉽게 반응하지만 손실에 대해서는 그렇지 않다. 재산이 늘고 승진한 중산층은 상류층이 되었다고 금세 생각하지만, 그 중산층이 사업에 실패하고 좌천되더라도 스스로를 하류층이라고 여기지 않는다. 다시 말해, 상승한 기준점이 하락하는 것은 쉽지 않다. 단순히 현실을 반영하기보다 당사자의 기대를 반영한 기준점은 이익과 손실을 판별하는 역할을 수행한다. 이러한 기준점에 따라 손실이 예상될 때 그 손실을 피하고자 인간은 갖은 노력을 기울이곤 한다.

이러한 논의를 국가 간 영토분쟁에 적용해 볼 수 있다. 두 국가 A와 B 사이에 X라는 지역이 있다고 하자. 양국이 무력 분쟁을 겪으면서 A의 영토 X가 B로 넘어 갔다고 하자. 그렇다면 B의 영토 기준점은 바로 X를 포함하여 변화를 겪지만, A의 영토 기준점은 여전히 X를 포함한 상태에 머물고 있다. 그렇다면 어떤 일이 벌어지는가? A와 B 모두 진심으로 X를 자국 영토로 여기는 상황이 발생한다. 자신들의 영토 기준점에 따라 B는 X를 잃지 않고자 최선을 다하는 한편, A는 X를 회복하는 목표를 포기하지 않는다. 자국의 명분을 의심하지 않은 채 양쪽 모두 양보하지 않는다. 왜 지구상의 수많은 나라가 땅과 바다를 두고 끊임없이 갈등과 분쟁을 지속하는지에 대한 하나의 설명이다.

임진왜란을 앞둔 김성일과 황윤길의 상이한 보고

『국조보감』 권30, 선조 24년 (1591년)

선조 24년(1591) 봄 3월, 통신사 황윤길(黃允吉) 등이 일본에서 돌아왔는데 왜국의 사신 평조신(平調信, 다이라 시게노부) 등도 함께 왔다. 황윤길이 그간의 실정과 형세를 치계(馳啓)하면서 “필시 병화(兵禍)가 있을 것이다”라고 하였다. 복명(復命)한 뒤에 상이 불러 하문하니, 황윤길은 전일의 치계 내용과 같은 의견을 아뢰었는데 김성일(金誠一)이 아뢰기를, "그러한 정상은 발견하지 못하였는데 황윤길이 장황하게 아뢰어 인심이 동요되게 하니 일의 마땅함에 매우 어긋납니다"라고 하였다.

상이 하문하기를, "도요토미 히데요시(豊臣秀吉)가 어떻게 생겼던가?" 하니, 황윤길이 아뢰기를, "눈빛이 반짝반짝하여 담과 지략이 있는 사람인 듯하였습니다" 하고, 김성일은 아뢰기를, "그의 눈은 쥐와 같아서 두려워할 위인이 못 됩니다" 하였다. 이는 김성일이 일본에 갔을 때 황윤길 등이 겁에 질려 체모를 잃은 것에 분개하여 말마다 이렇게 서로 다르게 말한 것이었다.

출처: http://contents.history.go.kr/mobile/hm/view.do?levelId=hm_ 079_0010

주요 개념

- **오인** 타국과 자국의 역량과 의도에 대한 오인(misperception)은 흔히 전쟁을 일으키는 원인 중 하나로 평가받음. 만약 양측이 오해가 없이 전쟁의 비용과 승리 확률에 대해 동의하고 있다면, 모두에게 이익인 전쟁 없는 상태에 합의할 가능성은 커짐.
- **그룹사고(group think)** 외교정책결정을 내리는 집단 구성원이 이견 없이 합의해야 한다는 심리적 압박 속에서 비합리적 의사결정을 내리는 것을 지칭함. 미국 케네디 행정부의 피그만침공 실패가 대표적 사례로, 그룹사고로 인해 비판적 검토가 생략되었다고 평가받음.
- **확증편향(confirmation bias)** 개인이 기존 믿음에 부합하는 정보만 받아들이고 그렇지 않은 정보는 거부하는 심리적 경향. 외교정책결정에서 지도자의 오인을 부추기는 대표적 원인 중 하나로 평가받음.
- **정박효과(anchoring effect)** 개인이 기존 믿음을 출발점으로 새로운 정보의 영향을 받으면서 현상을 인식하고 예상하는 심리적 경향. 외교정책결정에서

지도자의 신념과 경험의 중요성을 설명하는 이유 중 하나임.

- **이슈** 국가 간 이슈의 성격에 따라서 서로 합의할 수 가능성이 결정된다는 설명이 존재함. 예를 들어, 영토 이슈의 경우 분할 점령에 만족하는 당사국이 많지 않기 때문에 분쟁 해결이 어려움.

더 읽을거리

- 대니얼 카너먼. 2018. 『생각에 관한 생각: 우리의 행동을 지배하는 생각의 반란』. 김영사.

  전망이론을 소개하는 대표적 대중서로 인간이 어떻게 판단하고 결정하는지를 흥미로운 사례와 친근한 예시를 통해 풀어냄. 빠르게 그리고 느리게 생각하는 인간은 흔히 자신도 모르게 재빠른 결정에 따라 행동하면서 오류에 빠질 수 있다는 사실을 일깨워줌.

- 박건영. 2021. 『외교정책결정의 이해』. 사회평론아카데미.

  국가의 외교정책을 설명하고 이해하는 다양한 모델을 한국의 시각과 경험을 바탕으로 소개하고 있음. 외교정책결정을 설명하기 위한 심리모델(집단사고, 전망이론, 운용코드, 오인 등)에 대한 상세한 설명과 예시가 돋보임.

6장

세력이동
— 시간은 누구의 편?

1 경제성장과 위계구조

대한민국의 경제성장을 흔히 한강의 기적이라고 일컫는다. 원조를 받는 국가에서 원조를 주는 국가로 탈바꿈한 것이다. 이러한 경제성장으로 한국의 국력과 위상은 과거와 비교할 수 없을 정도로 높아졌다. 한국은 OECD(경제협력개발기구)의 회원국이 되었으며 G7(미국·일본·독일·영국·프랑스·이탈리아·캐나다)과 긴밀한 협력을 진행하고 있다. 한국뿐 아니라 동아시아 국가들(일본, 대만, 싱가포르, 중국)은 제2차 대전 이후 눈부신 경제성장을 통해 아시아를 세계경제의 중심으로 바꾸어 놓았다. 이들 국가가 세계경제와 국제정치에서 차지하는 비중이 높아지고 역할이 확대된 것은 당연하다. 사실 아시아는 근대 이전 유럽보다 문화와 기술에서 앞섰다. 그렇다면 20세기 후반 아시아의 부상은 과거로의 회귀인지도 모른다.

비록 주권국가는 대내적 자율성과 대외적 독립성을 유지하지만 그들 사이의 위계구조는 오랜 연구 주제였다. 무정부상태에서 권력정치의 속성상 상대적 국력이 그 국가의 위상과 영향을 결정한다(그림 6-1 참조). 오르간스키(A.F.K. Organski)의 경우 지배국-강대국군(群)-중견국군(群)-약소국

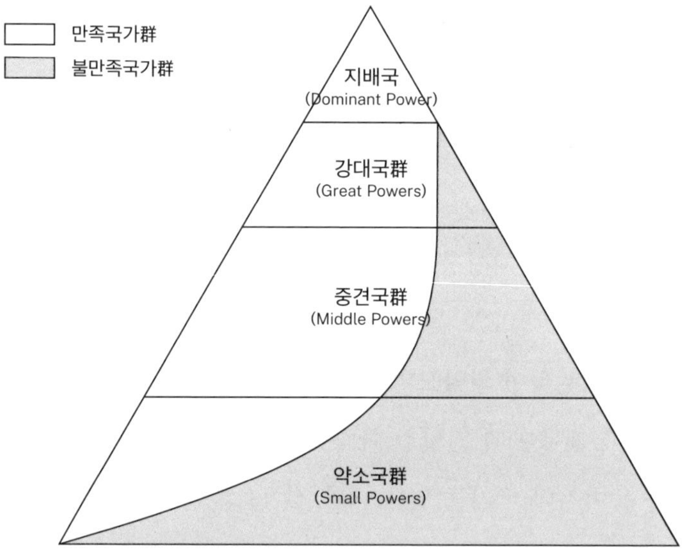

그림 6-1 국제정치의 위계구조

출처: Tammen et al.(2000, 10), Figure 1.3.

군(群)-식민지군(群)이 구성하는 국제정치의 피라미드를 제시했다(Organski 1958). 지배국은 정점에서 국제질서를 형성하며 강대국, 중견국, 약소국, 식민지에 지대한 영향력을 행사한다. 이러한 국제질서에 만족하는 국가들도 존재하지만 그렇지 않은 국가들도 존재한다. 상대적 힘이 강한 국가일수록 만족군에 포함될 가능성이 높은 반면에, 그렇지 않은 국가들은 불만족군의 일원이자 현상변경국(revisionist)으로 현존 질서에 저항할 개연성이 크다. 지배국과 그 협력국들은 현상유지국이다.

이러한 권력의 피라미드는 변화를 겪는다. 19세기 전 세계의 지배국이 영국이었다면 20세기에는 미국이 그 자리를 대신했다. 1950년대 약소국이었던 대한민국은 현재 강대국 진입을 넘보는 대표적 중견국이다. 오르간스키를 비롯한 국제정치학자는 국가 간 불평등 성장(uneven growth)을 강조했다. 산업혁명 이후 국가는 놀라운 경제성장률을 기록했지만 그들 사이에 격차 또한 증가했다. 그 결과 강대국이 비강대국에 미치는 영향은 커지면서 위계구조가 자리 잡는다. 시간의 흐름 속에 발생하는 세력이동(power shift)은 위계적 관계의 변화를 야기한다. 세력균형이 스냅사진이라면 세력이동은 모션사진인 셈이다. 만약 모든 국가가 저성장을 겪고 있다면 모르겠지만, 18세기 이후 고성장하는 국가가 번갈아 등장했다. 이들 국가가 부상할 때 자연스럽게 상대적으로 하강하는 국가가 생겨난다.

이렇듯 세력이동에 주목한 이들은 경제력에 초점을 맞춘 채 양자관계를 설명한다. 국력을 군사력, 경제력, 외교력, 기술력, 잠재력(인구, 자원 등)으로 나누어 살펴볼 수 있다. 하지만 세력이동의 출발점은 경제성장이다. 경제력은 군사력과 외교력의 기반이다. 물론 경제성장이 미진하지만 국내 자원을 군사력 확충에 쏟아붓는 전략을 취할 수도 있다. 그러나 이러한 경우 해당 국가의 국내 불안이 초래될 가능성이 높고 군사력 확충의 수준 역시 제한되기 십상이다. 반대로 경제력을 갖춘 국가는 국제사회의 다양한 영역에서 영향력을 증진시키면서 군사혁신과 기술개발을 통해서 국력 전반의 상승을 꾀한다. 19세기 경제강국 미국은 유럽의 국제정치와 일정한 거리를 유지하고자 했지만 결국 두 차례 세계대전에 참전하면서 지배국의 지위에 오른 바 있다.

그렇다면 각국의 불평등한 경제발전은 어떻게 이해할 수 있는가? 1980년대부터 지속된 중국의 고도성장이 이어질 것인가? 앞으로 미중 간 세력균형은 어떻게 진행될 것인가? 사실 국제정치학의 설명은 제한적이다. 전통 국제정치학은 국가의 성장 자체보다 그로 인한 결과에 집중하고 있다. 그렇기에 국제정치학은 경제학과 지역학 등 주변 학문과 끊임없이 소통할 때 한층 완결되고 풍성한 답변을 제시할 수 있다고 하겠다. 2000년대 초반부터 중국의 "평화롭지 않은 부상"을 주장했던 미어세이머(John Mearsheimer)도 중국이 앞으로 수십 년 동안 "인상적 경제성장"(impressive economic growth)을 지속한다는 가정에서 논의를 출발한다(Mearsheiemr 2006: 160). 중국의 부상이 아니라 그 부상이 갈등을 유발할 것을 예견했던 것이다. 이렇듯 현재도 국제정치의 현상과 미래를 예견할 때 다양한 분야와의 협업이 불가피하고 바람직하다고 볼 수 있다.

2 세력이동과 강대국 전쟁

과연 세력이동은 국제관계를 요동치게 하는가? 앞 장에서 오인 발생과 이슈 특성을 통해 전쟁 발발을 설명했다. 세력이동 역시 국제분쟁을 초래하는 요인으로 널리 알려졌다. 세력이동과 국제분쟁에 관련한 대표적 설명은 세력전이론(power transition theory)이다. 세력전이는 세력이동으로 국력 역전이 일어나는 현상을 지칭한다. 오르간스키는 국력 우위가 뒤바뀔 때 상승국과 쇠퇴국이 충돌한다는 이론을 창시하였다(Organski 1958). 특히 상승하는 강대국이 지배국의 국제질서에 불만족할 때 양자 간 대규모 전쟁이 발발한다는 이론적 설명으로 두 차례 세계대전을 설명하였다. 영국이 주도하는 국제질서 속에서 후속주자로 강대국 지위에 오른 독일은 불만세력이 되었다. 그 결과 현상유지 세력과 현상변경 세력 간 충돌이 세계대전으로 비화되고 말았다.

그렇다면 지배국과 강대국 간 평화로운 세력전이는 불가능한가? 양측이 협상을 통해 문제해결과 갈등조정에 나설 수 있지 않은가? 막대한 비용과 불확실한 승리를 생각한다면 강대국 협상은 합리적이다. 더구나 20세기에 급속히 진행된 세계화 덕에 주요국 간 경제적·문화적 상호의존의 수준은 매우 높아졌다. 예를 들어, 미국과 중국이 경제적 협력을 포기할 때 그로 인한 막대한 피해는 서로를 불행하게 만들 것이다. 사실 중국의 부상이 중국인들만 살찌웠던 것은 아니었다. 중국과 경제관계를 맺었던 대다수 국가가 새로운 기회 속에서 이익을 확보했다. 최근 코로나19와 기후변화로 인해 초국가도전이 거세진 상황에서 주요국이 더욱 협력할 이유와 명분이 명확해졌다. 그럼에도 세력전이는 강대국 전쟁을 야기할 것인가?

다수 학자는 세력이동이 신뢰 문제를 발생시킨다고 지적한다. 이는 약속이행의 문제(commitment problem)로 표현되기도 한다. 우리가 협상을 통해 문제를 해결할 때 지금 한 약속이 앞으로 지켜지라는 믿음이 필요하다. 금방 깨질 약속을 내놓는 협상은 무의미하다. 세력이동은 그런 문제를 낳는다. 〈그림 6-2〉에서 A국과 B국은 세력전이 중이다. 만약 t_1 상황에서 협상을 벌이고 있다고 가정하자. 이 약속이 t_2를 지나 t_3까지 지켜질 수 있을까? 적어도 A국은 B국이 시간이 지날수록 재협상을 요구하거나 약속을 파기하리라 예상할 것이다. 왜냐하면 B국이 보기에 과거의 약속은 A국의 우위를 반영한 결과이기 때문이다. 이러한 상황을 B국 역시 미리 생각할 것이다. 따라서 양국 간 세력이동이 급속히 진행될수록 양측이 협상을 통해 협력할 가능성은 떨어진다. 어차피 무용지물이 될 약속은 빈말에 불과하다.

한편, 세력이동은 쇠퇴국의 불안과 상승국의 불만을 촉진시킨다. 그 결과 쇠퇴국은 압박감을 느끼면 예방공격을 감행하고, 상승국은 위험을 무릅쓰고 현상변경을 시도한다. 예방행위(preventive action)는 불리한 상황이 도래하지 못하도록 미리 취하는 군사행동이다. 한마디로 미래의 불행을 사전에 차단하는 것이다. 아래 〈그림 6-2〉에서 A국은 B국의 상승을 예상하고 t_1 시점에 예방공격을 감행할 수 있다. 기다릴수록 더 불리하다고 판단하기 때문이다. 1981년 이스라엘은 이라크의 오시락 핵원자로에 공습을 감행하였다. 핵무장한 이라크의 등장을 사전에 가로막겠다는 계산에 따른 것이었다.

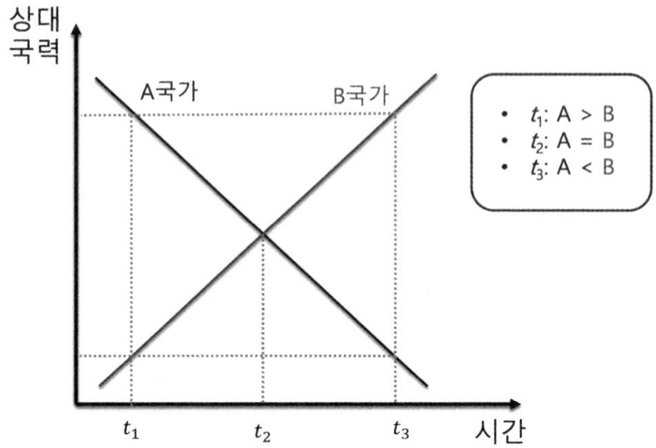

그림 6-2 세력전이
출처: 필자 작성

1993년 제1차 북핵위기 때 클린턴 행정부는 북한 영변에 대한 공습을 고려하였다. 북한 핵개발이 진행될수록 더 불리할 뿐이라고 생각했기 때문이다. 미래에 대한 판단이 현재의 행동을 추동한다.

이러한 관점에서 트럼프 행정부가 개시한 미중 간 무역분쟁을 이해할 수도 있다. 2008년 미국발 금융위기 이후 중국이 "공세적 외교"(assertive diplomacy)를 펼치자 미국 내에서 중국에 대한 재평가가 실시되었다. 중국을 세계시장에 편입시켜 국제사회의 일원으로 탈바꿈시키려던 과거 전략이 실패했다고 인정하였다. 중국의 경제개발이 정치변화로 이어지리라는 믿음이 헛된 망상에 불과했다는 것이었다. 자연스럽게 미국은 이제 중국의 부상을 억제할 때라는 합의를 도출시켰다. 그 결과 트럼프 행정부는 중국산 물품에 대한 관세를 높이면서 화웨이 등의 중국기업 물품에 대한 제재 조치를 펼치기 시작하였다. 미국이 중국에 취한 경제적 예방행위였던 셈이다. 미국의 우위가 위협받고 있다는 불안이 발동한 것으로, 이러한 대중국 전략은 바이든 행정부와 트럼프 2기 행정부에서도 이어지고 있다.

반대로, 시간이 자기 편인 상승국은 평화를 지향하는가? 꾸준히 국력이 증가하는 상승국은 이익 국면에 속한 행위자이다. 하지만 상승한 국력에 부합하는 대우를 받지 못한다면 그에 따른 불만은 고조될 수밖에 없다. 현존 질서가 과거의 국력배분에 맞추어 자원과 지위를 배분한 결과라고 한다면 현상변경을 시도할 이유는 커질 수밖에 없다. 무엇보다 과거의 영토와 지위를 회복하는 형태로 새로운 변화를 시도할 가능성이 높다. 제2차 대전을 일으킨 독일은 제1차 대전의 전후 처리가 부당했다는 평가 속에서 자국 중심의 지역질서를 추구했다. 태평양전쟁을 개시한 일본은 제1차 대전기 연합군의 일원이었지만 미국과 영국이 주도한 태평양 질서에 불만이 쌓이면서 국제연맹에서 탈퇴하며 대동아공영권을 건설하고자 하였다.

더구나 상승국은 자국의 성장에 대한 견제를 경험할 때

현상변경을 적극적으로 추구한다. 앞서 언급했던 독일과 일본은 1929년 세계 대공황으로 경제적 어려움을 겪고 비관적 전망 속에서 자국 주도의 영향권(sphere of influence)을 추구했다. 자원과 시장을 확보하려는 경쟁이 한층 치열해지자 두 후발 국가들은 동일한 결론에 이르렀던 것이다. 고속성장은 언젠가는 중단될 수밖에 없다. 그러한 벽에 부딪혔을 때 연착륙에 성공해야 한다. 하지만 주요국과 이웃국의 견제가 심하다면 상승국의 내부는 더욱 불안에 휩싸일 수밖에 없다. 성장둔화와 경제위기에 직면한 상승국은 빠른 속도로 현존 질서에 대한 도전자로 변신하게 된다.

이와 연관해서 상승국과 쇠퇴국을 지목하고 정의하는 문제를 생각해볼 수 있다. 초창기 세력전이 연구들은 20세기 초반 독일과 일본을 현상변경을 시도한 유럽과 아시아의 상승국으로 규정한다. 하지만 영국이 아니라 러시아와 비교할 때 독일은 쇠퇴국이었다. 독일은 광활한 영토와 방대한 자원을 지닌 러시아를 두려워했다. 만주사변을 일으킨 일본은 미국발 제재 속에서 경제 하강을 경험할 때 중국과 미국을 상대로 전쟁을 일으켰다. 높은 성장기에 호황을 맞이한 시기에 전쟁을 일으켰던 것은 아니었다. 따라서 특정 국가가 상승국이었는지를 두고 이견이 존재할 수 있으며 세력이동을 판별하는 작업은 해당 시기와 비교 대상에 대한 명확한 이해를 요구한다.

이렇듯 세력이동 속에서 쇠퇴국과 상승국 모두 서로에게 공격적 행위자가 될 유인이 존재한다. 따라서 미국의 정치학자 앨리슨(Graham Allison)은 신흥 세력과 지배 세력이 "투키디데스의 함정"에 빠질 수 있다고 경고한다(Allison 2017). 한 국가가 강대국으로 부상할 때 기존 강대국과 충돌하는 상황이 양국의 의사와 무관하게 발생할 수 있다는 것이다. 그에 따르면 지난 500년 동안 총 16개의 신흥국-지배국 조합 중 12개 국가가 전쟁을 벌였다. 이를 통해 앨리슨은 아테네 역사학자 투키디데스를 인용하여 "아테네의 부상과 그로 인한 스파르타의 두려움"이 그들 사이의 전쟁을 낳았지만, 중국과 미국 사이에서 동일한 결론이 나오지 않도록 노력할 것을 조언한다. 하지만 글로벌 금융위기와 코로나19를 겪으면서 두 강대국은 현재 전략경쟁을 심화하면서 전 세계인들의 우려를 증가시키고 있다.

한반도는 오랫동안 강대국 간의 충돌이 벌어졌던 전장이었다. 전국시대를 종결한 도요토미 히데요시가 명으로 진출을 선포하며 임진왜란(1592)을 개시하였고, 후금(이후 청)이 부상하여 중원을 차지하기 전에 조선을 상대로 정묘호란(1626)과 병자호란(1637)을 일으켰다. 이후 발 빠르게 근대화에 성공한 일본은 청일전쟁(1894)과 러일전쟁(1904)을 승리로 이끌고 한반도를 병합하였다. 이러한 일본의 팽창은 미국이라는 벽에 부딪히면서 태평양전쟁(1941)의 종식과 함께 끝났다. 지난 500년 역사 속에서 주변 강대국의 부침은 우리에게 지대한 영향을 미쳐왔다. 따라서 현재 진행 중인 미중 경쟁의 내용과 결과에 주목하는 것은 당연하다. 다만 과거와 달리 현재 한국이 선진 중견국으로 상호의존과 다자협력을 통해 국제사회의 핵심 일원이 된 것은 중요한 변화이다. 마크 트웨인(Mark Twain)의 말대로 "역사는 반복되기보다 일정한 운율을 지닌다"(history doesn't repeat itself, but it often rhymes).

정리하면, 세력이동은 무력 분쟁을 일으키는 한 요인으로 주목받았다. 두 국가 간 세력관계가 급속히 변화할수록 미래에도 현재의 약속이 지켜지리라는 믿음이 약화된다. 현재의 약자가 미래에 강자가 되면 불만을 가지고 재협상을 요구할 것을 양측 모두 예상하기 때문이다. 따라서 쇠퇴국은 늦기 전에 상승국의 부상을 가로막고자 예방 조치를 감행할 수 있고, 상승국은 국제질서의 부당을 바로잡고자 현상변경을 시도할 수 있다. 현재 진행 중인 미중 경쟁을 바라보며 혹자는 상승국(아테네)과 지배국(스파르타)이 충돌한 펠로폰네소스 전쟁을 소환하지만, 20세기 초중반 영국과 미국은 두 차례 세계대전을 거치면서 평화롭게 리더십 교체를 일구어냈다.

과연 중국의 부상이 아시아 국제관계를 어떻게 변화시킬 것인가? 2010년 중국은 명목GDP에서 일본을 추월하면서 명실상부 세계 2위의 경제 규모를 자랑하였다. 다수의 전문가는 중국이 미국을 넘어서는 것은 시간문제라는 분석을 내놓기도 하였다. 이러한 상황에서 2000년대 몇몇 학자는 중국에 대한 역내 저항이 낮다는 점에 의문을 표했다. 세력이동이 국제정치에 몰고 오는 불안정을 생각할 때 중국의 눈부신 성장이 아시아 국제관계를 그리 훼손하지 않고 있다는 분석이었다. 당시 아시아 국제관계를 연구하는 일부 학자는 역내 국가가 공유하는 역사와 문화에 초점을 맞추었다. 동시에 근대 이전 중국 중심의 동아시아 위계체제에 대한 관심을 높이며 동아시아 특수성에 대한 논의를 이끌었다. 그러나 이러한 접근은 글로벌 금융위기 이후 중국의 대외관계가 악화되면서 설득력을 잃었으며, 반대로 중국의 국력상승과 내부정치에 집중한 연구가 주목을 받으며 아시아 국제관계를 분석하는 새로운 토대를 이루고 있다.

더 생각거리 **부상하는 중국 vs '피크 차이나'(peak China)**

2016년 사드 배치를 두고 한중 갈등이 불거지고 홍콩 민주화 운동이 진행되자 중국위협론이 국내에서 부상했다. 이러한 여론 변화는 미국과 호주 등 전 세계 민주시민의 반중(反中)정서와 맞물려 다양한 논의와 전망을 양산해내고 있다. 실제로 호주의 경우 중국정부가 정계와 학계 등에 다양한 방법으로 영향력을 확대하면서 부당한 영향력을 행사했다는 사실이 밝혀지면서 큰 홍역을 경험하였다. 더구나 남중국해와 홍콩 문제로 갈등을 빚은 양국은 무역분쟁까지 치르면서 갈등 국면을 고조시켰다. 미국 역시 중국에 대한 관여정책의 실패를 사실상 인정하면서 '민주주의 대 권위주의' 구도를 확장시키며 중국에 대한 압박 수위를 높이기도 하였다.

그렇다면 중국위협론의 핵심 근거는 무엇일까? 흥미롭게도 '부상하는 중국'과 '피크 차이나'(peak China) 논의는 상반된 설명을 내놓고 있다. 우선, '부상하는 중국'을 강조하는 이들은 앞서 논의한 상승국의 불만과 야심을 지적한다. 부강한 중국이 그에 걸맞은 영향과 위상을 원한다는 것이다. 하지만 제2차 대전 이후 아시아 지역에서 리더십을 행사하고 있는 미국과 그 우방이 이를 용납하지 않고 있으니 중국과 이들 사이의 충돌은 불가피하다. 흔히 미중 경쟁을 아시아 패권을 둘러싼 갈등이라고 표현하는 이유가 여기에 있다. 이러한 주장을 받아들일 때 중국의 부상이 억제되면 미중 갈등은 잦아들 수 있다. 더 이상 중국이 기존 질서에 저항하고 도전할 역량을 보유하고 있지 못할 테니 말이다.

한편, '피크 차이나'는 상반된 논리를 제시한다. 중국의 상대적 국력이 이미 정점을 찍은 후 내려오고 있다는 입장이다. 중진국 함정(middle income trap)에 빠진 중국은 이제 산업변화와 기술혁신을 통해서 성장 동력을 잃지 않는 게 무엇보다 중요하다. 경제성장을 통해 저개발 상태를 벗어났던 다수 국가들은 정치 및 경제 변화를 일구지 못한 채 중진국을 벗어나지 못했다. 만약 중국 역시 이러한 함정에서 벗어나지 못한다면 중국공산당은 내부 혼란을 통제할 목적으로 민족주의를 조장하고 활용할 가능성이 크다. 그러한 민족주의 고취는 중국의 대외관계를 악화시키며 아시아 안보를 위협할 가능성이 높다. '피크 차이나'를 주장하는 이들은 벌써 이러한 현상을 관찰할 수 있다고 주장한다. 중국 내 청년 실업률이 높고 경기 회복이 더딘 상황에서 중국공산당은 내부 통제를 강화할 뿐 아니라 홍콩과 대만 관련 강경 발언을 이어간다는 것이다.

어떠한 중국이 주변국에게 위협이 될 것인가? 상승하는 중국, 아니면 추락하는 중국인가? 이뿐 아니라 어떤 이들은 중국공산당의 정당성 문제를 강조한다. 이념이 아니라 경제로 사회를 통제하고 유지했던 중국 리더십이 한계에 봉착했다는 주장이다. 이러한 모순 속에서 내부 불안이 외부 갈등으로 비화될 수밖에 없다는 입장이다. 하지만 중국 역시 외부와 갈등과 충돌을 거듭할수록 경제적 피해와 손실이 크다는 것을 분명히 인지하고 있다. 글로벌 팬데믹 이후 미중 갈등이 고조되고 있지만 동시에 양국 스스로 자제하는 모습도 확인할 수 있다. 트럼프 대통령과 마찬가지로 중국에 강경했던 바이든(Joe Biden) 미국 대통령도 대중 관계에서 충돌이 아니라 경쟁을 원한다고 수차례 말했었다. 아직까지 미중 관계는 경쟁과 더불어 관리의 양면을 보여주고 있다.

트럼프 행정부의 "미국의 대중국 전략적 접근"

(US Strategic Approach to the People's Republic of China)

2020년 5월

1979년 미국과 중국이 외교관계를 수립한 이후 미국의 대중국 정책은 깊어가는 관여정책이 근본적으로 중국 경제와 정치의 개방을 추동하고 개방된 사회 속에서 건설적이고 책임감 있는 글로벌 행위자로의 부상을 낳으리라는 희망을 대체로 전제하고 있었다. 40여 년이 지난 후 이러한 접근이 중국의 경제와 정치 개혁의 수준을 제한하는 중국공산당의 의지를 과소평가했다는 점이 명확해졌다. 지난 20년 동안 [중국의] 개혁은 연기, 중지, 혹은 역전되었다.

…

오늘날 중국은 미국 국익에 수많은 도전을 가하고 있다.

1. 경제 도전들(Economic Challenges)

경제개혁공약 관련 베이징의 부족한 성과와 국가주도 보호주의 정책과 관행의 광범위한 시행은 미국 회사와 노동자에게 피해를 입히고 글로벌 시장을 왜곡시키고 국제규범을 위반하고 환경을 오염시키고 있다.

…

2. 가치에 대한 도전들(Challenges to Our Values)

중국공산당은 생명, 자유, 행복추구라는 양도할 수 없는 개인권리에 대한 미국의 기본신념에 도전하는 가치명제를 글로벌 차원에서 개진한다. 현세대 리더십하에서 중국공산당은 그들이 "서구개발국가들"이라는 칭하는 세력보다 자신의 통치체제가 원활히 기능한다고 선전하는 노력을 강화하고 있다.

…

3. 안보 도전들(Security Challenges)

중국이 강해지는 한편, 자신의 이익에 대한 인지된 위협을 제거하고 자신의 전략적 목적을 전 세계에서 달성하고자 시도 속에서 겁박과 강압을 행사하는 중국공산당의 의지와 역량은 강화되었다. 베이징의 행동은 그들이 무력 위협이나 사용을 반대하고 타국 내정에 간섭하지 않으며 평화로운 대화로 분쟁을 해결한다는 중국 지도자의 선언들이 거짓임을 보여준다.

…

출처: https://trumpwhitehouse.archives.gov/wp-content/uploads/2020/ 05/U.S.-Strategic-Approach-to-The-Peoples-Republic-of-China-Report-5.24v1.pdf

주요 개념

- **세력전이론(power transition theory)** 두 국가 사이에서 세력이동이 발생하여 세력균등이 일어나는 시점을 중심으로 양국이 군사적으로 충돌할 가능성이 높다는 이론. 전통적으로 세력전이론자들은 상승국이 기존 질서에 대해 불만족하는 상태를 세력전이로 인해 전쟁이 발발하는 조건으로 제시함.
- **투키디데스의 함정** 고대 그리스 역사학자 투키디데스는 『펠로폰네소스 전쟁사』에서 아테네의 부상과 그로 인한 스파르타의 두려움이 양측의 전쟁을 불가피하게 만들었다고 기술함. 이러한 설명을 인용하며 미국 정치학자 앨리슨은 상승하는 강대국과 쇠퇴하는 강대국 사이의 충돌을 야기하는 구조적 압박을 "투키디데스의 함정"이라고 명함.
- **약속이행의 문제(commitment problem)** 양측이 협상을 통해 분쟁해결에 나설 때 향후 상대가 약속을 지키리라는 믿음이 반드시 필요함. 그러한 믿음이 없을 경우 협상은 무용지물이 되며 평화적 문제해결을 기대하기 어려움.
- **예방공격(preventive attack)** 상대에 비해 자국의 국력이 쇠퇴하는 상황에서 더욱 불리한 상황의 발생을 예방하고자 군사적 공격을 감행하는 행위. 이는 임박한 위협에 대항하여 먼저 공격을 감행하는 선제공격(preemptive attack)과 구별되는 개념임.

더 읽을거리

- 그레이엄 앨리슨. 2018. 『예정된 전쟁: 미국과 중국의 패권경쟁, 그리고 한반도의 운명』. 정혜윤 역. 세종서적.

  고대 그리스에서 아테네와 스파르타가 전쟁한 이래 상승국의 부상과 지배국의 두려움이 강대국 전쟁의 발발을 반복적으로 낳았다고 주장함. 앞으로 중국과 미국이 충돌하지 않기 위해서 양국 지도자가 상호 이해와 신뢰를 쌓을 수 있는 행동과 정책을 취할 것을 제안하면서 전 세계의 주목을 받음.
- 데이비드 샴보. 2018. 『중국의 미래』. 최지희 역. 한국경제신문사.

  중국의 경제침체는 정치개혁을 요구하지만 중국공산당이 그것을 거부하기에 중국의 미래는 어둡다는 주장을 제시함. 정치경제의 관점에서 중국의 국내정치와 대외행태를 연계시킨 가운데 중국의 대외관계에 대한 함의를 논리적으로 서술함.
- 마이클 베클리·할 브랜즈. 2023. 『중국은 어떻게 실패하는가: 미중 패권 대결

최악의 시간이 온다』. 김종수 역. 부키.

부상하는 중국이 아니라 쇠퇴하는 중국이 오히려 미국과 충돌할 가능성이 높다는 주장을 제시함. 더 이상 시간이 자기 편이 아닌 "몰락하는 강대국"이 오히려 외부와의 갈등을 시도할 가능성이 높다는 이론적 주장을 정책적 논의와 더불어 흥미롭게 서술함.

7장

국내정치
— 나쁜 정책이 좋은 정치?

1 국익을 추구하지 않은 외교정책

북한은 왜 핵개발을 지속하는가? 핵과 미사일 대신 식량 생산에 자원을 투입할 수는 없는가? 2022년 한국국방연구원의 연구에 따르면 북한은 그동안 최대 16억 달러를 핵 개발비로 지출했다. 북한의 4년치 식량 부족분을 해소할 수 있는 금액이다(노석조 2022). 배고픔에 시달리는 국민을 외면하고 무기 개발에 치중하는 국가를 어떻게 이해할 수 있을까? 푸틴이 우크라이나 전쟁을 일으키자 징집을 회피하여 국경을 넘는 러시아 젊은이들이 늘어났다. 자신들이 원하지도 지지하지도 않는 전쟁에 끌려가지 않겠다는 것이다. 모든 지도자는 자신의 외교정책과 대외전략을 국익의 관점에서 정당화한다. 정말로 그러한가?

앞의 두 장에서 합리적 국가가 전쟁을 선택하는 이유—오인, 이슈, 세력이동—를 살펴보았다. 이번에는 국내정치에 초점을 맞춰 국가들이 벌이는 전쟁을 이해하고자 한다. 국제정치를 국내정치로 설명한다고? 사실 우리에게 매우 익숙한 접근이다. 러시아의 우크라이나 침공과 중국의 대만 정책을 보도하면서 흔히 푸틴과 시진핑의 선호와 신념에 집중한다. 그들이 어떤 생각을 가지고 무엇을 추구하는지가 바로 그 국가의 행동을 이해하는 열쇠라고 보는 것이다. 우리가 남북관계를 이야기할 때 양국 지도자를 끊임없이 살펴보는 이유도 동일하다. 강대국과 이웃국의 선거 결과에 관심을 기울이는 이유 역시 다르지 않다. 지도자 교체가 몰고 올 파장과 영향을 신경 쓰기 때문이다.

이렇듯 다양한 국내 행위자를 통해 외교정책과 국제정치를 설명하는 이들은 국가가 '단일한 행위자'(unitary actor)라는 가정을 거부한다. 사실 국가는 단일할 수가 없다. 다양한 개인과 집단이 경쟁과 협력을 반복한다. 민주국가의 여당과 야당, 독재체제의 정치 엘리트와 파벌을 통해 그 국가의 내부 동학을 이해한다. 하지만 다양한 국가가 상호작용하며 빚어내는 국제정치를 설명할 때 우린 흔히 국가를 개인처럼 취급한다. “미국은 아시아에 우선순위를 두고 있다”, “일본은 다자협력에 적극적이다”, “중국과 러시아는 새로운 국제질서를 두고 협력한다”라고 말할 때 마치 국가는 인격을 지닌 존재 같다. 왜 그럴까? 만약 국가를 다중 인격체로 취급할 경우 그네들이 펼치는 현상에 대한 설명은 매우 복잡해지고 만다. 따라서 다수의 전문가들이 ‘국가=단일한 행위자’ 가정을 선호하는 것이다.

하지만 이러한 국내정치 접근을 거부하는 이들도 존재한다. ‘전체’를 구성하는 ‘부분’만 가지고 그 전체를 어떻게 이해할 수 있냐는 입장이다. 정부와 사회의 선호가 분명 중요 요인이지만 다수의 국가가 상호작용한 결과는 거시적이고 종합적 차원에서 이해가 가능하다고 본다. 1953년 한국과 미국이 맺은 한미동맹을 한국의 국내 상황을 통해서만 설명할 때 그것은 불완전한 설명에 머물 수 있다. 손바닥도 마주 쳐야 소리가 나는 법이다. 이러한 관점에서 외교정책론(foreign policy analysis)과 국제관계론(international relations study)을 구분하는 이들이 있다. 외교정책론이 마치 한 기업에 대한 공부라면, 국제정치론은 모든 기업이 활동하는 시장에 대한 연구라는 것이다(Waltz 1979, 122). 단일 기업을 살펴본다고 해서 시장을 이해할 수는 없다고 본다. 하지만 그 기업이 독과점 지위를 누리고 있다면 그 기업을 통해 시장을 이해할 수 있다는 반론도 존재한다(Allison and Zelikow 1999, 404-405). 실제로 우리는 미국과 중국의 외교정책을 이야기하며 현재의 국제정치 전반에 대한 큰 그림을 그리곤 한다.

오랫동안 국내정치와 국제정치의 관계를 바라보는 다채로운 시각이 존재했다. 주요국의 국내정치가 국제정치를 좌우하는 핵심으로 보거나, 국제정치가 각국의 정치와 경제, 사회와 문화를 구성하는 요인으로 간주한다. 한편, 양자의 밀접한 관계에 주목하기보다 구조적 관점에서 국제정치를 이해하려는 노력도 존재했다. 대표적으로 세력균형론과 세력전이론을 들 수 있다. 복수 국가 사이의 권력 배분과 그 변화에 초점을 맞출 뿐, 각국 내부의 동학과 경쟁을 주요 변수로 삼지 않았다. 국제정치를 외교정책과 별도로 바라본 것이다. 본인이 바라보는 대상 전체가 관여된 핵심 변수가 바로 세력균형 혹은 세력이동이다. 단일 변수로 모든 것을 설명하려는 과도한(?) 욕심에 대한 비판이 끊이지 않지만, 부분이 아닌 전체로 그 전체를 이해하려는 총체적 접근에 대한 인정도 필요하다. 부부 싸움의 원인을 어느 한쪽에서만 찾지 않는 것과 유사하다.

그럼에도 21세기 국제정치학의 국내정치에 대한 관심은 줄어들지 않고 있다. 냉전이라는 구조적 압박이 약화되었을 뿐 아니라 중국과 러시아 등 현상변경 세력이 급부상한 현실 때문이다. 왜 어떤 국가는 현상유지를 선호하는 반면, 다른 국가는 현상변경을 시도하는가? 이러한 질문이 이어지면서 국가 내부를 파고드는 연구가 여전히 인기이다. 과연 중국은 지속적 경제성장을 통해 아시아에서 영향력 확충을 꾀할 것인가? 북한은 단극체제를 선도하는 미국에 대한 도전을 지속할 것인가? 미국의 글로벌 리더십에 대항하는 연대가 부상할 것인가? 만약 그렇다면 그들이 추구하는 목표는 무엇인가? 국제정치에 대한 관심이 주요국의 국내정치에 대한 질문을 양산해낸다. 환경과 구조의 변화만으로 그들의 선호와 정책을 설명하기 어렵기 때문이다. 이러한 상황에서 외부위협을 이용해 내부단결을 꾀하는 현상에 대한 연구는 더욱 주목을 받고 있다.

2 외부위협과 내부단결: 희생양과 관심전환

국내정치의 어떠한 속성이 국가 간 경쟁과 충돌을 야기하는가? 협상을 통한 문제해결을 가로막는 국내요인은 무엇인가? 이에 대한 가장 대표적 설명은 희생양이론(scapegoat theory)으로도 불리는 관심전환이론(diversionary theory)이다(정성철 2013). 국내에서 궁지에 몰린 지도자가 외부의 위기를 조장해서 자신의 이익을 도모한다는 것이다. 국내 문제의 책임을 외부의 희생양에게 전가할 수도 있지만, 반드시 그러한 책임을 묻지 않더라도 외부의 위협을 부각시켜 자신의 입지를 강화하곤 한다. 가만히 있을 경우 권력을 상실하거나 자리에서 물러나야 할 지도자가 당장 추구하는 것은 국익이 아니라 사익이라고 가정한다.

구체적으로 외부위협은 두 가지 경로를 통해 지도자에게 정치적 유익을 제공할 수 있다. 먼저 외부위협은 내부결속을 고조시킨다. 다양한 사회심리학 연구에 따르면, 외부집단(out-group)과 경쟁을 펼치거나 그들로부터 위협을 느끼면 내부집단(in-group)은 단결한다. 이러한 결집효과(rally effect)를 여론조사에서 흔히 발견할 수 있다. 9·11테러 직후 부시 대통령의 지지율이 90%까지 치솟았으며, 우크라이나 전쟁을 일으킨 푸틴 대통령의 지지율은 60%에서 80%로 급증하였다(정은혜·박형수 2022). 이렇듯 국제분쟁은 자주 국내정치의 지형을 하루아침에 바꾸며 지도자의 위상을 격상시키곤 한다. 물론 모든 위기와 분쟁이 이러한 효과를 가져다주지는 않는다. 특히나 지도자의 실책이나 무능에 따른 현상이라고 판단될 경우 지도자는 오히려 역풍을 맞을 수 있다.

이러한 결집효과는 내부위협의 조장으로도 가능하다. 지도자가 소수 집단이나 특정 계층을 악마화하는 경우를 생각할 수 있다. 히틀러는 유대인 인종청소를 자행하면서 게르만 민족의 결속력과 나치 정권의 공고화를 이루면서 전 유럽의 정복을 꾀할 수 있었다. 1923년 관동 대지진이 일어나자 '사회주의자와 조선인에 의한 방화가 다수 발생'한다는 등의 유언비어 속에 일본 군경과 민간인은 조선인 학살을 자행했다.[6] 이렇듯 특정 인종이나 집단에 대한 분노와 두려움을 조장하면서 다수의 지지와 협력을 이끄는 전략 역시 지도자가 국익이 아닌 사익을 추구한 결과이다. 그 끔찍한 피해는 오로지 국민의 몫이지만 다양한 인종과 집단이 함께 모여 사는 국가의 경우 이러한 현상은 더욱 두드러진다. 소수를 공동의 적으로 삼아 다수를 통치하는 지도자의 비열한 술책이다.

다른 한편으로 지도자는 국제위기를 통해서 자신의 역량을 발휘할 기회를 얻는다. 비록 정치 스캔들에 휘말리고 경제정책이 실패했더라도 국제 이슈에서 뚜렷한 성과를 거둔다면 리더십은 강화될 수 있다. 어제 시험은 망쳤지만 오늘 시험을 다시 보는 셈이다. 만약 영광스러운 성과를 거둔다면 부패하고 무능하다는 평가는 사라지고 국가의 위상을 드높인 영웅의 반열에 오를 수 있다. 1980년대 이후 사실상 국내

....

6 "관동대지진과 조선인학살: 대지진의 혼란과 공포를 조선인의 학살로 덮다." 우리역사넷. http://contents.history.go.kr/mobile/kc/view.do?levelId=kc_i400900&code=kc_age_40 (검색일: 2024.1.25.)

경제가 붕괴한 상황에서 김일성-김정일-김정은 3대는 자신들을 조국을 제국주의로부터 수호한 지도자로 선전한다. 경제적 풍요를 가져다주지 못했지만 그보다 중요한 생명을 보호했다는 논리이다. 영국과 포클랜드 전쟁(1982)을 일으킨 아르헨티나 군부는 집권 이후 경제개혁에 실패하고 말았다. 하지만 영국이 지배하던 포클랜드섬을 무력으로 강탈하자 폭발적인 국내 환호와 지지를 확보할 수 있었다.

우리 역사 속에서 임진왜란을 논할 때 도요토미 히데요시는 가장 중요한 인물이다. 일본을 갓 통일한 그에게는 전국의 다이묘와 사무라이를 다스리고 통제하는 작업이 가장 시급했다. 무장 세력이 언제 자신을 공격할지 알 수 없었다. 따라서 조선과 명, 나아가 인도까지 차지한 후 영토를 할양해 주겠다는 히데요시의 약속은 그에 대한 충성을 가져오며 칼날을 외부로 돌리는 결과를 낳았다. 조선과 명이라는 외부의 적을 등장시키면서 새로운 영지라는 유인을 제시했기 때문이다. 정말 히데요시의 본심과 목표가 무엇이었는지 명확히 알 수 없는 노릇이지만, 임진왜란이 그에게 정치적 돌파구를 제공한 것은 분명했다. 전국시대의 마감이 동아시아 삼국전쟁의 서막이었던 이유가 여기에 있다.

국제분쟁으로 국면전환을 시도하는 행위는 지도자에게 도박과 같다. 단기적으로 결집효과를 누리고 자신의 능력을 과시할 수도 있지만, 시간이 지나고 비용이 증가할수록 부담과 반발은 심각해진다. 포클랜드섬을 점령한 아르헨티나 군부는 영국의 반격 속에 전쟁에서 패하자 정권을 잃고 말았다. 9·11 이후 테러와의 전쟁과 이라크 전쟁을 일으킨 부시(George W. Bush) 대통령은 단기적 성과와 승리에도 불구하고 지지율 하락세를 막을 수 없었다. 그의 아버지 부시(George H. W. Bush) 대통령은 쿠웨이트를 침공한 후세인에게 신속한 패배를 안겨 주었지만 재선에 실패하고 말았다. 이를 두고 많은 이들은 지도자의 정치생명에 전쟁보다 경제가 중요하다고 응수한다. 그럼에도 지도자에게 국제분쟁은 종종 '부활을 위한 도박'(gambling for resurrection)이 될 수 있다. 정치적 사망을 선고받은 지도자가 외부의 적을 통해 회생을 도모할 수 있기 때문이다. 더이상 잃을 게 없는 지도자에게 무모한 도전이란 있을 수 없는 법이다.

이렇듯 국익이 아닌 사익을 위한 정쟁을 방지할 방안은 없을까? 불필요하고 부정의한 전쟁의 재발을 목도해야 하는가? 이러한 불만족스러운 현상을 주인-대리인 문제(principal-agent problem)로 이해할 수 있다. 흔히 유명 연예인이나 운동선수는 대리인을 통해서 협상과 계약을 진행한다. 사실 국민과 지도자의 관계도 이와 같다. 주권은 국민에게 있으며, 그 국민은 지도자를 선출해 권력을 위임하고 차후 그 지도자를 평가한다. 그런데 그러한 평가는 제대로 이루어질 수 있는가? 보통 결과가 좋으면 후한 평가를 내리지만 그것이 온당한가? 심대한 외부위협이 임박해 무력공격을 감행했다는 지도자를 어떻게 믿을 수 있는가? 실업률의 완화가 지도자의 정책 때문인가 아니면 세계경제 호황에 따른 결과인가? 주인(국민)은 대리인(지도자)에 대해 극히 제한적 정보만을 가질 뿐이다. 따라서 대리인에 대한 평가는 불완전할 수밖에 없다.

만약 국익과 사익이 충돌하지 않는다면 국민과 지도자 사이에서 주인-대리인 문제는 존재하지 않는다. 지도자는 열심히 일해 국민의 신임을 얻고, 국민은 지도자를 통해 평화와 번영을 누린다. 하지만 그 둘이 일치하지 않는다면? 새로운 전쟁으로 국민은 목숨과 재산을 위협받지만, 지도자는 국내 장악력을 강화할 수 있다면? 국방비 상승으로 세금 부담은 늘어나지만 지도자의 가용 자원이 늘어난다면? 국민 대다수가 아니라 지도자의 지지층만을 위한 경제개발을 추진한다면? 콩고민주공화국의 독재자 모부투 세세 세코는 "나는 자이르에서 30년 동안 집권했지만 도로를 전혀 건설하지 않았습니다"라고 말하며 그 이유를 "사람들이 나를 잡으러 도로를 질주할 테니까요"라고 설명했다. 실제로 집권 당시 약 14만 4,000km에 달하던 도로는 그가 물러날 때 약 9,600km만 남았다고 한다(부에노 데 메스키타·스미스 2012, 197).

이러한 주인-대리인 문제는 민주주의의 부재 속에서 더욱 심각하다. 온 국민이 지도자의 선출과 퇴출에 관여하지 못하고, 국민 대다수의 지지가 없어도 지도자가 되는 상황에서 지도자는 국익을 위한 정책을 선호하지 않는다(Bueno de Mesquita et al. 2003). 소수집단의 지지 속에 지도자로 등극한 독재자는 소수만을 위한 정책을 펼친다. 그들에게 지위와 재화를 나눠주기만 하면 자신의 정치적 생존은 해결되기 때문이다. 나머지 국민은 관심 밖이다. 단지 국민 대다수의 역량을 제한하여 자신을 위협하지 못하도록 관리만 할 뿐이다. 독재자가 자신을 옹위하는 특권집단의 구성원을 손쉽게 교체할 수도 있다면 사익을 위한 정치는 절정으로 치닫는다. 가장 나쁜 정책이 역설적으로 가장 좋은 정치가 된다. 철저히 자신을 위한 자원 배분으로 권력 유지를 꾀할 뿐이다.

정반대로 국민 대다수의 지지로 지도자를 선출하는 정치체제에서 국민 모두가 이익을 누리고 만족하는 정책이 등장할 가능성이 높다. 인프라 건설과 교육·복지·위생에 집중하여 공공재를 제공할 때 그 지도자는 자리를 지킬 수 있다. 그렇지 못하면 지도자와 여당은 다가오는 선거에서 심판을 받고 권력을 잃고 만다. 물론 이러한 민주주의에서도 문제는 존재한다. 바로 포퓰리즘이다. 대중의 인기에 영합한 정책을 추진하면서 장기 계획 없이 국가재정을 무분별하게 사용할 수 있다. 당장 대중의 지지를 얻고자 미래 세대를 암울한 수렁에 몰아넣는 셈이다. 이러한 점에서 민주주의가 완벽한 정치제도라 말할 수 없다. 다만 국익을 무시하고 사익을 좇는 지도자의 행태를 견제하고 국민 대다수를 만족시키는 정책을 유도할 수 있다는 점에서 민주주의의 우수성은 인정할 수밖에 없다.

아무튼 주인-대리인 문제는 모든 정치체제에서 공세적 대외행동을 취하는 이유로 자주 주목받는다. 권위주의 지도자뿐 아니라 민주주의 지도자가 대외 위기를 고조시키거나 분쟁을 일으킬 때 그 의도에 대한 논란은 흔하다. 1998년 개인 스캔들로 탄핵 위기에 처한 클린턴 대통령은 아프가니스탄과 수단의 군사 작전과 이라크 공습을 승인하였다. 이를 두고 당시 정치적 위기를 벗어나기 위한 대통령의 술책이라는 의혹이 제기되었다(Hendrickson 2002). 유사하게 푸틴 대통령의 크림반도 병합과 우크라이나 침공도 악화된 경제 속에서 자신의 정치력을 공고히 하려는 노림수로 평가하는 이들도 많다(Sharafutdinova 2022). 민주 지도자는 자신을 감시하는 눈에도 불구하고 외부의 적을 만들 수 있으며, 절대권력을 행사하는 독재자라도 국내평판을 항상 무시할 수 있는 것은 아니다. 외부 위협을 필요할 정도로 취약하지만 그것을 조장할 정도로 역량을 갖춘 지도자라고 볼 수 있다.

다만 위기에 처한 지도자라고 해도 아무 국가를 상대로 무작정 위기를 고조시키지는 않는다. 어떤 상대를 비난하고 공격할 때 대중이 호응하고 지지할지에 대한 정치적 계산이 존재하기 마련이다. 매력적 상대를 찾아 나설 수밖에 없다. 다수 연구자는 라이벌 관계를 지목한다. 전략적 지위와 영토를 둘러싼 국제정치의 라이벌은 항상 여러 지역에서 존재한다. 현재 가장 주목받는 라이벌이 미국-중국이라면, 남북한은 오랜 라이벌 관계의 대표적인 예이다. 이러한 라이벌을 상대로 분쟁을 시작할 때 그에 대한 정당성 확보는 상대적으로 손쉽다. 그 상대에 대한 경계와 적대가 이미 사회 전반에 뿌리박혀 있다. 만약 야당이 비판하고 나선다면 정부는 이들을 반애국주의자로 규탄하고 맞설 수 있다. 라이벌 분쟁과 충돌이 끊임없이 반복되는 이유인 셈이다.

라이벌이 아닌 국가라도 국민의 호응을 불러일으킬 상대가 될 수 있다. 예를 들어, 급속히 국방력을 증가시키는 국가를 생각해 보자. 그 국가를 상대로 분쟁을 일으킨 지도자는 기회의 창이 닫히고 있음을 강조할 것이다. 지금 주저한다면 우리의 미래는 위험하다고 주장할 때 대중의 두려움은 한층 상승하게 된다. 반대로, 쇠퇴 국면에 접어든 강대국을 생각해 보자. 주변국은 과거의 영광을 지속적으로 누리는 그 국가에 대해 불만을 가질 것이다. 만약 영토와 역사 이슈까지 존재할 경우 그 쇠퇴국에 대한 압박은 대중의 지지를 낳을 것이다. 이런 측면에서 세력이동은 국내정치 차원에서도 국제분쟁을 일으키는 주요 원인이다. 상승국에 대한 쇠퇴국 대중의 우려, 쇠퇴국에 대한 상승국 대중의 불만, 이러한 부정적 감정이 양측 지도자에 의해 고조될 경우 협상의 영역은 급속히 축소된다.

현재 미중 경쟁의 심화도 이러한 관점에서 분석할 수 있다. 2018년 트럼프 행정부가 촉발한 미중 무역분쟁은 미국 내부에서 일정한 비판을 불러일으켰다. 경제쇠퇴의 주범을 중국으로 고른 것은 잘못이며, 무역 분쟁이 결국 모두의 이익을 훼손할 것이라는 평가가 등장했다(Roach 2022). 하지만 코로나19를 맞닥뜨린 두 강대국 지도자는 서로를 향한 비난과 경쟁의 수위를 높였다. 한편으로 기후변화와 보건문제를 둘러싼 협력의 필요를 인정하지만, 양국의 상당수는 서로를 도전과 위협으로 규정하고 있으며 경쟁의 불가피성을 정당화하고 있다. 글로벌 보건과 경제 위기 속에서 강대국 충돌에 대한 우려가 높아진 이유가 여기에 있다.

다만 사익을 위한 지도자의 선택은 대부분 '제한적' 갈등이다. 수많은 사상자를 발생하고 장기간 지속되는 전쟁을 모든 지도자는 부담스러워할 수밖에 없다. 포클랜드전쟁이 보여주듯이 대중의 환호는 곧 대중의 질타로 뒤바뀔 수 있기 때문이다. 따라서 정치적 재기와 부활이 필요한 지도자는 적절한 수준의 위기만을 추구한다. 이러한 지점에서 북한의 지도자가 핵실험과 미사일 발사로 위기를 고조시킨 후 대화와 협상에 나섰던 행태를 이해할 수 있다. 전쟁이 아닌 위기가 큰 비용과 위험 없이 자신의 지위를 공고히 해준다. 위기의 고조와 해소가 반복되는 사이클 속에서 자신의 정권은 경제 실패와 민생 문제에도 불구하고 연장될 수 있다.

종합하면, 국가 간 갈등과 충돌을 모두 국익의 관점으로만 이해할 수는 없다. 분명 국익을 위한 결정이 존재하지만, 지도자의 사익 또한 종종 국제정치의 주요 변수로 작동한다. 일반적으로 외부위협이 고조되면 지도자를 중심으로 내부는 결속한다. 따라서 국내 지지가 필요한 지도자에게 국제 위기는 기회인 셈이다. 사익에 앞서 국익을 추구하는 이상적 지도자만 존재한다면 문제가 없겠지만 현실에서 지도자의 최우선 목표는 자신의 정치생명이기 마련이다. 국민에게 나쁜 정책이 지도자에게 좋은 정치가 될 수 없도록 정치제도를 끊임없이 보완하면서 지도자에 대한 감시와 견제를 지속해야 하는 이유가 여기에 있다.

이러한 차원에서 정치제도가 외교정책에 미치는 영향을 생각해 볼 필요가 있다. 과연 어떠한 정치체제가 국익을 위한 외교정책을 펼치도록 유도하는가? 언제 지도자가 정책실

패의 책임을 외부로 돌리며 희생양을 찾는가? 많은 이들은 권위주의 지도자가 국민의 대리인 노릇을 하지 않은 채 국가를 위기로 몰 수 있다고 생각할 것이다. 하지만 민주주의 지도자는 국민의 반응과 평가에 한층 민감할 수밖에 없는 이들이다. 국내불안을 즉각적으로 잠재우지 않을 경우 바로 정치적 타격을 받기에 대응책을 마련하고 실행에 옮긴다. 라이벌 국가를 자극하는 언사나 행위를 통해서도 충분히 국내 관심을 외부에 돌릴 수 있다. 사실 아직까지 국내여론에 민감한 민주 지도자와 국내견제를 받지 않는 비(非)민주 지도자 중 누가 보다 국익에 부합하는 외교정책을 펼치는지를 둘러싼 논쟁은 진행 중이다. 아무튼 국내정치를 통해 국제정치를 이해하려는 노력은 꾸준히 이어지고 있다.

더 생각거리 **동아시아 국제관계의 주요 특징은 라이벌**

1816년부터 1999년까지 총 174쌍의 '전략적 라이벌'(strategic rivalry)을 제시한 톰슨(William Thompson)에 따르면 이들 사이에서 대다수 전쟁—1816년 이후 77.3%(58회), 1900년 이후 87.2%(41회), 1945년 이후 91.3%(21회)—이 발발하였다(Thompson 2001, 557). 그의 최신 연구에 따르

면 현재 동아시아 6개국—한국, 북한, 중국, 대만, 일본, 러시아—이 포함된 라이벌은 총 7쌍—한국-북한, 중국-대만, 중국-일본, 중국-인도, 중국-미국, 러시아-미국, 러시아-우크라이나—으로 전 세계 라이벌 56쌍의 12.5%이다(Thompson et al. 2021). 동아시아 국가는 모두 하나 이상의 라이벌을 두고 있을 뿐 아니라 우리의 동맹국인 미국이 총 3개국—러시아, 이란, 쿠바—과 라이벌 관계인 점은 우리 안보의 불안정성을 보여준다. 톰슨은 양국 지도자의 (1) 경쟁, (2) 위협, (3) 적국에 대한 인식을 기반으로 전략적 라이벌 유무를 판단했지만, 사실 북한-미국, 북한-일본 관계도 라이벌 관계에 근접하다고 본다면 동아시아 국제관계의 주요 특징은 바로 라이벌이라고 해도 과언은 아니다.

동아시아의 라이벌 문제를 어떻게 해소할 수 있을까? 사실 라이벌 관계의 특징은 일순간에 사라지지 않는다는 점이다. 양국의 국가·사회 수준에서 발생하고 유지된다. 무엇보다 경계할 점은 이러한 사회 수준의 적대감을 지도자가 정치적으로 악용할 수 있다는 것이다. 만약 국내 위기에 봉착한 지도자가 라이벌 국가에 대한 갈등을 활용할 경우 이에 대한 합리적 비판이 제기될 수 있을까? 과거의 충돌과 전쟁에 대한 기억이 사라지지 않은 상황에서 국익을 위한 협상과 협력을 옹호하기는 쉽지 않기 마련이다. 특히 국민의 지지와 호응이 중요한 정치인이 사회적 정서에 반하는 입장을 취하기는 더욱 어렵다. 따라서 다수의 관심전환 연구는 영토와 역사를 둘러싼 라이벌 관계에 집중한다. 그들 사이에서 관심전환분쟁이 일어나기 때문이다.

동아시아 국제관계의 미래는 각국의 국내정치의 영향에 더욱 좌우될 것이다. 타국과의 전쟁 혹은 경쟁으로 말미암아 국가건설이 가능하다는 주장은 널리 알려졌다(Tilly 1990; Thies 2005). 국내 자원을 동원하고 권력을 집중하기 위한 명분으로 외부침략만큼 적당한 것은 없다. 하지만 일단 국가건설이 마무리된 상태에서 경제가 침체되고 사회가 불안할수록 민족주의에 기반한 호전적 대외정책은 해당 국가뿐 아니라 국제관계를 훼손할 가능성이 높다. 2010년대 이후 고속성장을 멈추면서 사회 불안정성이 고조된 중국을 바라보는 시선은 우려스러울 수밖에 없다. 미국, 일본, 인도, 대만과 라이벌 관계를 맺고 있는 중국의 호전성은 바로 동아시아의 갈등과 불안을 의미하게 된다. 반대로, 중국이 사회적 지지와 합의 속에 안정적 리더십을 창출한다면 동아시아 국제관계는 한층 긍정적 단계로 진입할 것이다. 국제관계가 무정부상태에서 진행된다고 하지만, 상대의 불행이 바로 우리의 행복이 아닌 이유를 생각할 때이다. 그들의 불안이 종종 우리의 불행을 야기하는 법이다.

국제 분쟁과 지도자 지지율

무엇이 대통령 지지율을 결정하는가? 대통령의 능력과 성과에 대해 대중은 합리적으로 반응하는가? 20세기 중후반 여론조사의 등장으로 지도자는 여론에 민감하게 반응하며 정책을 구상하고 실행하는 정치를 하게 되었다. 덕분에 대중은 왜, 그리고 언제 지도자를 지지하는지에 대한 객관적 자료가 차곡차곡 쌓이게 되었다. 그 중 위협과 전쟁이 지도자의 지지율에 미치는 영향은 매우 흥미롭다. 대표적으로 9·11테러가 부시 대통령의 지지율에 미친 영향이 자주 회자된다. 아래 〈그림 7-1〉에서 나타난 것처럼 50%에 머물던 부시의 지지율은 9·11테러가 일어나자 바로 86%로 치솟았다. 급작스런 외부 충격으로 미국인들이 내부적으로 결속한 것이다. 이라크 전쟁이 발발하

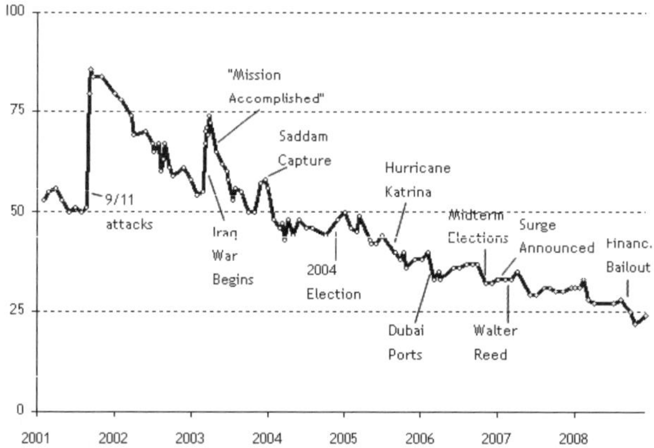

그림 7-1 부시 지지율

출처: "Bush and Public Opinion: Reviewing the Bush Years and the Public's Final Verdict." Pew Research Center (2008.12.18.). (https://www.pewresearch.org/politics/2008/12/18/bush-and-public-opinion/)

자 단기적으로 75% 수준까지 지지율은 다시 상승하였으나 이후 하락세를 유지하였고 2008년 금융위기가 발생하자 25% 이하까지 떨어지고 말았다.

이러한 대통령 지지율 경향은 러시아의 사례에서도 발견할 수 있다. 〈그림 7-2〉에서 나타나듯 러시아의 크림반도 병합은 서방의 비난에도 불구하고 푸틴의 지지율을 80% 이상으로 끌어올렸다. 이후 연금과 코로나19로 지지율은 하락하였으나 2022년 우크라이나 침공으로 다시 80%를 넘는 모습을 보여주었다. 이처럼 외부의 평가와 비난에도 불구하고 외부와의 갈등과 전쟁은 지도자에게 정치적 힘을 부여하는 모습을 흔히 발견할 수 있다. 특히 그러한 외부 충격의 원인과 정부의 대응에 대한 평가가 제대로 이뤄지지 않은 상황에서 일단 내부적으로 단

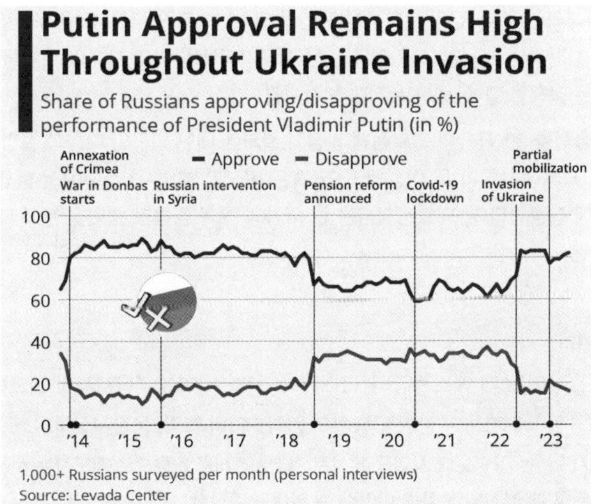

그림 7-2 푸틴 지지율

출처: Katharina Buchholz. "Putin Approval Remains High Throughout Ukraine Invasion." (2023.2.22.) https://www.statista.com/chart/28383/putin-approval/

결하며 외부 세력에 맞서는 모습이 일반적이라는 점은 주지의 사실이다. 우리의 경우에도 권위주의 정부 시절 소위 북풍 공작이라는 말이 존재했다.

주요 개념

- **희생양이론(scapegoat theory)** 국내문제의 책임을 특정 대상에게 전가시켜 지도자가 자신의 정치적 이익을 도모하는 현상을 설명하는 이론. 희생양은 국내 집단 혹은 해외 국가 등이 될 수 있음.
- **관심전환이론(diversionary theory)** 국내 청중의 관심을 국내문제에서 다른 문제로 돌리면서 지도자가 자신의 정치적 이익을 도모하는 현상을 설명하는 이론. 구체적으로 지도자는 다른 국가와 갈등을 유발시키거나 특정 집단에 대한 비난을 제기하는 방법을 동원함.
- **주인-대리인 문제** 정치 지도자가 국민의 대리인으로 임무를 수행하지 않는 현상을 지적하는 개념임. 국민이 선출한 지도자라 하더라도 자신의 이익을 우선시하는 정책을 펼 수 있다는 점을 부각시킴.
- **외교정책론** 한 국가의 외교정책 과정과 결과에 대한 일군의 이론과 설명을 지칭함. 국제정치론이 둘 이상의 국가(혹은 비국가 행위자) 사이에서 발생하는 문제에 집중한다면, 외교정책론은 한 국가의 대외 정책과 행위를 분석 대상으로 삼음.

더 읽을거리

- 브루스 부에노 데 메스키타·알라스테어 스미스. 2012. 『독재자의 핸드북: 사상 최악의 독재자들이 감춰둔 통치의 원칙』. 이미숙 역. 웅진지식하우스.
  모든 지도자는 공익보다 사익을 우선시한다는 전제를 바탕으로 지도자는 지지자들만을 위할 때 자신의 통치를 이어갈 수 있다고 주장함. 온 국민이 아니라 지지자만을 위한 통치로 지도자는 정치 생명을 연장하지만 국가는 불행할 수 있다는 사실을 다양한 시례를 통해 명쾌히 제시함.
- 그레이엄 앨리슨·필립 젤리코. 2018. 『결정의 본질: 누가 어떻게 국가의 운명

을 결정짓는가?』. 김태현 역. 모던아카이브.

외교정책을 설명하는 세 가지 모델 – 합리적 행위자, 조직행태, 정부정치 – 을 통해 쿠바미사일위기 사태를 설명함. 대외정책이 흥정과 타협이 발생하는 관료정치의 산물임을 강조하는 정부정치모델은 정책결정과정의 실제와 그 영향을 널리 각인시킴.

8장

정체성
— 우리는 누구인가?

1 '이념의 충돌'에서 '문명의 충돌'로?

2024년 1월 대만 총통 선거에 온 세계의 이목이 집중되었다. 국민당과 민진당이 각각 상이한 정체성을 바탕으로 미중 사이에서 차별화된 전략으로 대중에게 호소하고 있었기 때문이다. 여당인 민진당의 라이칭더(賴清德) 후보가 승리한 선거의 투표율은 무려 71.86%이었다. 대만의 정체성과 탈중국을 강조하는 민진당이 세 번 연속 총통을 배출한 배경에는 바로 정체성 변화가 자리 잡고 있었다. 타이완 정치대학 선거연구센터의 조사에 따르면, '나는 타이완인' 인식이 1994년 20%에서 2023년 62%로 상승한 반면, '나는 중국인' 인식은 같은 기간 28%에서 3% 미만으로 하락했다(김영화 2024). 이러한 사회 변화 속에서 중국에 대한 입장과 정책이 가만히 있을 수 없다. 더 이상 통일을 지향하지 않은 채 현상 유지 혹은 완전 독립을 선호한다. 따라서 대만을 자국의 일부로 간주하는 중국과의 갈등은 당분간 고조될 전망이다.

이렇듯 정체성은 국제정치에서도 주요 변수이다. 앞선 장들에서 국가 간 갈등과 충돌을 권력과 이익의 관점에서 설명하였지만, 문화와 종교, 이념과 인종에 기초한 정체성을 강조하는 학자들이 존재한다. 주권국가는 자국의 정체성을 구축하면서 다른 국가를 인식한다. 그들이 있기에 우리가 존재하는 법이다. 우리와 그들 사이의 구분은 갑자기 주어진 것이 아니라 장시간을 통해 구성된다. 즉, 국제정치에서 누구를 우리로 인식하고, 누구를 그들로 인식할지는 시공간에 따라 변화한다. 과거의 적이 오늘의 친구가 되는 현실은 바로 정체성의 유동성을 명확히 보여준다. 그러한 정체성을 바탕으로 외교정책과 국제관계는 펼쳐지며 우리의 삶을 규정하고 인도한다.

국제정치의 정체성 문제를 단숨에 부각시킨 인물은 헌팅턴(Samuel Huntington)이었다. 그는 소련의 해체로 냉전의 승리에 도취한 미국 사회에 "문명의 충돌"(clash of civilizations)을 예견하며 도발하였다(Hungtington 1993; 1996).

이념의 충돌이 끝났을 뿐 평화의 도래는 아니라는 경고였다. 냉전이 이념 간 대결이었다면, 탈냉전은 문명 간 대결이라는 핵심 주장은 전 세계의 주목을 받았다. 특히 상이한 문명들이 이웃하는 단층선(fault line)에서 충돌 가능성이 높고, 서구는 중화-이슬람 연대를 경계해야 한다는 주장은 전문가뿐 아니라 일반인 사이에서 회자되며 갑론을박을 촉발시켰다. 대다수는 그의 주장에 수긍하기보다는 거부하며 날선 반응을 이어갔다.

무엇보다 헌팅턴의 문명 구분을 둘러싼 의문이 줄기차게 제기되었다. 서구, 동방정교, 이슬람, 불교, 힌두, 아프리카, 남아메리카, 중화, 일본이라는 9개의 문명 구분이 너무 작위적이라는 것이다(그림 8-1 참조). 문화, 특히 종교에 기초한 구분이라는 그의 설명에 수긍할 수 없다는 반응이 컸다. 서구와 동방정교를 나누었다면, 서구를 개신교와 가톨릭으로 나눌 수 없는 이유는? 수니파와 시아파의 갈등을 고려할 때 이들을 단일한 이슬람 문명으로 취급할 수 있는가? 한·중·일 삼국은 유교·불교·한자 문화를 공유하는데 일본을 독자적 문명으로 보아야 하는가? 헌팅턴이 제시한 문명 지도를 두고 문명 간 유사성과 문명 내 이질성에 대한 논쟁은 끝나지 않았다. 문명이라는 개념을 국제정치에 끌어들일 때 피할 수 없는 문제였던 셈이다.

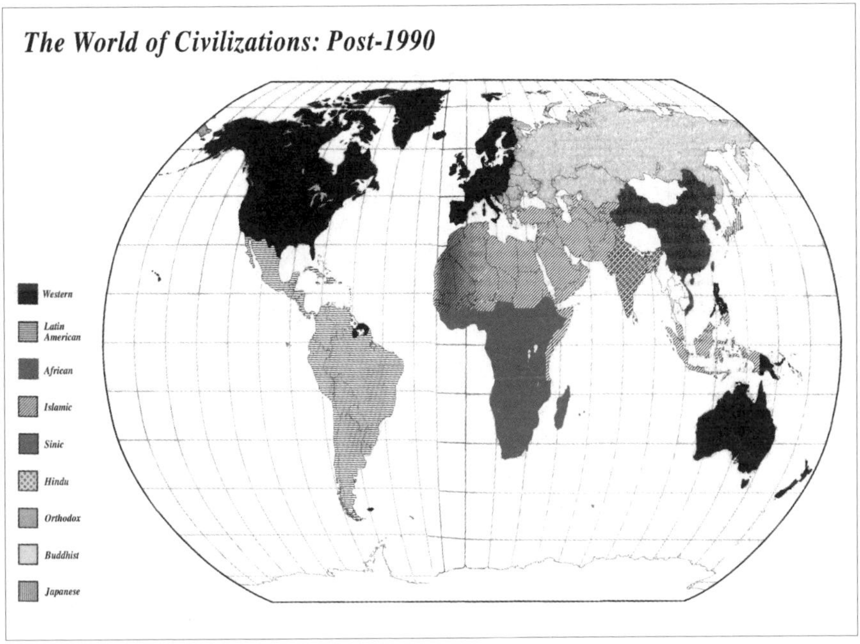

그림 8-1 문명의 충돌 - 세계지도와 9개의 문명
출처: https://web.archive.org/web/20070312101415/; http://s02.middlebury.edu/FS056A/Herb_war/clash3.htm

한편, 국제정치학자들은 헌팅턴의 가설을 검증해 보기 시작했다. 과연 그가 말한 단층선 중심으로 국제분쟁이 발발하는지를 탐구했다(Chiozza 2002; Henderson and Tucker 2001). 구체적으로 두 국가가 상이한 문명에 속한 경우 분쟁을 겪을 확률이 상대적으로 높은지를 집중적으로 분석하였다. 이러한 연구들은 공통적으로 헌팅턴의 가설을 부정하였다. 냉전기, 냉전 이전, 그리고 냉전 이후를 살펴봐도 문명 간

충돌과 문명 내 충돌 사이에 통계적으로 유의미한 차이를 발견할 수 없다는 것이었다. 물론 헌팅턴의 주장은 탈냉전기 세계를 대상으로 삼고 있기에 당시의 검증 작업은 너무 성급했다고 반박할 수 있다. 오랜 시간을 두고 헌팅턴 주장의 신빙성을 따져볼 것을 제안했던 사람도 있었다. 하지만 그의 문명 충돌론은 서서히 사람들의 관심 밖으로 밀려났다.

2 이슬람 테러와 미국의 전쟁

하지만 2001년 9·11테러는 바로 헌팅턴을 소환시켰다. 이슬람 테러단체의 미국 중심부를 향한 공격은 3천 명에 달하는 무고한 시민들의 희생을 가져오면서 미국과 세계에 큰 충격을 안겨 주었다. 유럽과 아시아와 멀리 떨어져 본토를 공격받은 적 없던 미국인들에게 9·11은 전무후무한 것이었다. 더구나 국가 행위자가 아닌 테러단체가 "거룩한 전쟁"을 선언하자 세계는 새로운 시대에 접어들었음을 직감했다. 이후 미국은 테러와의 전쟁을 선포하였고 아프가니스탄과 이라크를 차례로 침공하면서 전 세계를 긴장시켰다. 무엇보다 서구와 이슬람의 대결 구도가 급부상하였다.

'왜 그들이 우리를 미워하는가?'는 미국인들에게 중요

한 질문이 되었다. 테러에 대한 심층적 연구와 더불어 반미주의에 대한 연구가 본격화되었다(Katzenstein and Keohane 2007). 국제정치학에서 문명과 종교, 이념과 정체성을 경시했다는 반성과 비판이 제기되었다. 9·11테러와 같이 자살 테러를 합리적 선택의 관점에서 설명할 수 있는지에 대한 회의적 반응이 컸다. 개인과 집단의 행동을 권력과 이익이 아니라 그들의 신념과 사상을 통해 이해하려는 시도가 갑작스레 늘어났다. 누군가에게 무모한 행동이지만 당사자에겐 신성한 헌신일 수 있다. 따라서 행위자에 대한 이해와 탐구 없이 그들의 선택과 행위를 알 수 없다는 인식이 확산되었다. 당연히 종교의 중요성 역시 환기되었다.

물론 그동안 '보이지 않는 변수'에 대한 관심은 꾸준했다. 소위 구성주의자(Constructivist)라 불린 일군의 학자들은 개인과 사회가 구성하는 현실이라는 관점에서 국제정치를 설명하였다. 대표적으로 웬트(Alexander Wendt)는 국가들이 무정부상태에서 활동하지만, 그 무정부상태의 성격을 규정하는 것은 바로 국가라는 점을 지적하였다(Wendt 1992). 국가는 동일한 무정부상태에서 서로를 적국으로 바라볼 수 있지만, 동시에 경쟁자나 친구로도 여길 수 있다. 객관적 현실과 별개로 구성된 세계가 존재한다는 지적이다. 누구는 K강국이라 부르는 대한민국을 누구는 헬조선이라 평한다. 북한을 핵무장 위협국으로 바라보는 이들 옆에는 가난한 형제국으로 동정하는 자들이 있다.

이처럼 현실을 구성할 때 개인과 집단의 정체성은 매우 중요하다. 자신과 타인의 관계 속에서 정체성을 형성하는 만큼, 그 사회와 국가의 정체성은 기본적으로 특정 세력과 국가와의 관계를 규정하는 영향을 발휘한다. 자국을 민주국가라는 정체성을 강조하며 인식할 경우 다른 민주국가는 유사국가로 바라보며 선대한다. 기독교 문화를 자국의 유산으로 여긴다면 다른 기독교 국가에 대한 호감은 자연스레 높아진다. 이러한 정체성은 변하기 마련이다. 과거 대한민국을 규정하는 핵심 정체성이 반공(反共, anti-communism)이었다면, 현재 대한민국은 한층 강화된 자유주의와 민주주의 정체성을 보유하고 있다. 유교국가로 탄생한 조선은 스스로를 소중화(小中華)로 인식하며 대외관계를 펼쳐나갔다. 그들이 보기에 19세기 서양 세력은 오랑캐에 불과했다.

하지만 상이한 정체성이 항상 적개심을 불러일으키지는 않는다. 무언가가 다른 집단에 대한 공포를 촉발시키는 요인 혹은 계기가 존재하기 마련이다. 물과 식량과 같은 자원의 부족, 혹은 지도자의 술책이 정체성 분쟁을 일으킨다. 앞장에서 논의한 것처럼, 지도자는 외부의 위협을 강조하면서 자신의 통치를 강화하는 전략을 종종 사용한다. 낯선 문화와 종교가 우리의 일상을 파괴할 위협으로 인식될 때 두려움에 기반한 결집효과는 일순간에 강화될 수 있다. 이런 상황에서 갈등과 충돌이 불거진다 하더라도 한번 불붙은 민심과 여론을 잠재우는 것은 쉽지 않다.

구성주의 관점에서 미국의 대외전략에 대한 주요 비판 중 하나는 끊임없이 적을 만들어낸다는 것이다. 20세기 초반 미국의 적은 독일과 일본이었지만, 양차 대전이 끝나자 소련이 그 자리를 대신했고, 소련이 붕괴하자 이슬람 단체와 국가들이 주요 위협으로 부상했다는 주장이다(Oren 2002). 하지만 이러한 비판은 미국에게만 국한되지 않는다. 과거 전쟁을 펼쳤던 국가와 동맹을 맺거나, 한때 동맹을 맺었던 국가와 전쟁을 펼치는 사례는 매우 흔하다. 흥미롭게도 이러한 긴장과 갈등이 고조될 때마다 당사국들의 상이한 이념과 문화가 부각되곤 한다. 2003년 미국은 이슬람 테러의 배후로 지목한 이라크를 침공했다. 하지만 수십 년 전 미국은 이란 혁명 이후 이란을 견제하고자 이라크의 지도자 후세인을 오랫동안 지원했다.

따라서 문화와 종교의 상이성 그 자체보다 그것을 분쟁으로 이끄는 세력과 상황에 주목할 필요가 있다. 앞서 언급한 헌팅턴에 대한 주된 비판은 '문명의 충돌'이라는 주장이 그러한 현실을 빚어내는 동력이라는 것이었다. 평화롭게 지낸 이웃국이 서로를 단층선을 사이에 둔 이질국으로 바라보는 순간 양국 관계는 긴장과 갈등으로 치달을 수 있다. 비록 타자가 없이 자신을 인식하는 것이 불가능하지만, 서로를 파트너로 인정하고 협력할 방안은 여럿 있다. 하지만 현실 속에서 국가는 끊임없이 파트너와 경쟁자를 구분하면서 대외 전략을 수립하고 실행하는 행위를 지속하고 있다. 그 가운데 영원한 동맹도, 영원한 적국도 없다.

코로나19 이후 세계는 '민주주의 대 권위주의' 구도를 목격한 바 있다. 글로벌 펜데믹의 책임을 둘러싼 미국과 중국 사이의 신경전과 러시아의 우크라이나 침공이 양측의 위협론을 부추겼다. 2008년 이후 중국의 공세적 외교와 홍콩사태, 중국과 러시아의 내정간섭 등을 통해서 민주국가들의 권위주의 위협인식이 강화되었다. 그 결과 자유주의 이념과 제도를 수용하는 국가와 그렇지 않은 국가가 서로 경계하는 상황이 도래했다. 특히 바이든 행정부는 쿼드, 오커스, 민주주의 정상회의, 인도태평양프레임워크, 한미일 삼각협력 등 크고 작은 연대를 통해 자유주의 그물망을 형성했으며, 이에 시진핑 정부는 자국 주도 국가연대를 강화하며 맞서면서 강대국 경쟁이 격화되고 말았다. 아래 〈그림 8-2〉는 2021년 민주주의 정상회의에 참가한 110개국의 분포를 보여준다. 유럽과 아메리카, 아시아의 민주국가들이 미국의 주요 파트너로

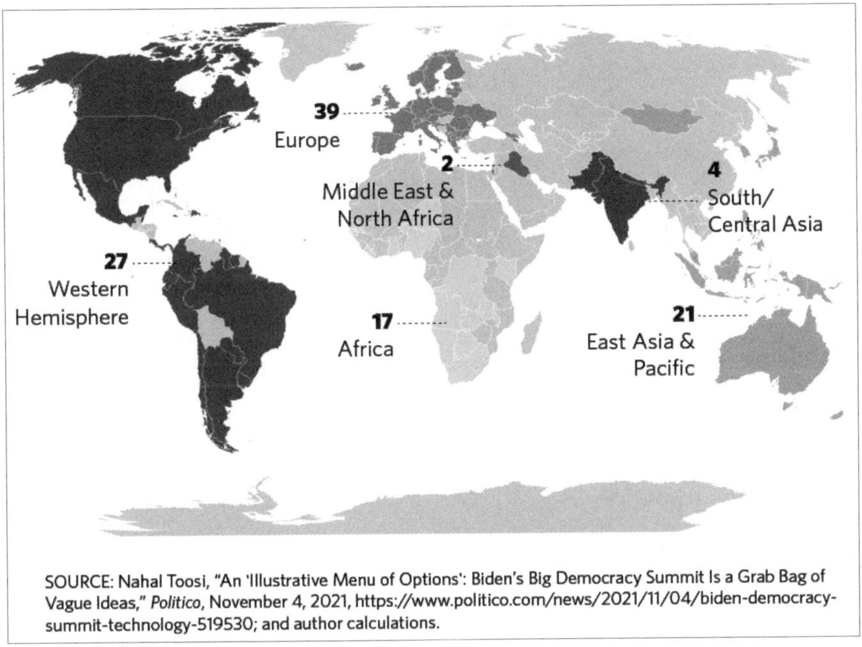

그림 8-2 2021년 민주주의 정상회의 참가국

출처: https://carnegieendowment.org/2021/11/22/who-s-in-and-who-s-out-from-biden-s-democracy-summit-pub-85822

중국과 러시아에 대한 견제망을 형성했음을 파악할 수 있다.

앞으로 우리와 그들을 구분하는 국제정치의 편 가르기는 지속될 것이다. 하지만 분명 상이한 정체성과 문화는 분쟁의 충분조건이 아니다. 그러기에 혹자는 문화와 정체성 같은 비물질 변수의 영향을 제한적이라고 본다. 대표적으로 현실주의자는 권력과 이익이라는 물질 변수가 행위자의 인식과 정체성을 좌우한다고 주장한다. 미중 관계를 분석할 때 중국의 사상과 정체성은 별로 중요하지 않다는 입장인 것이다. 그들에게 핵심은 양국의 국력 격차와 이들의 동맹까지 포함한 세력균형이다. 권력과 위협에 따라 우리와 그들이 구분된다고 보는 이들에게 이념과 정체성은 기껏해야 매개변수에 불과하다. 2010년대 들어서 미중 경쟁이 심화된 이유는 바로 양국 간 힘의 격차가 줄었기 때문으로 설명한다.

하지만 21세기 국제정치에서 비물질 변수의 중요성은 더욱 부각되고 있다. 다수의 국가가 이념과 가치를 논하면서 자국우선주의를 내세우거나 유사국가와의 협력에 몰두하고 있다. 하지만 주요국은 어떠한 대외정책을 추진할지를 두고 내부적 노선 갈등을 겪고 있다. 대표적으로 미국을 들 수 있다. 미국의 가치와 제도를 외부적으로 확장시키자는 입장과 철저히 미국만을 고려하며 해외개입을 자제하자는 입장이 대립하고 있다. 이라크 전쟁 이후 후자가 더욱 힘을 얻고 있지만, 국제주의와 고립주의의 상반된 전통 속에서 지도자가 어느 입장을 대변하는지에 따라 미국의 대외정책은 요동칠 수밖에 없다. 이러한 널뛰기 현상을 오바마-트럼프-바이든-트럼프 2기 행정부들을 경험하면서 목도하고 있다. 이렇듯 초강대국의 대외전략은 비물질변수와 국내정치의 연계 속에서 그 역동과 변화를 제대로 파악할 수 있다.

더 생각거리 **비국가 행위자의 중요성**

2001년 9·11테러는 국제정치에서 비국가 행위자의 중요성을 선명히 각인시켜 주었다. 소련의 붕괴 이후 사람들의 관심은 과연 초강대국 미국에 도전할 강대국이 등장할지에 쏠려 있었다. 하지만 미국 주도 질서에 반기를 든 것은 알카에다 테러단체였다. 그동안 국제정치의 주요 행위자가 주권국가였기에 9·11테러의 충격은 더욱 클 수밖에 없었다. 미국의 정치와 경제 수도에서 벌어진 복수의 테러 공격은 전시가 아닌 평시에 수천 명의 목숨을 앗아가면서 미국인의 일상을 불안하게 만들었다. 유럽과 아시아의 전쟁에 참전하면서 본토의 안전은 위협받지 않았던 미국이기에 그 공포는 더욱 클 수밖에 없었다.

무엇보다 실체가 모호한 비국가 행위자를 상대로 전쟁을 수행한다는 점은 새로운 문제를 연이어 야기했다. 테러에 대한 전쟁을 선포했지만 그 전장은 어디인가? 구성원과 근거지를 알 수 없는 상대를 무찌를 수는 있는가? 주권·영토·국민이 없는 비국가 행위자는 국제법에서 전쟁을 벌일 수 있는 주체가 아니다. 그럼에도 엄청난 피해와 위협을 가하는 대상을 상대로 머뭇거릴 수 없는 초강대국은 다양한 방법을 강구하며 유무형의 안보를 추구했다. 사실 이라크 전쟁 이전까지 전 세계 주요국은 미국과 협조하며 공동의 대테러 전선을 구축하였다. 어찌 보면 미국과 중국의 치열한 전략경쟁이 이슬람 테러단체로 인해 미루어졌다고 할 수 있다.

하지만 테러와의 전쟁은 다수의 규범적 이슈를 제기할 수밖에 없었다. 우선 전투원과 비전투원의 차별(discrimination) 문제가 대두되었다. 국제법에서 민간인과 민간시설에 대한 공격은 비합법적이다. 최근 우크라이나 전쟁에서 러시아의 민간인 학살 문제가 밝혀지자 국제사회의 비판이 급증하기도 했다. 하지만 전투복을 입지 않은 테러리스트는 평시에 공격을 일삼는다. 이를 막아야 하는 상황에서 과연 전투원과 비전투원의 구분하는 것이 현실적으로 가능한가? 그렇지 못하다면 테러와의 전쟁에서 국가는 모든 의심스러운 민간인을 대상으로 감시와 조사를 실시해도 되는가? 그러한 심문 과정에서 과연 어느 정도의 압박이 허용될 수 있는가? 수면 방해와 같은 "가벼운 고문"(torture lite)은 수많은 인명 피해를 막기 위한 목적으로 허용될 수 있는가? 비국가 행위자를 대상으로 어떻게 '정의로운 전쟁'을 수행할 수 있는지를 둘러싼 윤리적 논쟁은 지금 계속되고 있다.

김영삼 대통령 취임사–"어느 동맹국도 민족보다 더 나을 수는 없습니다"

1993년 2월 25일

친애하는 7천만 국내외 동포 여러분,
노태우 대통령을 비롯한 전직 대통령,
그리고 이 자리에 참석하신 내외 귀빈 여러분.

오늘 우리는 그렇게도 애타게 바라던 문민 민주주의의 시대를 열기 위하여 이 자리에 모였습니다. 오늘을 맞이하기 위해 30년의 세월을 기다려야 했습니다.

마침내 국민에 의한, 국민의 정부를 이 땅에 세웠습니다. 오늘 탄생되는 정부는 민주주의에 대한 국민의 불타는 열망과 거룩한 희생으로 이루어졌습니다. 민주주의에 대한 저 자신의 열정과 고난이 배어 있는 이 국회의사당 앞에서 오늘 저는 벅찬 감회를 억누를 길이 없습니다.

우리 국민은 참으로 위대합니다. 저는 국민 여러분들에게 뜨거운 감사와 영광을 드립니다. 또한 험난했던 민주화의 도정에서 오늘을 보지 못하고, 애석하게 먼저 가신 분들의 숭고한 희생 앞에 국민과 더불어 머리를 숙입니다.

국민 여러분.

저는 14대 대통령 취임에 즈음하여, 새로운 조국건설에 대한 시대적 소명을 온몸으로 느끼고 있습니다. 지금 이 땅은 지층 깊은 곳으로부터 봄기운이 약동하고 있습니다.

지난날 우리 민족에게는 번성했던 여름도, 움츠렸던 겨울도 있었습니다. 그러나 이제 민족진운의 새봄이 열리고 있습니다. 우리에게 새로운 결단, 새로운 출발을 요구하고 있습니다.

저는 신한국 창조의 꿈을 가슴 깊이 품고 있습니다.

신한국은 보다 자유롭고 성숙한 민주사회입니다. 정의가 강물처럼 흐르는 사회입니다. 더불어 풍요롭게 사는 공동체입니다. 문화의 삶, 인간의 품위가 존중되는 나라입니다. 갈라진 민족이 하나되어 평화롭게 사는 통일조국입니다.

새로운 문명의 중심에 우뚝 서서, 세계의 평화와 인류의 진보에 기여하는 나라입니다. 누구나 신바람나게 일할 수 있는 사회, 우리 후손들이 이 땅에 태어난 것을 자랑으로 여길 수 있는 나라, 그것이 바로 신한국입니다. 우리 모두 이 꿈을 가집시다.

우리는 일찍이 식민지와 전쟁의 폐허에서 기적을 이루어 낸 민족입니다. 우리 다시 세계를 향해 힘차게 웅비해 나갑시다.

(중략)

7 천만 국내외 동포 여러분.

저는 역사와 민족이 저에게 맡겨준 책무를 다하여 민족의 화해와 통일에 전심전력을 다하겠습니다.

그러나 이 시점에서 우리에게 필요한 것은 감상적인 통일 지상주의가 아닙니다. 통일에 대한 국민적 합의입니다.

김일성 주석에게 말합니다. 우리는 진심으로 서로 협력할 자세를 갖추지 않으면 안 됩니다. 세계는 대결이 아니라 평화와 협력의 시대로 나아가고 있습니다.

다른 민족과 국가 사이에도 다양한 협력이 이루어지고 있습니다.

그러나 어느 동맹국도 민족보다 더 나을 수는 없습니다.

어떤 이념이나 어떤 사상도 민족보다 더 큰 행복을 가져다주지 못합니다.

김 주석이 참으로 민족을 더 중요하게 생각한다면, 그리고 남북한 동포의 진정한 화해와 통일을 원한다면, 이를 논의하기 위해 우리는 언제 어디서라도 만날 수 있습니다.

따뜻한 봄날 한라산 기슭에서도 좋고, 여름날 백두산 천지 못가에서도 좋습니다. 거기서 가슴을 터놓고 민족의 장래를 의논해 봅시다.

그때 우리는 같은 민족이라는 원점에 서서 모든 문제를 풀어 나갈 수 있을 것입니다.

세계 도처에서 민족의 긍지를 지키며 살아가고 있는 5백만 해외 동포 여러분, 금세기 안에 조국은 통일되어, 자유와 평화의 고향땅이 될 것입니다.

우리 모두 국내외에서 힘을 합하여 세계 속에서 역할과 책임을 다하는 자랑스런 한민족 시대를 열어 나갑시다.

(중략)

감사합니다.

출처: 대통령기록관 (https://pa.go.kr/research/contents/speech/index.jsp, 검색일: 2025.2.27.)

주요 개념

- **문명의 충돌(clash of civilizations)** 1993년 *Foreign Affairs* 논문과 1996년 저서에서 미국 정치학자 헌팅턴(Samuel Huntington)이 내세운 주장. 냉전기 미국과 소련이 주도한 이념 갈등을 문명 갈등이 대체할 것이라고 주장하면서 상이한 문명이 맞대하는 단층선(fault line)에서 분쟁이 일어날 가능성이 높다고 예견함. 서구와 이슬람(이슬람과 중화 연합세력) 사이의 충돌 가능성을 경고하면서 널리 주목받음.
- **구성주의(Constructivism)** 이념과 정체성 같은 비(非)물질변수를 중심으로 국제정치를 설명하는 전통. 무정부상태와 위협 등 국제정치의 주요 변수가 사회적 구성을 통해 영향을 미친다는 사실을 강조함. 권력과 구조에 기반한 현실주의(Realism)와 이익과 제도를 강조한 자유주의(Liberalism)와 더불어 국제정치이론의 3대 전통으로 평가받음.

더 읽을거리

- 알렉산더 웬트. 2009.『국제정치의 사회적 이론: 구성주의』. 박건영·이옥연·구갑우·최종건 공역. 사회평론.

  국제정치의 핵심 변수인 권력과 이익이 사회적 행위자들에 의해서 구성된다는 주장을 제시함. 이러한 구성주의 입장에서 국제정치가 펼쳐지는 무정부상태 역시 국가들이 어떻게 구성하는지에 따라 상이하게 존재하고 기능한다고 설명함.
- 새뮤얼 헌팅턴. 2016.『문명의 충돌』. 이희재 역. 김영사.

  미국과 소련 간 냉전이 끝나자 이념의 충돌을 문명의 충돌이 대체할 것으로 예언하여 전 세계의 주목과 비판을 받은 저작임. 상이한 문명권에 속한 국가들이 서로 충돌할 가능성이 높다는 경고를 제시하며 서구가 다른 문명과 대립하고 갈등하는 미래를 준비할 것을 제안함.

3부

국가는 어떻게 협력하는가?

국제협력

9장

패권질서
— 전능자의 그늘?

1 국제질서와 패권국

2022년 5월 26일 블링컨(Antony J. Blinken) 미 국무장관이 조지워싱턴대 연설에서 바이든 행정부의 대중국 정책을 밝혔다(Blinken 2022). 국제관계를 관리하고, 분쟁을 예방하고, 모두의 권리를 보호하기 위해 규칙기반 국제질서(rules-based international order)의 필요성을 강조한 블링컨 장관은 러시아 푸틴 대통령이 국제질서에 "명확하고 현존하는 위협"(clear and present threat)을 가하고 있으며 중국은 현존 질서를 재편할 의도와 권력(경제·외교·군사·기술)을 지닌 "유일한 국가"라고 평가하였다. 그러자 약 한 달후 중국 외교부는 팩트체크 형식으로 조목조목 반박하며 응수했다(Embassy of the People's Republic of China in the USA 2022). 이 반박문은 자신의 이익과 패권만을 보호하려는 미국이 바로 "실제 세계질서를 가로막는 가장 거대한 근원"(the largest source of disruption to the actual world order)이라고 지칭하면서 미국이 개시한 전쟁과 탈퇴한 협약 등을 거론하였다.

이러한 국제질서를 둘러싼 강대국 진실게임은 무정부상태인 국제정치에서 질서가 부재하지 않음을 일깨워준다. 물론 무정부상태가 무질서를 의미하는 것은 아니다. 무정부상태란 쉬는 시간 선생님이 부재한 초등학교 교실과 같다. 무법천지가 될 수도 있겠지만, 모두 규칙을 지키고 휴식을 취할 수도 있다. 철저한 약육강식의 논리에 따라 국가가 생존과 번영을 두고 다툴 수 있지만, 일정한 규범과 규칙을 창출하고 따르면서 협력과 경쟁을 이어갈 수 있다. 후자의 관점에서 국제질서(international order)의 등장과 변화는 국제정치의 핵심이다. 이들이 바라보는 국제정치의 운동장은 정글(jungle)보다는 사회(society)에 가깝다.

그렇다면 국제질서를 어떻게 정의할 수 있는가? 대표적으로 불(Hedley Bull)은 "국제사회의 기초적 혹은 핵심적 목적을 유지시키는 행동 패턴"이라고 정의하였다(Bull 1977,

8). 그에 따르면 주권국가는 공동의 목적을 위해 일정한 행동을 반복하는 사회를 이룬다. 그러한 행동 패턴이 바로 질서라는 것이다. 따라서 국제질서는 일반적으로 국가들이 인지하고 순응하는 규범, 규칙, 제도를 지칭한다. 예를 들어, 제2차 세계대전 이후 미국이 주도하고 확산한 국제질서의 핵심으로 주권존중, 자유무역, 인권보호 등을 생각할 수 있다.

이러한 국제질서는 어떻게 형성되는가? 대표적 설명 중 하나는 패권안정론(theory of hegemonic stability)이다. 길핀(Robert Gilpin)은 글로벌 패권국이 국제질서를 수립하여 국가 간 안정을 증진시킨다고 주장하였다(Gilpin 1981). 패권의 이동은 바로 국제질서의 변화로 이어진다. 글로벌 패권국은 모든 국가들이 활용할 수 있는 공공재를 제공하는 역할을 수행한다. 안보와 경제에 있어서 규칙을 제정하고 제도를 창설하는 글로벌 패권국이 바로 국제질서의 창시자이자 수호자이다. 그러기에 패권의 쇠퇴는 곧 질서의 약화로 귀결될 수밖에 없다.

〈표 9-1〉은 길핀을 포함한 다수의 학자가 논의했던 세계경제 선도국을 보여준다. 길핀은 19세기 영국과 20세기 미국만 논했지만, 다른 학자들은 그 이전 시기의 세계경제를 선도한 국가들까지 지칭했다. 이들 모두 19세기부터 영국과 미국의 시대가 도래했다는 사실에 동의한다. 종합해 보면 세계

표 9-1 세계경제 선도국

세기	길핀 (1975)	월러스타인 (1974)	모델스키와 톰슨(1996)	킨들버거 (1996)	매디슨 (2001)
10-11			북송		중국
11-12			남송		
13			제노아		
14			베네치아	이탈리아 도시국가들	베네치아
15-16		합스부르크	포르투갈	포르투갈/ 스페인	포르투갈
17		네덜란드	네덜란드	네덜란드	네덜란드
18			영국 I	프랑스	영국
19	영국	영국	영국 II	영국	영국
20	미국	미국	미국	미국	미국

출처: 정성철(2021, 15), 표1-1; Thompson and Zakhirova(2019, 19), Table 2.1.

경제의 리더십이 중국에서 유럽과 영국을 거쳐 미국에 이르렀다고 볼 수 있다. 물론 세계경제 선도국이 바로 글로벌 패권국을 의미하지 않는다. 다만 그러한 경제력을 바탕으로 전 지구 혹은 지역 차원에서 국제질서를 창출하면서 리더십을 행사한 국가들이 역사 속에서 변했다는 것을 다수의 연구가 주목해 온 것이다.

글로벌 패권이나 주요 강대국의 흥망성쇠는 국제 안정과 평화를 논하는 핵심 열쇠이다. 글로벌 패권국이 건재할 경우 국제질서하에서 국가는 협력을 도모한다. 하지만 그러한 패권질서가 흔들릴 때 국가 간 갈등은 증폭된다. 이러한 국제정치에서 질서와 전쟁의 관계에 주목한 아이켄베리(G. John Ikenberry)는 나폴레옹 전쟁, 제1차 대전, 제2차 대전, 냉전 이후 승전국이 주도한 국제질서의 역사를 서술하였다(Ikenberry 2009). 승자가 국제질서를 창출하고 유지했다는 해석이다. 따라서 국제질서의 유지는 패권국의 건재를 의미하며, 그 패권국이 교체될 때 기존 질서는 근본적 변화를 겪을 수밖에 없었다는 설명이다.

이렇듯 패권국이 주도하는 질서는 곧 국가들의 협력을 견인한다. 반대로 패권질서가 흔들릴 경우 국가들은 혼란 속에 갈등의 덫에 빠질 가능성이 커진다. 킨들버거는 제1차 대전 직후 리더십 실종을 강조하였다(찰스 킨들버거 2018). 그에 따르면 1929년 세계 대공황은 글로벌 리더십을 상실한 영국과 그것을 거부한 미국 사이에서 일어났다. 두 강대국이 각각 역량과 의지가 부족했던 것이다. 결국 세계는 보호주의의 확산과 민족주의의 강화 속에서 제2차 세계대전으로 치닫고 말았다. 군사 및 경제 질서를 지탱하고 강제하는 패권국이 사라질 경우 국가 간 긴장과 충돌은 제어되지 못하고 격랑에 빠질 수 있다는 대표적 사례이다.

그렇다면 왜 패권국은 이러한 질서를 창출하고 유지하는 것일까? 패권안정론을 주장하는 이들은 질서를 통한 지배의 효율성을 지적한다. 최강국이라 할지라도 무력을 통한 통치는 부담스러울 수밖에 없다. 그 대신 국가의 합의와 순응에 기초한 질서를 창출하고 유지한다면 통치 비용은 상대적으로 낮아진다. 특히 자유주의적 관점에서 미국 패권 사례를 분석한 아이켄베리는 “자유 패권”(liberal hegemony) 개념을 제시했다(Ikenberry 2012). 자국이 만든 질서에 스스로 “구속”(lock-in)되는 전략으로 다른 국가의 자발적 순응을 촉진하면서 패권질서를 안정화시킨다는 설명이다.

하지만 영원한 패권은 존재하지 않는다. 국제질서를 창출하고 글로벌 공공재를 제공하는 역할을 감당할 때 일부 국가는 후발주자의 이점을 살려 급속한 성장을 이루며 잠재적 도전국으로 부상한다. 냉전기 미국의 핵심 안보 파트너였던 일본과 서독이 대표적 사례이다. 두 국가 모두 제2차 대전의 패전국으로 승전국 미국의 승인과 후원 속에 경제 재건에 성공하였다. 1980년대에 들어서서 두 국가는 각각 아시아와 유럽의 강국으로서 역량과 지위를 확보하였다. 반면, 미국은 소련과의 경쟁과 석유파동을 거치면서 상대적 쇠퇴에 빠져들었다는 국내외 평가에 직면하였다. 1990년대에 경제 호황을 맞이하면서 미국 쇠퇴론은 사라졌지만 2008년 미국발 금융위기로 다시 미국 패권에 대한 불안과 의심은 고조되고 말았다.

2 흔들리는 미국과 자유주의 세계질서

실제로 미국이 주도한 국제질서의 그늘 속에서 많은 국가들이 안보와 성장의 열매를 거두었다. 거대한 영향력 속에서 타국과 분쟁을 자제하고 협력하며 성장한 결과였다. 한국이 대표적이다. 아래 〈그림 9-1〉에서 나타난 바와 같이 제2차 대전 직후 미국 GDP는 전 세계 GDP의 50%를 상회하는 수준이었다. 이후 전반적으로 하락세를 보이면서 2010년대 이후 20% 수준에 머물고 있다. 반면에, 미국 동맹들이 차지하는 비중은 같은 기간에 20% 수준에서 50% 수준으로 상승하

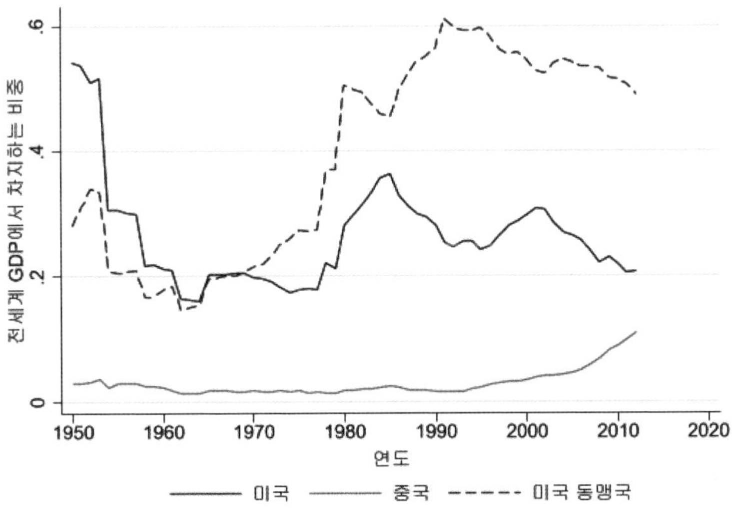

그림 9-1 전 세계 GDP에서 차지하는 비중, 1950-2012

출처: Formal Alliances v4.1; Historical Bilateral Trade and Gravity Dataset

였다. 미국의 동맹 수가 냉전을 거치면서 증가하기도 했지만 그만큼 한국을 포함한 주요 동맹의 경제가 성장한 결과라 할 수 있다. 미국에 비해 낮은 수준의 국방비 지출을 유지하면서 높은 수준의 기술과 경제 발전을 거둔 것이다.

동시에 미국의 동맹국들은 정치적 민주화도 일구었다. 〈그림 9-2〉가 보여주듯 전 세계 미(美)동맹뿐 아니라 아시아 미(美)동맹의 정치체제는 평균적으로 혼합체제(-5에서 +5)에서 민주주의(+6 이상)로 변모하였다. 한국 역시 1987년 이후 민주화의 물결에 동참한 이후 견고한 민주체제를 갖춘 안정적 모습을 보여주었다. 상당수의 연구가 경제성장은 민주

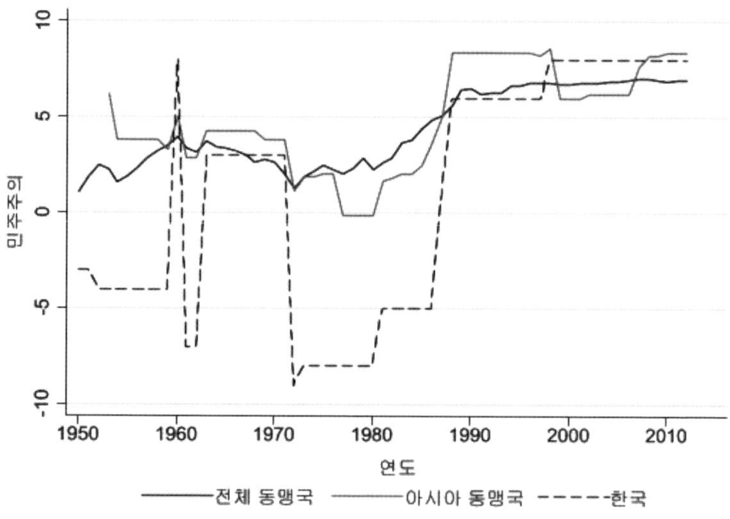

그림 9-2 미국 동맹국의 민주주의 수준

출처: Formal Alliances v4.1; Polity5 2018 data

주의의 등장 혹은 유지에 도움이 된다고 주장한다. 더불어 민주주의로의 체제전환에 있어서 다른 민주국가의 존재와 지지는 긍정적 요인이라고 널리 알려졌다. 따라서 자유주의 패권질서 속에서 미국의 동맹과 우방이 미국의 직간접적 영향 속에 경제성장과 민주화를 성공적으로 달성했다고 볼 수 있다. 물론 미국이 자국의 이익을 희생한 결과는 아니었지만, 미국 주도 질서의 긍정적 열매가 패권국의 땅에서만 맺힌 것은 아니었다.

하지만 패권질서가 항상 안정과 평화를 보장하지는 않는다. 서로 다른 국제질서가 자리 잡은 경우 두 지역 사이에서 갈등과 충돌이 발생할 가능성이 높다. 두 차례 세계대전이 끝난 이후 미국 중심의 자유주의 질서와 소련 중심의 공산주의 질서가 부상하였다. 물론 제3세계를 지향하는 국가도 있었지만 대다수 국가는 양 진영 중 하나에 속하였다. 자유진영에 속한 한국은 미국 및 미국 우방과 협력적 관계를 유지하며 긍정적 변화를 도모할 수 있었다. 하지만 반대 진영에 속한 북한을 비롯한 공산국가와의 외교관계는 수립하지 못한 채 긴장과 위기를 경험하였다. 비록 냉전이 종식되면서 이러한 체제질서 경쟁은 사라졌지만 이라크전에서 나타나듯 미국이 개시한 전쟁에 연루될 수 있다는 우려가 발생했다. 패권국이 모든 국가와 협력하고 평화를 유지하는 것은 아니기에 패권질서에 따르는 국가도 감수해야 할 위험과 비용은 존재한다.

한편, 동일한 국제질서에 속한 국가라 하더라도 그들 사이에서 종종 충돌이 발생한다. 1982년 아르헨티나와 영국은 포클랜드전쟁을 벌였다. 당시 레이건 대통령이 중재에 나섰지만 두 주권국가 사이에서 발생한 영토문제를 평화롭게 해결하지 못했다. 베트남과 중국의 경우도 베트남 전쟁이 마무리되는 상황에서 인도차이나에 대한 영향력을 두고 갈등을 겪다가 급기야 전쟁을 치르고 말았다. 두 국가 모두 소련의 공산 동맹이었지만 자국의 위상과 역할을 둘러싼 갈등이 커지면서 중월전쟁은 발발하고 말았다. 이런 관점에서 한일관계를 돌아볼 수 있다. 제2차 대전 이후 지금까지 미국은 줄기차게 긴밀한 한일관계를 희망하며 한미일 삼각협력의 고도화를 추구했다. 하지만 한일 수교는 1965년이 되어서야 이루어졌으며 이후에도 양국 관계는 오르막과 내리막을 반복하였다.

현재 국제질서는 실제로 국가 간 협력을 촉진하고 있는가? 2016년 트럼프의 미국 대통령 당선은 국제질서의 미래에 대한 논쟁을 불러일으켰다. 흔히 1945년 이후 미국이 '자유주의 국제질서'(liberal international order)를 건설하고 확장시켰다고 평가한다. 그런데 트럼프 대통령은 그러한 국제질서를 유지하고 확장하는 역할을 거부했다. 무엇보다 트럼프 1기 행정부의 환태평양경제동반자협력(TPP: Trans-Pacific Partnership)과 파리기후협약 탈퇴는 매우 상징적이었다. 자유무역과 다자주의는 미국이 내세운 국제질서의 핵심 가치였기 때문이다. '미국 우선주의'(America First)를 내세운 트럼프 대통령에게 국제질서를 유지할 의지는 전혀 찾을 수 없었다. 자연스럽게 새로운 국제질서에 대한 논의는 순식간에 전 세계로 확산되었다.

이러한 미국의 변화는 기존의 현상유지-현상변경 논의와 밀접히 연관을 맺고 있다. 현존하는 질서를 수용하고 보호하는 국가를 현상유지국(status-quo power), 그러한 질서를 거부하고 변경하려는 국가를 현상변경국(revisionist)으로 널리 지칭한다. 따라서 부상하는 중국이 현상변경국인지를 두고 미국을 중심으로 2000년대부터 논란이 있었다. 만약 그렇게 본다면 중국을 견제하는 세력은 현상유지국으로 볼 수 있을 것이다. 하지만 트럼프의 미국을 그러한 범주에 넣을 수 있을까? 2000년대 중반 이후 강대국 경쟁이 심화되는 상황에서 트럼프 행정부가 주요 협약에서 탈퇴하고 다자주의를 훼손하는 모습을 보이자 중국과 러시아뿐 아니라 미국도 현상변경국이 아니냐는 논의가 불거졌다(Cooley et al. 2019).

물론 현 시점에서 자유주의 국제질서의 종식을 단언할

수는 없다. 다만 현존 질서를 구성하는 권력, 규범, 제도가 매우 불안한 상황이다. 군사력에 있어서 미국의 압도적 우위는 여전하지만, 경제력에 있어서 중국과 유럽의 부상은 미국의 경제적 영향력을 약화시켰다. 앞서 언급한 대로 자유무역과 다자주의에 대한 미국의 의지가 약화된 가운데 미중은 서로를 주권존중의 원칙을 무시한다고 비판한다. 러시아는 크림반도를 병합하고 우크라이나를 침공했으며, 남중국해에서 중국과 이웃 국가 간 갈등은 식지 않고 있다. 이러한 상황에서 미중은 자국 중심일 뿐 아니라 상대를 배제한 다양한 규모와 영역의 협력을 주도하고 있다. 미국이 중국의 세계무역기구(WTO)의 가입을 도왔던 과거와 비교하면 크나큰 변화이다. 분명 미국 패권이 약화되면서 자국우선주의의 확산 속에서 국제질서가 뿌리째 흔들리고 있다.

앞서 논의한 것처럼 패권질서는 그 그늘 아래 있는 국가 간 협력을 촉진한다. 하지만 서로 다른 질서에 속한 국가 사이의 갈등은 커질 수밖에 없으며, 글로벌/지역 패권의 약화는 현상유지국과 현상변경국 간 충돌로 전이되는 경향을 보인다. 이러한 관점에서 근대 이전 동아시아를 천하질서로 인해 오랜 평화를 누렸던 지역으로 평가하는 해석도 있다. 중국의 막강한 힘에 기초한 지역 질서가 흔들리지 않았기에 다른 지역과 비교할 때 오랜 안정기를 유지할 수 있었다는 주장이다. 하지만 19세기 말에 들어서 천하질서가 국제질서로 이행되자 청일전쟁(1894-1895)을 기점으로 동아시아는 20세기 중반까지 다수의 전쟁이 발발하는 전장으로 변하고 말았다. 우리가 '자유주의 세계질서'에 대한 불만과 도전에 대해 고민하는 이유가 여기에 있다.

그렇다면 안정적 패권을 평화의 원인으로 바라보는 시선이 온당한가? 혹자는 이러한 패권질서 논의를 패권국의 정당성을 제공하는 '제국의 논리'에 불과하다고 비판한다. 패권에 도전하는 세력을 안정과 평화를 해치는 악당으로 만들어 버리기 때문이다. 더구나 자유주의 세계질서의 등장과 변화에 대한 아이켄베리와 길핀의 논의는 미국을 공공재를 제공하는 자애로운 패권국으로 소개한다. 다른 글로벌·지역 패권국과의 차별성을 강조하면서 미국 주도 질서의 정당성을 강조하는 것을 통하여 대안적 질서의 등장을 가로막는다고 볼 수 있다. 사실 압도적 힘에 기초한 패권질서에 순응하는 국가의 동기는 다양할 수 있다. 더구나 패권국이 각국에 부여하는 역할과 지위에 따라 패권질서에 대한 내부적 인식은 상이할 수밖에 없다. 미국 외교의 '소프트파워'(soft power)와 '모범 리더십'(leading by example) 논의는 패권질서의 유지비용을 낮추기 위한 패권국의 고민을 반영한다고 할 수 있다.

더 생각거리 **국제질서의 미래는 어떻게 펼쳐질 것인가?**

미국 외교협회(Council on Foreign Relations) 회장을 역임한 하스(Richard Haass)는 미국이 주도하는 국제질서의 대안을 세 가지로 간략히 제시하였다(Haass 2019, 30). 우선 중국이 주도하는 비자유질서(illiberal order)이다. 이러한 미래가 도래할 경우 하스는 아시아를 장악하려는 중국이 인도, 일본, 베트남 등과 충돌할 가능성이 높다고 예상하였다. 다른 미래는 바로 유럽과 아시아 민주 중견국들이 이끄는 규칙기반질서이다. 이러한 미래 질서가 도래하기에는 이들 국가들의 군사역량과 정치 의지가 부족하다는 문제가 존재한다. 마지막으로 "질서가 약화된 세계"(a world with little order)를 생각할 수 있다. 하스는 앞의 두 시나리오보다 실현 가능성이 높은 미래라고 소개하면서 갈등은 증가하고 협력은 감소한 세계를 전망했다.

이렇듯 국제질서에 대한 다양한 논의가 터져나온 배경에는 미국의 상대적 쇠퇴와 고립주의 여론이 존재한다. 하지만 미국과 중국 간 전략경쟁의 미래를 포함한 많은 것들이 불확실한 상황 속에서 세계는 갈림길에 놓여 있다. 우크라이나 전쟁과 이스라엘-하마스 전쟁은 미국이 주도한 단극체제의 종말이 다가온다는 신호로 받아들이는 이들이 있다. 미국의 글로벌 장악력이 약화되었기에 가능한 전쟁이었다는 것이다. 하지만 이런 상황 속에서 주요 민주국가들은 자유주의 국제질서를 옹호하며 양자·소다자·다자 연합망을 강화하고 있다. 현존 질서를 수호하는 세력들이 다층적으로 단결을 꾀하고 있는 것이다. 한편, 미국과 중국 모두 경제 회생에 어려움을 겪으며 사회불안을 해소해야 하는 과제를 안고 있다. 어느 누구도 국제질서의 미래를 쉽사리 예견할 수 없는 이유이다.

미국의 글로벌 역할을 가로막는 미국 대중?

미국 정치의 양극화는 세계인의 주요 관심사가 되었다. 세계 민주주의의 모범으로 인식되었던 미국 민주주의의 후퇴를 바라보는 시각은 다양할 수밖에 없다. 그러한 가운데 미국외교정책에 대한 미국 내 상반된 흐름은 두드러진다. 2023년 시카고 국제문제연구소(Chicago Council on Global Affairs)의 보고서에 따르면 미국의 세계문제 관여에 대한 국내 지지가 1974년 이후 최저치에 가깝다는 것을 확인할 수 있다(그림 9-3). 2000년대 초반 71%까지 이르던 지지율은 2023년 57%에 머물고 있다.

무엇보다 흥미로운 것은 전통적으로 해외개입에 적극적이던 공화당 지지층이 2010년대 중반 이후부터 반대로 돌아섰다는 점이다. 2023년 기준으로 민주당 지지층과 공화당 지지층 사이에 미국의 글로벌 역할에 대한 지지율 격차는 무려 23%p

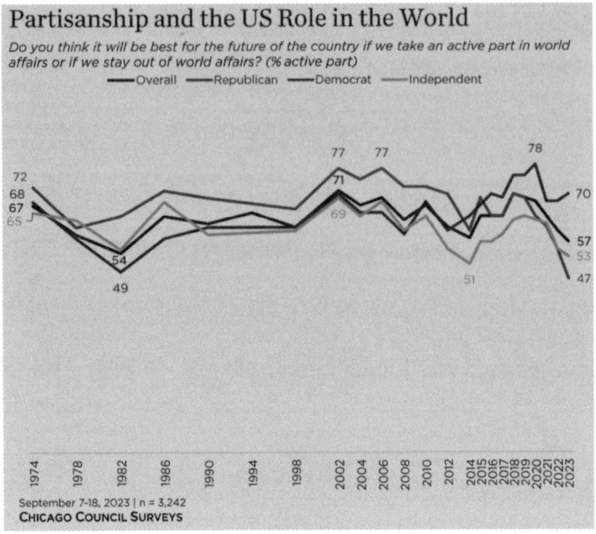

그림 9-3 미국의 세계문제 개입과 국내 여론

출처: Smeltz and Kafura(2023). https://globalaffairs.org/sites/default/files/2023-12/CCS%202023%20US%20Role.pdf (검색일: 2024.1.27.)/

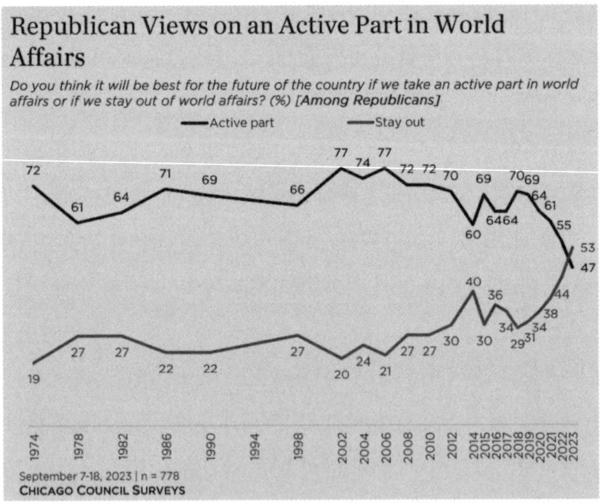

그림 9-4 공화당 지지자와 미국의 해외개입

출처: Smeltz and Kafura(2023).

이다(민주당 지지층: 70%, 공화당 지지층 47%). 〈그림 9-4〉에 나온 것처럼 공화당 지지층은 2023년 들어서 해외문제에 적극 개입하기보다 그렇지 않을 것을 더욱 선호하고 있다. 이는 미국 내 양당 정치의 지형 변화와 맞물려 있다고 할 수 있으나, 현재 공화당 지도부를 압박하는 계층과 지역의 선호가 무엇인지를 명확히 보여주고 있다. 적어도 미국의 지도자에게 미국의 가치 실현을 위한 해외개입과 글로벌 리더십은 덜 매력적인 어젠다가 되고 말았다.

주요 개념

- **패권국(hegemon, hegemonic power)** 글로벌 혹은 지역체제 내의 다른 국가들을 통제하거나 압도하는 국가. 자신의 의지를 무력 사용과 질서 창출을 통하여 관철시킬 수 있으며, 때로는 공공재를 제공하거나 이념·종교에 따른 지지를 이끌어내는 특징을 지님.
- **국제질서** 국가 간 협력을 지속시키는 일련의 규범과 기구.
- **자유주의 국제질서(liberal international order)** 영국과 미국에 의해서 19세기 중반부터 전 세계로 확장된 국제질서. 민주주의·자유무역·인권존중 등의 원칙과 규범에 기초했으며 미국이 제2차 세계대전 이후 본격적으로 전 세계에 이식한 것으로 평가받음.
- **패권안정론(hegemonic stability theory)** 패권국은 국제질서를 창출하고 유지시키는 역할을 감당하여 국제안정에 기여한다고 주장하는 이론. 따라서 패권국의 지위가 위협받고 약화되는 상황에서 국제질서는 약화되면서 불안상태에 진입한다고 예상함.
- **현상유지국(status-quo power)과 현상변경국(revisionist power)** 현존하는 국제질서를 수호하려는 국가를 현상유지국으로 부르며, 그러한 질서를 변경하려는 국가를 현상변경국이라 칭함. 흔히 이들 사이에서 국제분쟁이 발발하며, 패권국은 주로 현상유지국에 속하며 패권국에 도전하는 세력은 현상변

경국이라 평가받음. 다만 트럼프의 미국은 현상변경국이라 평가하는 시각이 존재함.

더 읽을거리

- 존 아이켄베리. 2008. 『승리 이후: 제도와 전략적 억제 그리고 전후의 질서구축』. 강승훈 역. 한울아카데미.

  대규모 전쟁의 승자가 국제질서를 구축한다는 주장을 나폴레옹 전쟁, 제1차 대전, 제2차 대전, 냉전과 탈냉전 역사를 통해 제시함. 자유주의 선도국은 다른 국가들의 자발적 순응을 이끌기 위해 자국 역시도 국제질서를 존중하고 따르는 전략을 취한다고 주장함.
- 로버트 길핀. 2015. 『국제정치에서 전쟁과 변화』. 임상순 역. 선인.

  19세기 영국과 20세기 미국이 패권국으로 전 세계에 공공재를 제공하며 패권안정기를 이끌었다는 주장을 제공함. 패권국은 공공재를 제공하여 국제질서를 유지하지만 이를 기반으로 다른 강대국이 성장하며 맞서게 되면 패권전쟁을 치러야 한다고 설명함.
- 찰스 킨들버거. 2018. 『대공황의 세계 1929-1939』. 박정태 역. 굿모닝 북스.

  제1차 세계대전 이후 사라진 글로벌 리더십으로 인해 1930년 대공황이 발발했다는 역사적 주장을 내놓음. 글로벌 리더가 되기에 영국은 역량이 부족했고 미국은 의지가 없었다는 설명은 국제정치의 선도국의 역할과 기능에 대한 이해를 제공함.

10장

상호의존
— 잘못된 만남?

1 상호의존, 동업하는 국가

2022년 2월 우크라이나 전쟁이 발발하자 세계의 관심은 대만으로 향했다. '하나의 중국'을 줄곧 외치는 중국이 이제 대만을 침공할 차례라는 전망까지 대두되었다. 더구나 2024년 1월 대만 총통 선거에서 반중 성향이 강한 민진당의 라이칭더 후보가 당선되자 양안관계 긴장은 더욱 고조되는 양상이었다. 하지만 중국의 대만 침공을 억제하는 가장 강력한 요인으로 주목받는 것이 있다. 바로 반도체이다. 세계 반도체 파운드리(수탁생산)를 주도하는 대만의 TSMC가 중국 경제에 미치는 영향을 생각할 때 중국의 대만 침공은 심대한 자해 행위가 될 수 있다. 중국이 대만을 봉쇄하고 침공할 경우 중국의 GDP는 각각 −8.9%와 −16.7%라는 악영향을 받을 것이라는 전망이 이를 뒷받침한다. TSMC가 바로 대만의 "호국신산"(나라를 지키는 신령스러운 산)이라는 말은 과장이 아닐 수 있다(채제우 2024).

이렇듯 경제적 상호의존은 국가로 하여금 전쟁을 회피하게 한다는 인식은 20세기 후반부터 널리 확산되었다. 과거 국가는 정복을 통해 영토를 확장하여 인력과 자원을 확보하는 전략을 채택했다. 하지만 세계화는 국가로 하여금 상대를 점령하기보다 상대와 무역하는 걸 선호하게 만들었다. 국경은 더 이상 '담장'이 아니라 '다리'가 되었다. 한편, 넓어진 영토와 늘어난 인구는 오히려 국익에 부담을 주는 상황이 연출되었다. 영토를 보호하고 개발하는 비용이 높아지고, 국민의 교육과 복지를 책임지는 부담이 커지는 상황에서 국익추구 전략은 변할 수밖에 없다. 한 국가가 다른 국가를 일방적으로 착취하는 방식이 아니라, 서로가 이익을 보는 경제구조는 국가로 하여금 동업을 선호하도록 이끌었다. 서로가 필요하고 만족하는 동업에 대한 믿음과 기대가 커져갔다.

20세기 초반 세계대전의 포화 속에 등장한 국제정치학은 오랫동안 권력정치의 논리에 집중했다. 하지만 현실 속의 국가는 서로 무역을 하고 조약을 맺는다. 눈앞의 현실을 설명하는 데 현실주의가 지닌 한계를 깨달았던 코헤인(Robert Keohane)과 나이(Joseph Nye)는 상호의존(interdependence)이라는 개념을 제시했다(Keohane and Nye 1977). 이들은 국가들이 권력정치만으로 설명이 안 되는 행위를 지속한다고 주장하면서 서로가 의존하며 국익을 추구하는 현상을 설명하고자 했다. 이는 안보적 이익뿐 아니라 경제적 이익을 통해 국제정치를 설명하는 자유주의 국제정치학의 대표 상품이 되었다.

더구나 핵무기 개발로 인해 강대국 간 공포의 균형이 확산되자 경제적 이익에 따른 상호의존은 더욱 주목을 받았다. 대량살상무기의 개발로 무력 사용이 감당할 수 없는 피해와 위험을 부과하는 현실에서 국가는 경제적 이익을 추구하며 매력적 동업자로 거듭나고자 하였다. 세계 최강국이라도 대량살상무기 보유국에 대해선 전쟁을 벌이기가 어려워졌다. 따라서 제3차 세계대전의 발발은 사실상 어려워졌다고 장담하는 이들도 생겨났다. 자연스럽게 경제적 이익을 공유하며 다층적 협력망을 강화한다는 자유주의의 설명에 대한 수긍과 인정은 커져만 갔다.

실제로 제2차 대전 이후 '국가 간 전쟁'보다 '국가 내 전쟁'(내전)이 더욱 빈번히 발생하는 상황이 펼쳐졌다. 전쟁의 피해 측면에서도 내전이 더욱 심각한 결과를 초래했다. 국가가 영토 내 자원을 동원하며 조직적으로 타국을 공격하고 점령하는 전쟁은 구시대의 유물에 불과하다는 인식마저 등장했다. 하지만 2014년 러시아가 크림반도를 병합하고 2022년 우크라이나를 침공하자 "지정학의 귀환"을 지적하는 목소리가 커졌다. 영토와 영해를 둘러싼 국가 간 위협과 갈등은 여전하다는 것이다. 남중국해와 동중국해에서 중국, 일본, 동남아 국가가 반목하는 현실도 지리적 경쟁의 위험성을 일깨워준다.

그렇다면 국가가 상호의존을 통한 이익추구를 선호하는 이유는 무엇일까? 배신보다 협력이 더 득이 될 수 있는가? 관세 부과나 수출입 통제를 생각해 볼 수 있다. 상대가 수출하는 물품에 대해 높은 과세를 매겨 자국 생산 물품의 경쟁률을 높일 수 있다. 혹은 특정 물품에 대한 수출을 금지시켜 그 국가의 이익과 성장을 감소시키면서 상대적 우위를 강화할 수 있다. 사실 이러한 보호주의 경제정책은 지금도 자주 접하는 뉴스이다. 우리는 중국의 사드 보복과 일본의 핵심소재 수출규제를 경험한 바 있다. 미국은 중국 회사의 통신장비 구입을 거부하면서 동맹국에게도 동참을 요구한 바 있다. 바이든 행정부는 중국에 대한 반도체 수출을 제한하며 공급망 재편을 시작하였고, 트럼프 2기 행정부는 보편 관세의 대폭 인상을 실행하면서 전 세계를 긴장시키고 있다. 그렇다면 국가는 언제 보호무역이 아니라 자유무역을 선택하고 지향하는가?

상호의존은 안보딜레마에 놓인 두 국가가 모두 협력을 선택했을 때 발생한다. 〈그림 10-1〉에서 정리한 것처럼, 양국 모두 상대만 비무장(협력)했을 때가 최선이다(A: 상황 IV, B: 상황 II). 반대로 자신만 비무장(협력)하면 최악에 이르고 만다(A: 상황 II, B: 상황 IV). 만약 두 국가 모두 무장하거나 모두 비무장하면 양국 간 안보균형은 그대로 유지된다. 다만 모두 비무장했을 경우(III) 양측 모두 경제와 복지에 투입할 자원을 아낄 수 있어서 국방지출을 늘린 상황(I)보다 국내적으로

국가B \ 국가A	비무장(협력)	무장(배신)
무장(배신)	II. 국가A: 1 국가B: 4	I. 국가A: 2 국가B: 2
비무장(협력)	III. 국가A: 3 국가B: 3	IV. 국가A: 4 국가B: 1

그림 10-1 안보딜레마

*숫자가 클수록 상대적 이익이 큼(4[가장 긍정적] > 3 > 2 > 1[가장 부정적])

유리한 상황을 맞이한다. 만약 두 국가가 무장을 선택하여 군비경쟁을 펼치더라도 서로 군축에 합의하여 함께 보다 나은 상황에 이를 수 없는가?(I → III) 이때 발생하는 문제는 약속 이행에 대한 불신이다. 만약 자국만 약속을 이행하여 비무장하고 상대는 무장을 유지할 경우 가장 불안한 상황에 떨어진다.

하지만 단기적 이익을 좇으면 장기적으로 손해를 감수해야 한다. "미래의 그늘"(shadow of the future)이 중요한 이유이다(Axelrod and Keohane 1985, 232-238). 장기적으로 서로 협력이 반복되며 지속된다고 예상할 때 협력의 가치는 더욱 커진다. 배신을 택하면 그 순간 4를 얻겠지만, 상대 역시 그 다음에 배신하면서 양국은 지속적으로 배신-배신 상황에 머문다. 그러면 그 국가는 4+2+2+2+2+2+⋯의 장기적 이익을 확보할 뿐이다. 만약 배신을 취하지 않고 협력을 유지하면 3+3+3+3+3+3+⋯의 장기적 이익을 통하여 더욱 풍요로운 미래를 맞이한다. 한 철 장사하고 곧 사업을 접으려는 사장과 동네 장사하면서 단골을 만들려는 사장의 계산법은 다를 수밖에 없다.

현실주의자처럼 자유주의자는 국가를 국익을 최우선시하는 합리적 행위자라고 가정하지만 그러한 국가가 협력하는 이유를 제시한다. 한 번의 배신이 주는 이익은 그때 일

뿐 장기적으로 손해라는 생각이 국가를 움직인다는 것이다. 물론 이러한 장기적 이익을 계산할 때 '시간 할인'(time discount)은 불가피하다(Streich and Levy 2007). 일주일 후보다 오늘 받을 만 원의 가치가 더 큰 법이다. 따라서 시간 할인이 클 경우 눈앞의 이익이 무엇보다 중요하다. 당장 실권 위기에 놓였거나 퇴임을 앞둔 지도자라면 장기 이익의 가치는 낮을 수밖에 없고, 임기 초반의 지도자 혹은 앞날이 창창한 개인은 장기적 관점에서 주요 문제를 다룰 것이다. 어떠한 지도자와 국가가 장기점 관점에서 정보를 판단하고 정책을 실행하는지는 또 다른 주요 연구 주제이다.

이러한 관점에서 민주국가의 포퓰리즘의 문제는 심각하다. 당장의 이익에 집중하여 정책을 제시하고 집행할 경우 그 국가의 장기적 미래는 어두울 뿐이다. 하지만 선거 승리가 무엇보다 중요한 지도자가 당장 대중을 만족시키기 위해 혈안이 되었다면 국내 문제뿐 아니라 국제 문제가 더욱 악화될 수 있다. 국가가 자국의 미래를 생각하며 현재의 선택을 조율하고 상호 협의할 때 평화와 번영의 미래는 보다 가능하다. 7장에서 지도자에게는 이롭지만 국민에게는 해로운 정책이 존재한다는 것을 살펴보았다. 단기 이익에 매몰된 지도자의 정책은 국가가 협력을 가로막은 채 대중의 불안과 불만을 선동하며 내부결집을 지향할 때 '미래의 그림자'가 들어설 자리는 사라진다. 내일이 없이 오늘만 사는 국가가 출현한다.

한편, 국내세력은 상호의존의 평화효과를 증폭시키는 역할을 감당하기도 한다. 무역과 투자로 이익을 보는 기업과 집단은 끊임없이 정부에게 평화지향적인 대외정책을 주문한다. 국제 불안이 가중되고 무력 충돌이 발생한다면 그로 인한 비용을 감당할 수 없기 때문이다. 만약 지도자가 강경한 대외노선을 채택하고자 하더라도 열렬히 반대하는 유권자와 이익집단을 무시하는 것은 어렵다. 특히 국내 지지가 바로 정치력을 좌우하는 민주국가에서는 더욱 그렇다. 물론 모든 외교정책이 사회세력의 선호를 반영하는 것은 아니다. 다만 경제적 상호의존이 진행될수록 이를 선호하고 지지하는 국내세력이 부상한다는 점은 부인하기 어렵다. 상호의존과 국내정치의 결합이 또 다른 국제정치의 핵심 변수이다.

2 비대칭 의존과 취약한 국가

현실주의자는 상호의존이 오히려 국제 불안을 초래한다고 맞선다. 대표적 현실주의자 월츠(Kenneth Waltz)는 상호의존의 비대칭성을 주목하였다(Waltz 1970). 현실 속에서 두 국가가 경제적 상호의존을 맺을 때 의존하는 정도가 다르기 마련이다. 두 국가의 경제적 규모와 무역과 투자 행태를 고려할 때 두 국가 사이에서 자연스레 갑을(甲乙) 관계가 형성되면서 비대칭적(asymmetric) 상호의존이 발생한다. 마치 부자와 빈자가 동일 금액을 투자한 경우와 유사하다. 일반적으로 경제 대국보다 경제 소국이 비대칭적 의존관계 속에서 열위에 놓인다. 1980년대 이후 중국의 눈부신 경제 부상이 아시아 이웃국에게 경제적 기회를 제공했지만 동시에 중국의 영향력에 매이는 결과를 몰고 왔다. 비대칭적 의존관계의 대표적 사례이다.

비대칭적 상호의존은 흔히 국가의 민감성(sensitivity)과 취약성(vulnerability)을 증가시킨다. 상호의존을 맺고 있는 국가가 정책 변화를 시도한 경우, 그에 신속히 대응해야 하고(민감성), 때로는 불가피하게 일정한 피해를 감수해야 한다(취약성). 예를 들어, 무역상대국이 우리 물품에 대해 수입 금지를 결정했을 때, 손쉽게 제3의 국가에 수출할 수 있다면 우리의 민감성은 높지만 취약성은 낮다고 할 수 있다. 특정 국가가 우리나라에 대한 농산물 수출을 축소했지만 국내 수요의 감소로 별다른 조치를 취할 필요가 없다면 우리의 민감성과 취약성 수준은 모두 낮다. 여기에서 가장 중요한 것은 우리 국가의 특정 국가에 대한 취약성을 낮추는 일이다. 수출입 대상국을 다변화하고 핵심물자의 자국 생산능력을 갖추려는 노력을 경주한다. 하지만 현실 속에서 비강대국은 경제 강국과의 관계에서 취약성을 안고 가는 경우가 대다수이다.

이러한 논의를 이어가며 현실주의자는 두 차례의 세계대전을 자주 거론한다. 유럽의 강대국들은 20세기에 접어들면서 경제적 상호의존을 증가시켰다. 산업혁명 이후 늘어난 생산량을 바탕으로 국제무역을 확대했다. 그런데 그 결과는 평화가 아니라 전쟁이었다. 국가는 절대적 이익(absolute gains)뿐 아니라 상대적 이익(relative gains)에 관심을 기울인다. 타국과 비교하여 자국이 얼마나 성장하는지가 생존의 핵심 열쇠이기 때문이다(Grieco 1988). 코로나19를 거치면서 미국과 중국의 경쟁이 심화되고 재세계화(re-globalization)가 시작되었다. 특히 미국은 반도체와 배터리의 글로벌 생산망을 재구축하고 있다. 경제적으로 상당한 비용을 초래하지만 이러한 중국배제 정책에 대한 미국 내 비판은 크지 않다. 중국에 대한 자국의 취약성을 더 이상 방치할 수 없다는 미국인들의 위기감이 크기 때문이다. 상호의존이 상대국에 대한 호의가 아니라 경계를 불러일으키는 또 하나의 사례인 것이다.

과거에 우리는 남북경협을 추진하여 일정한 성과를 거둔 바 있다. 하지만 개성공단은 폐쇄되었고 현재까지 남북 관계의 경색 국면은 지속되고 있다. 어떠한 남북 경제협력이 한반도 평화와 안정을 가져다줄 수 있는지에 대한 고민이 깊어진다. 단순히 북한에게 일정한 경제적 이익을 안겨다 준다고 북한이 국제사회로 나오리라는 기대는 일단 접어야 한다. 남북한 경제 격차가 너무나 벌어진 상황에서 양측의 경제협력은 비대칭 상호의존을 더욱 심화시킬 뿐이다. 북한 입장에서 남북 경협은 한국에 대한 민감성과 취약성을 증가시키는 위험한 도박이다. 북한과 중국 간 경제협력은 지속되고 있지만 북한의 중국에 대한 전략적 신뢰가 깊어지고 있는지를 생각해 볼 필요가 있다. 비대칭적 상호의존은 또 다른 권력관계를 강화하면서 협력 속 불신의 근원으로 작동할 수 있다.

한편, 경제적 상호의존에 불만을 품은 국내 세력을 생각할 필요도 있다. 세계화로 인하여 국제 경쟁력을 갖춘 산업은 성장하지만, 그렇지 못한 산업은 문을 닫는다. 한 국가 안에서도 산업별·지역별·계층별 희비가 갈리는 경우가 흔하다. 국가 전체로 봐서는 경제적 상호의존이 심화되는 것이 이익일지라도, 모든 국민과 지역이 행복한 상황을 맞는 것은 아니다. 따라서 국제 무역과 해외 자본을 거부하는 일부 세력이 목소리를 높여 저항하는 뉴스를 심심치 않게 볼 수 있다. 만약 이들이 지도자 선출에 영향을 미치고 대외전략의 변화를 일군다면 상호의존의 국제정치는 약화될 수밖에 없다.

더불어 국가 지도자가 상호의존의 미래를 부정적으로 전망한다면 국제협력은 약화될 수 있다. 비록 현재의 상호의존이 이익을 가져다주고 있지만 앞으로 그러한 이익 대신 비용이 커진다면 협력보다는 경쟁을 추구하는 노선이 채택될 것이다. 1941년 일본이 진주만 공습을 개시하기 이전 미일 양국의 경제적 상호의존은 높은 수준이었다. 하지만 일본의 만주국 건설과 중국 침략에 반대한 미국이 외교적·경제적 압박 수위를 급격히 높이자 일본은 미국과의 앞날을 어둡게 예상했다. 그 결과는 바로 전쟁이었다. 반대로, 1980년대 후반 미국과 소련은 매우 낮은 수준의 상호의존에도 불구하고 협력을 개시하였다. 그 이유는 양국의 미래에 대한 긍정적 기대가 작동했기 때문이다(Coopeland 2014). 어떠한 미래를 그리느냐가 현재의 모습을 결정 지을 수 있는 법이다.

요약하면, 경제적 상호의존은 국가 간 협력의 산물이면서 그러한 협력을 추동하는 원인이 된다. 하지만 비대칭 의존관계는 국가 간 불신을 더욱 고조시키면서 갈등을 야기할 수 있다. 두 국가가 서로 의존하는 정도가 상이하다면 두 국가는 갑을 관계 속에서 불신하고 대립할 가능성이 커진다. 중국의 급속한 부상 이후 아시아에서 중국과 이웃국이 겪는 다양한 분쟁은 비대칭적 의존관계의 적나라한 모습을 보여준다. 강대국은 경제력을 이용하여 상대를 압박하며 자국의 뜻을 관철시키고자 한다. 약소국은 강대국의 뜻을 거부할 경우 치러야 할 경제적 비용을 계산하며 강대국에 대한 취약성을 낮출 방안에 골몰한다. 서로의 도복을 붙잡고 중심을 유지하고자 애쓰는 유도 경기와 유사하다.

더구나 경제적 상호의존에 대한 국내 반발이 거세진다면 국제관계는 더욱 불안해진다. 앞서 언급한 것처럼 소위 세계화의 승자와 패자가 각국마다 발생하는 상황에서 패자 그룹이 유력한 정치세력을 형성한다면 그 국가의 대외정책은 급변할 수밖에 없다. 영국의 브렉시트(Brexit)와 미국의 리쇼어링(reshoring) 정책은 세계화에 대한 국내 불만이 반영된 결과이다. 비록 다수의 경제학자는 이러한 결정과 정책이 자국 경제에 미칠 악영향을 지적하지만, 경제 불평등과 실업문제에 성난 민심은 국경을 넘나드는 무역과 투자에 격렬히 반대하고 나선다. 세계화를 주도하고 나섰던 서구 주요국의 국내에서 일어나는 반(反)세계화 민심은 경제적 상호의존의 가장 큰 걸림돌로 작동하리라 본다. 지난 수십 년 동안 시장경제와 개인 해방을 앞세운 자유주의(open liberalism)가 근본적 한계에 직면했다는 평가가 등장하는 이유다(Owen 2023, 88-102).

더 생각거리 **상호의존의 무기화**

2022년 우크라이나 전쟁이 발발하자 "상호의존의 무기화"(weaponizing interdependence)라는 용어가 널리 회자되었다. 다수의 유럽과 아시아 국가는 러시아와 중국이 제공하는 에너지와 물품에 의지한다. 그 결과 두 비민주주의 국가는 수출입 통제를 통해 강압적 영향력을 행사할 수 있다. 오랫동안 상호의존이 협력과 평화를 가져올 수 있는지에 대한 논쟁은 이어졌다. 그러나 최근 현실은 상호의존이 강대국으로 하여금 비강대국을 압박할 환경을 조성한다는 비판적 시각에 힘을 실어준다. 상호의존이 부재하다면 그것을 무기화하여 약소국을 몰아세우는 전략이 불가할 수 있기 때문이다.

사실 우크라이나 전쟁 직전 러시아의 우크라이나 침공을 예견하는 이들은 소수에 불과했다. 냉전기부터 형성된 러시아-유럽 에너지 의존관계를 와해시킬 위험을 감수할 이유가 없다는 평가가 우세했다. 하지만 푸틴은 전쟁을 개시했고 서방은 제재로 맞섰다. 미국과 영국, 유럽은 러시아산 석유와 석탄 수입을 거부하면서 에너지 분야의 탈(脫)러시아 정책을 급속히 추진하였다. 이러한 압박은 금융 제재와 맞물려 러시아의 전쟁 역량과 의지를 약화시키리라는 기대를 모았지만 우크라이나 전쟁이 장기화되면서 대러 제재의 실효와 영향에 대한 다각적인 분석이 뒤따르고 있다.

우크라이나 전쟁으로 인한 러시아에 대한 제재는 유럽을 포함한 전 세계에 부담을 가중시켰다. 당장 전 세계 에너지 가격은 상승하였지만 중국, 인도, 튀르키예라는 판로를 적극 활용한 러시아의 2022년 무역 흑자는 전년 대비 68.3% 증가하였다. 물론 대러시아 에너지 제재의 장기적 결과는 아직 알 수 없지만, 단기적으로 러시아는 에너지 의존관계를 활용해 유럽을 압박하며 아시아 지역으로 진출하는 전략을 실현시키고 있다. 에너지 상호의존은 러시아의 전쟁 개시를 막지 못했고 전쟁 종결을 앞당기지 못하고 있다(김영식·김병훈 2022; 현승수 2023). 각국은 상호의존을 둘러싼 다양한 전략을 모색하고 실행에 옮기고 있다. 바이든 행정부가 추진했던 칩4 연합이 대표적이다. 유사국가끼리 반도체를 생산하고 소비하는 국가망을 건설하여 취약성을 낮추고 회복력을 담보할 수 있다는 계산에 따랐다. 재세계화(re-globalization)가 가동하기 시작한 것이다.

누가 트럼프를 지지하는가?

2025년 1월 트럼프 대통령은 백악관에 복귀했다. 지난해 11월 대통령 선거에서 4년 전 자신에게 패배를 안겼던 바이든 대통령을 누르고 승리한 것이다. 그렇다면 왜 미국은 다시 트럼프를 선택했는가? 트럼프 지지자들의 특징 중 하나는 바로 세계화와 자유무역에 대한 반감이다. 〈그림 10-2〉에 나타난 것처럼 2016년 한 조사에 따르면 트럼프 지지자 62%는 자유무역이 미국에 해롭다고 대답했으며, 이는 전체 응답자뿐 아니

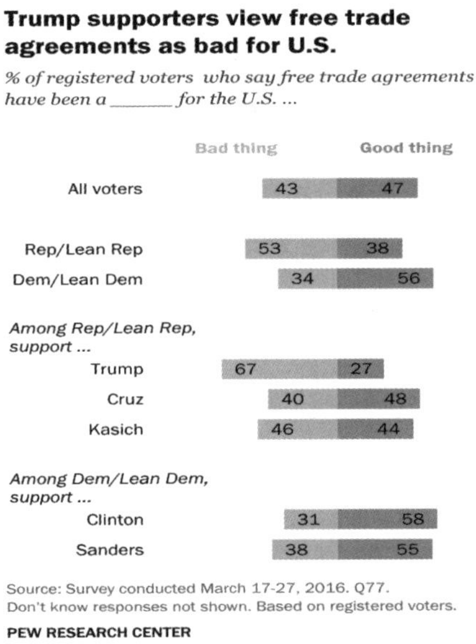

그림 10-2 자유무역은 미국에 나쁜 것인가?

출처: Pew Research Center(2016, 42). https://www.pewresearch.org/politics/2016/03/31/campaign-exposes-fissures-over-issues-values-and-how-life-has-changed-in-the-u-s/ (검색일: 2024.1.29.)

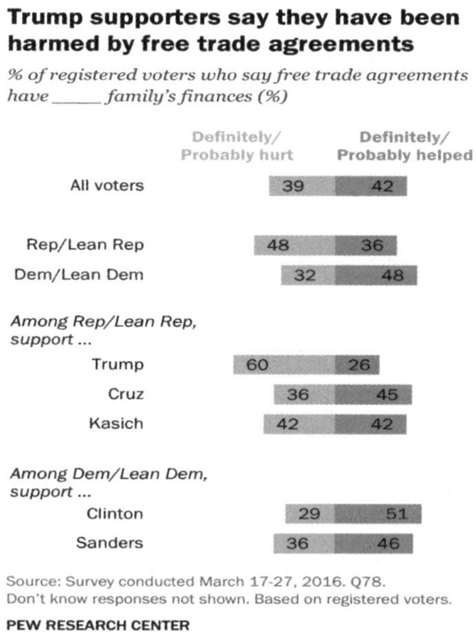

그림 10-3 자유무역은 가계재정을 악화시켰는가?
출처: Pew Research Center(2016, 43).

라 다른 공화당 후보 지지자들과 비교할 때 매우 높은 수준이다. 또한 트럼프 지지자 60%는 자유무역이 가계 재정에 부정적 영향을 미쳤다고 주장하면서 다른 공화당과 민주당 후보 지지자들과 뚜렷한 차이를 보였다(그림 10-3). 세계화의 패배자인 미국의 중하층 백인들이 트럼프를 지지한다는 사실은 이미 널리 알려졌다. 반대로 백인 대졸자의 트럼프 지지율은 높지 않으며, 고소득 미국인은 민주당 후보를 지지하는 경향이 높다(김인수 2020). 세계화가 미국 양극화의 적어도 주요 요인 중 하나라는 것은 부인하기 힘들다.

주요 개념

- **경제적 상호의존론(theory of economic interdependence)** 두 국가가 무역과 투자를 통해 서로 이익을 증진하면서 의존하는 관계. 자유주의 학자들은 이러한 상호의존을 통해 국가가 갈등보다 협력을 이어갈 수 있다고 주장함.
- **민감성(sensitivity)** 두 국가가 경제적 상호의존을 지속하는 상황에서 한 국가가 다른 국가의 정책 변화에 반응할 수밖에 없는 정도. 상대국과 긴밀한 의존관계를 맺을수록 민감성은 증가함.
- **취약성(vulnerability)** 두 국가가 경제적 상호의존을 지속하는 상황에서 한 국가가 다른 국가의 정책 변화에 따라 손해를 보는 정도. 상대국과 긴밀한 의존관계를 맺을 뿐 아니라 다른 대체 수단이 부족할 때 취약성은 증가함.
- **비대칭적 상호의존(asymmetric interdependence)** 두 국가가 상이한 수준으로 경제적으로 의존하는 관계를 지칭함. 일반적으로 (상대적) 경제 대국과 (상대적) 경제 소국 사이에서 비대칭적 상호의존이 발생하며, 이때 경제 소국은 경제 대국에 대하여 높은 수준의 민감성과 취약성을 보일 가능성이 높음.
- **절대적 이익(absolute gains)과 상대적 이익(relative gains)** A국과 B국이 무역을 통해 각각 2와 3의 이익을 얻었다면, A국의 절대적 이익은 +2이고 A국의 상대적 이익은 -1임. 현실주의자는 국가가 상대적 이익을 중시한다는 점을 자유주의자가 간과하고 있다고 지적함.
- **자유주의(Liberalism)** 국가 간 협력을 경제 이익과 국제 제도를 통하여 설명하는 국제정치학의 전통. 현실주의와 기본 가정을 공유하고 있지만 분쟁보다 협력의 원인과 조건에 초점을 맞춘 연구를 선도함.

더 읽을거리

- 로버트 코헤인. 2012. 『헤게모니 이후: 세계정치경제에서 협력과 불화』. 이상환 외 역. 인간사랑.

  패권국이 국제제도를 만들지만 그 패권이 약화된 이후에도 제도는 국제협력이 용이할 수 있도록 기능한다고 주장함. 국제정치에서 권력뿐 아니라 제도가 하나의 독립변수로 기능할 수 있다는 이론적 논의를 다양한 관점에서 설명하는 자유주의 국제정치학의 대표적 저술임.

11장

민주평화
— 가재는 게 편?

1 민주주의 전파와 평화지대의 탄생?

부시 미국 대통령은 2004년 국정연설에서 "우리의 목적은 민주평화, 즉 모든 개인의 존엄과 권리에 기초한 평화"라고 밝혔다. 2003년 이라크 전쟁을 개시하면서 부시 대통령은 이라크의 테러지원과 대량살상무기 보유를 강조했으나 이후 이라크 민주화와 중동 평화를 명분으로 내세웠다(Border 2004). 민주평화는 탈냉전기 클린턴 행정부와 부시 행정부의 대외전략에서 핵심 목표를 담당했다. 소련이라는 거대 위협이 사라진 상황에서 민주주의와 자유질서의 확산으로 개인과 사회, 국가와 세계의 안녕과 평화를 증진한다는 공동의 목표가 새롭게 등장한 것이었다. 여전히 세계는 미국을 필요로 하고, 미국은 그러한 사명을 완수한다는 의식이 작동했다.

사실 민주평화는 정책 목표가 아니라 학술 연구에서 발전한 국제정치이론이다. 앞서 논의한 패권질서, 상호의존과 더불어 민주주의는 국제협력을 촉진하는 요인으로 널리 주목을 받았다. 자유주의 국제정치학의 핵심 주제였던 민주평화론(democratic peace theory)은 냉전이 종식되자 미국과 유럽의 대외정책에 주요한 영향을 미치면서 일반인들에게도 알려졌다. '민주주의 전파'(democracy promotion)는 인권증진뿐 아니라 평화증진을 가져온다는 논리를 탄생시킨 민주평화론은 다수의 민주 지도자의 관심을 끌었다. 비록 2010년대에 접어들면서 미국의 초점이 '민주주의 보호'(democracy protection)로 이동했지만, 민주평화론을 둘러싼 논쟁과 연구는 여전히 진행 중이다.

1980년대 등장한 민주평화론은 칸트의 '영구평화론'(1795)에 기원을 둔다(Doyle 1983; 1986). 칸트는 전장에서 피 흘릴 시민들이 전쟁을 선택할 수 있는 공화정과 절대군주가 자신의 처소에서 전쟁을 지휘하는 전제정을 대비시켰다. 공화정은 서로 존중하고 상업 관계를 맺으면서 평화지대를 건설한다는 칸트의 논의는 후대 연구자에게 민주평화론을 제시할 영감을 선사하였다. 현실주의 국제정치학이 권력 배분과 그에 따른 구조를 핵심 변수로 삼는다면, 민주평화론은 정치체제의 유사성을 국제관계를 분석하는 주요 변수로 강조한다. 현재까지 전쟁과 평화를 설명하는 자유주의 국제정치학의 대표적 이론은 바로 상호의존론과 민주평화론이다. 각각 경제 이익과 정치 제도에 방점을 둔다.

민주평화론은 국가 수준(state-level)과 양자 수준(dyad-level) 이론으로 나뉜다. 국가 수준 민주평화론은 민주국가가 비민주국가보다 평화적이라고 주장한다. 민주국가는 착한 국가라는 것이다. 시민이 지도자를 선출하는 정치체제에서 시민이 피 흘리는 전쟁은 인기가 없다. 어느 시민이 자신과 자신의 가족을 사지로 내모는 전쟁을 원하겠는가? 더구나 민주주의를 떠받치는 인권과 평화라는 핵심 가치는 폭력으로 목적을 달성하려는 전쟁과 공존하기 어렵다고 주장한다. 민주주의와 전쟁은 어울리지 않는 조합이라는 것이다. 하지만 이러한 국가 수준 민주평화론을 입증할 만한 경험적 분석 자료는 빈약하다. 민주국가 내 여론이 항상 반전(反戰)만을 선호하지 않으며 공세적 정책을 종종 지지한다는 사실로 인해 '민주국가=선한이웃'이라는 등식을 받아들이는 학자들은 소수다.

그 대신 양자 수준 민주평화론, '민주국가는 서로 전쟁을 하지 않는다'라는 주장은 폭넓은 지지를 받는다. 실제로 전쟁을 '1천 명 이상의 전투 사망자를 발생한 국가 간 무력 충돌'로 정의했을 때, 민주국가끼리 이러한 전쟁을 벌인 역사적 사례는 아직 존재하지 않는다. 물론 민주국가와 비민주국가를 어떻게 구분하는지는 논쟁적일 수 있지만, 다양한 지표(보통선거, 권력분립, 행정부 운용 등)에 근거한 정치제도 데이터를 활용할 경우 양자 수준 민주평화론을 반박하기는 어렵다. 따라서 민주국가 간 전쟁 부재는 "거의 법칙에 가까운 지위"(a nearly law-like status)에 이르렀다고 국제정치학자 잭 리비(Jack Levy)는 평가한 바 있다(Levy 1994, 352). 하지만 왜 이러한 현상이 일어나는지를 설명하는 데 있어서 합의는 존재하지 않는다. 왜 그들은 싸우지 않는 것일까?

이에 대해 민주평화론자들은 민주주의가 지닌 규범적·제도적 특징을 강조한다(Maoz and Russett 1993). 무엇보다 민주국가는 서로 인권보호와 법치주의 같은 규범을 공유한다. 따라서 다른 민주국가를 존중하고 신뢰하는 경향을 보인다. 그러한 국가를 상대로 전쟁을 벌인다는 것은 상상조차 하기 어렵다. 만약 지도자가 그러한 전쟁을 꾀하더라도 시민사회의 전면적 반대를 헤쳐나가며 뜻을 관철시키는 것은 어렵다. 한편, 민주주의는 지도자가 전쟁을 시작하기 어렵게 만든 정치제도이다. 비밀유지와 자원동원이 어려운 상황에서 먼저 상대를 비밀리에 공격하여 승기를 잡는다는 것은 매우 힘들다. 타국의 공격을 받은 상황에서 민주국가는 숭고한 명분과 뚜렷한 목적을 가지고 신속하고 효율적으로 대응할 수 있다. 다만 상대를 먼저 공격하기에는 부적합하기에 두 민주국가는 서로에게 전쟁을 개시할 가능성이 낮아진다.

이와 달리, 민주국가는 전략적 이유로 다른 민주주의를 공격하지 않는다는 주장도 존재한다(Bueno de Mesquita et al. 1999). 우선 민주 지도자에게 전쟁 패배는 엄청난 정치적 비용을 초래한다. 따라서 그들은 함부로 전쟁 상대를 고르지 않는다. 한편, 일단 전쟁에 돌입한 민주국가는 시민의 자발성과 군인의 전문성에 기초한 군대를 보유하고 있기 때문에 높은 전투력을 발휘한다. 자원동원과 전투수행에 있어서 민주국가가 우수하다는 것이다. 이러한 두 가지 관점을 종합하면 민주국가는 '신중'(전쟁 선택)하고 '강인'(전쟁 수행)하다. 그러기에 두 신중한 민주국가는 서로를 강인하다고 평가하며 맞서 싸우기를 회피한다. 민주국가 역시 '이길 만한 전쟁'(winnable war)을 피하지 않을 것이다. 하지만 민주국가를 상대할 경우 그 확률은 매우 떨어진다. 독재국가의 경우 전쟁 패배가 곧바로 지도자 교체를 의미하지 않는다. 또한 독재국가의 군대는 전문성보다 충성심에 따라 승진과 보상이 주어진다. 이러한 군대가 충분히 역량을 발휘할 것이라 기대하기는 힘들다.

이러한 민주평화론이 매력적인 이유는 평화의 충분조건을 제시했기 때문이다. 왜 국가는 싸우는지를 넘어서 어떻게 평화를 이룰지를 고민하는 이들에게 패권질서와 상호의존은 매력적이었다. 하지만 이들 연구는 평화를 증진하는 요인과 환경을 제시했지만 전쟁을 방지하는 열쇠를 제공하지 못했다. 그에 반해 민주평화론은 모든 국가가 민주화된다면 세계평화가 찾아올 수 있다는 희망을 안겨다 주었다. 이라크 전쟁이 중동 변환의 시작점이 될 것이라는 선전이 가능했던 이유다. 민주국가가 모여 사는 지역은 바로 평화지대(zone of peace)가 될 수 있다. 이러한 입장은 미국의 탈냉전기 대중국 정책에도 영향을 미쳤다. 중국이 지속적 시장화로 정치개혁까지 이룬다면 미중 간 민주평화가 발생하리라는 기대가 미국의 중국에 대한 관여정책을 한때 뒷받침했다.

2 민주평화론, 법칙 혹은 신화?

최근 민주평화론에 대한 기대는 약화되었다. 그동안 민주평화론에 대한 비판은 줄기차게 민주주의의 평화효과를 부정했다. 민주주의에서 국제평화로 이어지는 규범적·제도적 인과 경로를 부정한 것이다. 그 대신 민주국가가 공유하는 안보적·경제적 이익으로 그들이 평화롭게 지낸다고 주장했다. 현실주의자들은 민주국가 대다수는 초강대국 미국의 친구라는 점을 부각시킨다(Farber and Gowa 1995). 따라서 이들 국가는 자연스럽게 안보적 이익을 공유하는 동맹 혹은 우방이다. 이들은 미국이 주도하는 안보 연합에 속한 구성원들로 서로를 안보공동체의 일원으로 바라본다. 만약 민주국가가 서로를 안보위협으로 바라본다면 민주평화는 깨질 수밖에 없다는 시각이다.

한편, 민주국가 대다수가 일찍부터 자본주의를 채택하고 글로벌 경제에 깊숙이 참여했다고 강조하는 이들이 존재한다(Gartzke 2007). 상호 무역과 투자를 통해 경제적 이해를 공유하는 민주국가는 그 이익 때문에 서로를 전쟁 상대가 아니라 경제 파트너로 바라본다는 입장이다. 이러한 '자본주의 평화론'(the capitalist peace)은 상호의존론에 기반을 두면서 민주국가가 서로 전쟁하지 않는 이유를 제시한다. 실제로 주요 민주국가는 20세기 중반부터 선진경제를 구축한 가운데 세계화를 선도하면서 이익을 공유했다. 이들 사이에 경제적 협업과 의존이 없었다면 민주국가 간 유대 역시 지금 수준보다 낮을 수밖에 없다는 것이 핵심이다.

아직까지 민주국가 평화론을 둘러싼 논쟁은 이어지고 있다. 그러는 사이 유사 민주주의의 위험성에 대한 지적이 주목을 끌고 있다. 새롭게 민주주의로 이행한 국가 혹은 선출한 지도자가 법치주의와 인권보호를 무시하는 국가는 비록 민주제도를 수용했지만 그 행태는 민주평화론이 가정하는 민주국가와 거리가 멀다(Mansfield and Snyder 2005; Zakaria 1997). 선거를 통해 지도자를 선출하기에 전형적 권위주의 국가로 치부할 수 없지만 그들의 행태는 분명 성숙한 민주국가와 차이가 있다. 대내적으로 권력 견제가 부재하고 인권보호가 경시될 뿐 아니라 대외적으로 민족주의에 기반한 호전적 행태를 반복한다. 대중의 지지와 호응이 중요해진 정치 지도자가 애국주의에 호소하면서 정권 안정과 국내 통제를 추구한 결과이다.

이러한 유사 민주국가 논의는 공세적 러시아와 밀접히 연관되어 있다. 소련이 해체되면서 시장경제를 신속히 받아들인 러시아는 정치적으로 민주화 과정을 겪었다. 하지만 2000년대 접어들어 선거를 통해 권력을 장악한 푸틴은 국가권력을 사유화하며 시민사회를 핍박하기 시작했다. 더구나 2008년 조지아 침공, 2014년 크림반도 병합, 2022년 우크라이나 침공을 이어가면서 유럽을 불안과 혼돈으로 몰아갔다. 푸틴의 러시아는 민주주의의 본질뿐 아니라 정치제도와 국제관계를 둘러싼 다양한 질문을 양산해내는 중이다. 무엇보다 선거제도 → 민주주의 → 국제평화라는 인과경로가 작동하지 않음을 일깨워주고 있다.

한편, 민주평화론은 동일한 이념과 제도를 공유하는 국가 간 평화에 대한 연구를 추동하였다. "사회주의 평화"(socialist peace), "독재 평화"(dictatorial peace), "유교 평화"(Confucian peace) 등이 대표적이다(Oren and Hays 1997; Peceny et al. 2002; Kelly 2012). 이들 연구는 냉전기 소련이 주도하는 블록 내에서의 평화, 독재체제를 유지하는 국가 간의 협력, 혹은 동아시아 전근대 역사 속에서 유교문화권의 평화를 추적하며 그에 대한 경험적 분석을 시도한다. 하지만 민주평화론과 유사한 경험적 증거를 제시하지 못한 가운데 평화지대를 구축할 수 있는 새로운 방안을 내놓지 못하고 있다. 단순한 이념과 제도의 공유가 아니라 무엇을 공유하는지가 중요하다는 사실을 알려준다.

과연 민주국가는 어떻게 서로를 알아보면서 전쟁을 피하는 것일까? 민주평화론 연구는 다양한 지표와 데이터를 활용해 민주국가와 비민주국가를 구분한다. 하지만 앞서 언급한 상호 존중과 신뢰가 작동한다고 가정할 때, 서로에 대한 인식, 즉 민주국가 간 상호 인정이 핵심 변수이다. 미국이 영국으로부터 독립을 이룬 후 한동안 양국은 서로를 민주국가로 바라보지 않았다. 19세기 후반부에 이르러서야 양국 엘리트 간 호의적 인식은 "자유주의 평화"(liberal peace)의 토대를 제공했다(Owen 1997). 서로를 어떻게 바라보는지는 비물질 변수로서 구성주의 시각에서 민주평화론을 접근할 때 가장 중요하다. 아무리 제3국이 한국과 일본을 민주국가로 인정하더라도, 한일 양국이 서로를 민주국가로 여기지 않았을 때 한일 간 민주평화는 부재하거나 제한적일 수밖에 없을 것이다.

물론 민주평화는 한 가지 변수에 의한 현상이 아닐 수 있다. 민주평화, 상호의존, 국제기구라는 세 요소가 "평화의 삼각구도"(triangulating peace)를 형성하면서 전쟁 없는 관계를 도출한다는 시각도 존재한다(Oneal and Russett 2001). 사실 다수의 자유주의 학자들은 앞선 세 가지 요인이 각각 국가 간 협력을 촉진한다고 지목하면서 다양한 분석결과를 제시해 왔다. 앞선 장들에서 다룬 패권질서와 상호의존이 민주평화와 어떠한 연관을 맺으며 국제관계를 형성하는지를 두고도 다수 연구가 진행 중이다. 물론 이러한 요인들에 대한 현실주의 학자들의 냉소적 시각은 변하지 않고 있다.

앞서 살펴보았듯이, 민주주의와 국제협력을 둘러싼 논쟁은 현재진행형이다. 민주주의의 규범적·제도적 영향으로 민주국가 사이에서 협력과 평화가 증진된다는 자유주의 시각에 맞서서, 민주국가가 공유하는 전략적·경제적 이해의 힘을 강조하는 이들이 존재한다. 하지만 분명한 현실은 코로나19를 겪으면서 미국과 중국이 선두에서 국가들 사이의 이합

집산을 주도한다는 점이다. 2010년대 후반부터 미국은 쿼드(미국·일본·호주·인도), 오커스(미국·영국·호주), 파이브아이즈(미국·영국·캐나다·호주·뉴질랜드), 민주주의 정상회의 등을 (재)가동하면서 민주국가 사이의 자유연합을 지휘하고 있다. 이에 대항하여 중국은 중러 양자 협력뿐 아니라 상하이협력기구(SCO: Shanghai Cooperation Organization)와 브릭스(BRICS)를 확대하는 노력을 펼치고 있다. 중국과 긴밀히 협력하는 국가 중 성숙한 민주국가는 찾기 어렵다.

향후 중국과 러시아에 맞서서 민주국가가 협력을 강화하리라 예상된다. 하지만 이것이 민주평화론에서 제시한 민주주의의 평화효과일지는 불명확하다. 트럼프 2기 행정부 출범으로 미국의 글로벌 리더십이 약화되는 상황에서 아시아와 유럽 민주국가가 무엇을 동력 삼아 어떻게 연대할지는 미지수이기 때문이다. 한편, 흥미로운 것은 권위주의 국가가 펼치는 연대의 미래이다. 중국이 펼치는 양자·소다자·다자 협력이 예전보다 다각도로 진행되는 것은 분명하나 아직 미국이 주도했던 자유연합에 비하면 규모와 영역에 있어서 제한적이다. 이러한 차이가 두 강대국의 정치제도에서 발생하는 것인지, 아니면 리더십 수준과 상이한 경험에서 기인하는지를 주목할 필요가 있다. 한편, 글로벌 차원에서 민주 시민사회가 다양한 경로로 교류하며 협력하는 초국가·비정부 차원의 협력과 연대가 세계정치에 새로운 조류를 형성할지에 대한 관심도 꾸준히 증가하고 있다.

더 생각거리 **미중 전략경쟁의 미래**

미국과 중국의 전략경쟁이 심화되는 가운데 이들 간 세력이동이 몰고 올 결과에 대한 다양한 전망이 제기된다. 만약 이러한 세력이동이 계속 진행될 경우 양국 관계는 어떻게 될 것인가? 전통적 세력전이론이 예상하듯 양국 간 충돌을 거치면서 새로운 질서가 도래할 것인가? 미국이 주도하는 질서에 대해 중국은 끊임없이 도전할 것인가? 만약 중국에 대한 미국의 견제가 성공할 경우 자유주의 세계질서는 당분간 유지되며 확산될 것인가? 만약 중국이 미국을 넘어설 경우 아시아와 글로벌 차원에서 어떠한 질서를 창출할 것인가?

이러한 질문 중 하나는 미중 간 평화로운 세력전이 가능성이다. 영원한 패권이 없듯이 지금 미국의 지위를 중국이 넘겨받는다고 가정하더라도 반드시 양국 간 충돌이 필연적이지 않을 수 있기 때문이다. 20세기 초중반 영국과 미국 간 세력전이가 대표적 사례이다. 영국과 미국은 지금까지 특수한 관계를 유지하면서 국제정치에서 긴밀한 협력을 이어가고 있다. 그렇다면 왜 영미는 그러할 수 있었는가? 영국과 미국이 대서양을 사이에 두었듯이, 미국과 중국도 태평양의 맞은편에 서로 위치한다. 두 강대국이 상이한 대륙에 위치할 경우 상호 갈등의 원만한 조정이 보다 용이하지 않을까? 지리적으로 멀수록 영토 갈등이 제한적이고 각자 지역을 주도하며 원만한 공존을 추구한다는 희망스런 전망이 제기된다.

하지만 민주평화론 입장에서 볼 때 미국과 중국은 상이한 이념과 제도에 기초한 국가라는 특징을 가진다. 〈표 11-1〉에서 정리한 바와 같이 영국과 미국이 정치제도뿐 아니라 인

표 11-1 20세기 초 영국-미국과 21세기 초 미국-중국

		영국-미국	**미국-중국**
양자 공유	이념	O (자유주의)	X (민주주의 vs 권위주의)
	이익	O	O
	위협	O (전체주의와 공산주의)	△ (기후위기와 팬데믹)
세력비교: 하드파워와 소프트파워		상승국(미국)의 하드파워 우세	패권국(미국)의 소프트파워 우세
다자협력	형태	군사동맹 (Military Alliance)	복합연합 (Complex Alignment)
	구성	양자, 다자	양자, 소다자, 다자
	파트너	유럽 강대국	아시아와 유럽 중견국

출처: 박인휘 외(2023: 148), 표 4-7.

종·문화의 유사성을 지녔다면 미국과 중국을 묶을 수 있는 비물질 요소는 찾기 어렵다. 20세기 후반부터 미국이 주도한 세계질서 속에서 중국은 눈부신 성장을 이루었지만, 자국의 문화와 제도에 대한 확신 속에 중국 민족주의는 강화되고 있다. 중국식 사회주의 특색을 지닌 정치제도와 국제관계를 지향하는 중국의 모습 속에서 미국은 대중국 관여정책의 실패를 자인하며 군사동맹을 넘어선 복합연합을 추구한다. 하지만 현실주의 관점에서 양국 간 국내제도와 정체성 차이보다 양국 간 힘의 균형과 동맹이 주요 변수이다. 또한 양국이 어떻게 위협을 프레임하며 양자 관계를 규정하는지도 매우 중요하다. 과거 영미가 전체주의와 공산주의를 공동 위협으로 삼았듯이 21세기 미중이 기후변화와 보건위기에 함께 싸워나갈 미래 역시 가능하다.

캠프 데이비드 정신: 한미일 정상회의 공동성명

2023년 8월 18일

우리 대한민국, 미합중국, 일본국 정상들은 3국 간 파트너십의 새로운 시대를 출범시키기 위해 캠프 데이비드에 모였다. 우리는 우리 3국과 우리 국민들을 위한 전례 없는 기회의 시기에, 그리고 지정학적 경쟁, 기후위기, 러시아의 우크라이나 침략 전쟁, 그리고 핵 도발이 우리를 시험하는 역사적 기로에서 만나게 되었다. 진정한 파트너들 간 연대와 조율된 행동을 요구하는 순간이자, 우리가 함께 만나고자 하는 순간이다. 한미일은 우리 공동의 노력을 조율해 나가고자 하며, 이는 우리 3국 간 파트너십이 모든 우리 국민들과 지역, 그리고 세계 안보와 번영을 증진시킨다고 믿기 때문이다. 이러한 정신 하에서 바이든 대통령은 한일 관계를 변화시킨 윤석열 대통령과 기시다 후미오 총리의 용기 있는 리더십을 평가하였다. 새롭게 다져진 우정의 연대와 함께, 철통같은 한미동맹과 미일동맹으로 이어진 우리 각각의 양자 관계는 지금 그 어느 때보다 강력하며, 우리의 3자 관계도 그 어느 때보다 강력하다.

이 역사적 계기를 맞이하여, 우리는 모든 영역과 인도-태평양 지역과 그 너머에 걸쳐 3국 협력을 확대하고 공동의 목표를 새로운 지평으로 높이기로 약속한다. 우리는 경제를 강화하고, 회복력과 번영을 제공하며, 법치에 기초한 자유롭고 열린 국제질서를 지지하고, 특히 현재 그리고 차기 유엔 안전보장이사회 이사국으로서 지역 및 글로벌 평화와 안보를 강화할 것이다. 우리는 민주주의를 증진하고 인권을 보호하기 위한 공조를 강화할 것이다. 우리는 한미동맹과 미일동맹 간 전략적 공조를 강화하고, 3국 안보 협력을 새로운 수준으로 끌어올릴 것이다. 우리가 이 새로운 시대에 함께 접어듦에 따라, 우리가 공유하는 가치는 길잡이가 될 것이며, 한미일의 5억 명 국민들이 안전하고 번영하는 자유롭고 열린 인도-태평양이 우리의 공동의 목표가 될 것이다.

* * *

오늘, 우리는 우리가 함께 사는 지역을 강화하겠다는 공동의 목표에 있어 단합한다는 점을 공개 선언한다. 우리가 부여받은 책무는 인도-태평양이 번영하고, 연결되며, 회복력있고, 안정적이고, 안전해질 수 있도록 하기 위해 필요한 공동의 역량을 이끌어 내면서 한미일이 목표와 행동에 있어 공조하도록 하는 데 있다. 한미일 협력은 단지 우리 국민들만을 위해 구축된 파트너십이 아닌, 인도-태평양 전체를 위한 것이다.

…

우리는 역내 평화와 번영을 약화시키는 규칙 기반 국제질서에 부합하지 않는 행동에 대한 우려를 공유한다. 최근 우리가 목격한 남중국해에서의 중화인민공화국에 의한 불법적 해상 영유권 주장을 뒷받침하는 위험하고 공격적인 행동과 관련하여, 우리는 각국이 대외 발표한 입장을 상기하며 인도-태평양 수역에서의 어떤 일방적 현상변경 시도에도 강하게 반대한다. 특히, 우리는 매립지역의 군사화, 해안경비대 및 해상 민병대 선박의 위험한 활용, 강압적인 행동에 단호히 반대한다. 아울러, 우리는 불법·비신고·비규제 조업을 우려한다. 우리는 유엔 해양법협약에 반영된 항행과 상공비행의 자유를 포함하여 국제법에 대한 우리의 확고한 의지를 재확인한다. 2016년 7월의 남중국해 중재재판소 판결은 절차 당사국 간 해양 분쟁의 평화적 해결을 위한 법적 토대를 제시한다. 우리는 국제 사회의 안보와 번영에 필수 요소로서 대만해협에서의 평화와 안정 유지의 중요성을 재확인한다. 우리의 대만에 대한 기본 입장은 변함이 없으며, 양안 문제의 평화적 해결을 촉구한다.

아울러, 우리는 관련 유엔 안보리 결의에 따른 북한의 완전한 비핵화를 위한 공약을 재확인하며, 북한이 핵·미사일 프로그램을 포기할 것을 촉구한다. 우리는 모든 유엔 회원국이 모든 관련 유엔 안보리 결의를 완전히 이행할 것을 촉구한다. 우리는 한반도 그리고 그 너머의 평화와 안보에 중대한 위협을 야기하는 다수의 대륙간탄도미사일(ICBM) 발사를 포함한 북한의 전례 없는 횟수의 탄도미사일 발사와 재래식 군사 행동을 강력히 규탄한다. 우리는 불법적인 대량살상무기 및 탄도미사일 프로그램의 자금원으로 사용되는 북한의 불법 사이버 활동에 대해 우려를 표명한다. 우리는 북한의 사이버 위협에 대응하고 사이버 활동을 통한 제재 회피를 차단하기 위해 국제 사회와의 공조를 포함, 3국간 협력을 추진해 나가고자 3자 실무그룹 신설을 발표한다. 한미일은 북한과의 전제조건 없는 대화를 재개한다는 입장을 지속 견지한다. 우리는 북한내 인권 증진을 위해 협력을 강화할 것이며, 납북자, 억류자 및 미송환 국군포로 문제의 즉각적 해결을 위한 공동의 의지를 재확인한다. 우리는 대한민국의 담대한 구상의 목표에 대한 지지를 표명하며, 자유롭고 평화로운 통일 한반도를 지지한다.

…

앞으로 우리 국가들은 정보공유를 확대하고 잠재적인 국제 공급망 교란에 대한 정책 공조를 제고하며 경제적 강압에 맞서고 이를 극복하는 데 더 잘 대비해나가기 위해 공급망 조기경보시스템 시범사업을 출범코자 긴밀히 협력해 나갈 것이다. 우리는 개발도상국들이 청정에너지 제품의 공급망 내에서 보나 큰 역할을 수행할 수 있도록 회복력 있고 포용적인 공급망 강화 파트너십(RISE)을 계속해서 발전시켜 나갈 것이다. 또한 우리는 우리가 개발한 첨단 기술이 해외로 불법 유출되거나 탈취되지 않도록 기술 보호 조치에 대한 협력을 강화할 것이다. 이를 위해, 미국 혁신기술타격대 그리고 일본 및 대한민국의 상응 기관 간 첫 교류를 실시하여 집행기관 간 정보 공유와 공조를 강화할 것이다. 우리는 또한 국제 평화와 안보를 잠재적으로 위협할 수 있는 군사 또는 이중용도 역량에 우리 기술이 전용되는 것을 방지하기 위해 수출통제에 대한 3국 협력을 지속 강화할 것이다.

기술 보호 조치에 대한 협력과 동시에, 우리는 3국 국립연구소 간 새로운 협력을 추진하고 특히 과학, 기술, 공학 및 수학(STEM) 분야에서 3국 간 공동 연구·개발 및 인력 교류 확대하는 등을 통해 연합되고 공동의 과학·기술 혁신을 강화할 것이다. 이에 더해 우리는 개방형 무선접속망(RAN)과 관련된 3국 간 협력을 확대하고, 특히 우주 영역에서의 위협, 국가 우주 전략, 우주의 책임 있는 이용 등을 포함한 우주 안보 협력에 관한 3국 간 대화를 한층 더 증진하고자 노력할 것이다. 우리는 전환적 기술로서 AI의 중대한 역할을 인정한다. 우리가 공유하는 민주주의 가치에 합치하며, 프론티어 AI 시스템에 대한 국제적 논의의 기초로서 AI 국제 거버넌스 형성 및 안전성, 보안성, 신뢰성을 갖춘 AI 보장을 지원하기 위한 우리 각자의 노력을 확인한다.

우리는 경제적 참여를 막는 장벽을 제거하고, 여성과 소외계층을 포함하여 우리의 모든 국민들이 성공할 수 있는 다양하고, 접근 가능하며, 포용적인 경제를 구축해 나가기 위해 계속해서 매진하고 있다. 우리는 청년과 학생들을 포함한 3국 간 인적 유대를 더욱 강화하기 위해 노력해 나갈 것이다. 우리는 인도-태평양 경제 프레임워크(IPEF) 협상의 성공적인 타결을 향한 협력을 지속해 나갈 것이며, 윤석열 대통령과 기시다 총리는 올해 미국의 아시아태평양경제협력체(APEC) 의장국 수임을 환영한다. 윤석열 대통령과 바이든 대통령은 국제 사회가 직면한 도전에 대응하기 위해 히로시마 G7 정상회의에서 일본이 보여준 강력하고 원칙 있는 리더십을 평가한다. 우리는 함께 청정에너지 전환을 가속화하고, 개발금융기관 간 3자 협력과 글로벌 인프라·투자 파트너십(PGII) 등을 통해 양질의 인프라와 회복력 있는 공급망을 위한 자금을 조달하며, 지속가능한 경제 성장과 금융 안정, 그리고 질서 있고 잘 작동하는 금융시장을 촉진해 나가기로 약속한다. 우리는 다자개발은행들이 공동의 지구적 도전 과제에 보다 기민하게 대응할 수 있도록 진화시키기 위한 야심찬 의제를 지속해 나갈 것이다. 정상들은 다가오는 양허성 프레임워크에 맞추어 글로벌 도전 과제들에 대응함으로써 세계은행그룹의 새로운 양허성 재원과 빈곤퇴치 여력을 마련하고, 위기 대응을 포함하여 최빈국들을 위한 재원 확대를 모색하기로 약속한다.

우리는 우크라이나에 대한 지원에 있어 단합한다. 우리는 국제질서의 근간을 뒤흔든 러시아의 우크라이나에 대한 정당화될 수 없고 잔혹한 침략 전쟁에 대항하여 우크라이나와 함께 한다는 우리의 의지를 재확인한다. 우리는 계속해서 우크라이나를 지원하고 러시아에 대해 조율된 강력한 제재를 부과할 것이다. 우리는 러시아 에너지에 대한 의존도 경감을 가속화해 나갈 것이다. 우리가 이 재앙과도 같은 침략전쟁으로부터 얻을 오랫동안 지속될 교훈은 영토보전, 주권, 분쟁의 평화적 해결 원칙을 수호하고자 하는 국제 사회의 변함없는 의지여야 한다고 믿는다. 우리는 어디에서든 이러한 기본적인 원칙들이 거부된다면 우리 지역에 대해서도 위협을 의미한다는 견해를 재확인한다. 우리는 이러한 언어도단의 행위가 다시는 자행되지 않도록 해야 한다는 우리의 의지에 있어 단결한다.

* * *

우리는 미래를 위한 공동의 의지와 낙관을 갖고 캠프 데이비드를 떠난다. 우리 앞에 놓여진 기회는 주어진 것이 아니라, 우리가 그 기회를 붙잡은 것이다. 한미일 국민과 인도-태평양 지역 국민들에게 평화롭고 번영하는 미래를 가져다주기 위해서는 우리가 보다 자주 연대해야 한다는 것은 우리 각자가 치열하게 지켜온 의지의 산물이다. 오늘, 우리는 한미일 관계의 새로운 장이 시작되었음을 선언한다. 우리는 비전을 공유하고, 우리 시대의 가장 어려운 도전 앞에 흔들림 없으며, 무엇보다도 한미일이 지금 그리고 앞으로 그러한 도전들에 함께 대처해 나갈 수 있다는 믿음을 함께 한다.

출처: 대한민국 대통령실(https://www.president.go.kr/newsroom/press/yeE9qWlT, 검색일: 224.1.30.)

주요 개념

- **민주평화론(democratic peace theory)** 민주주의 국가는 서로 전쟁을 하지 않는다는 명제로 널리 알려진 국제정치이론. 애초에 민주국가가 다른 국가보다 평화 지향적이라는 주장에서 시작되었지만 이에 대한 경험적 근거가 빈약한 가운데 민주국가 사이의 협력과 평화를 주장하는 이론으로 성장함.
- **자본주의 평화론(capitalist peace theory)** 자본주의와 개방경제를 채택하는 국가들이 상호 이익을 바탕으로 협력을 이어간다는 이론. 민주주의 국가들 간 협력과 평화를 정치제도가 아니라 경제제도 차원에서 설명하는 기여를 함.

더 읽을거리

- 파리드 자카리아. 2004. 『자유의 미래: 오늘의 민주주의 무엇이 문제인가?』. 나상원·이규정 역. 민음사.

  모든 민주주의가 자유주의를 지향하는 것이 아니라고 지적하며 비자유 민주주의의 출현에 대한 설명을 제시함. 다수 국가에서 선거를 통해 선출된 지도자가 개인의 자유를 무시하고 침해하는 상황을 지목하면서 이러한 국가들이 국내정치뿐 아니라 국제정치의 불안과 혼란을 가중시킨다는 점을 주장하며 경계함.

4부

국가는 이제 퇴장하는가?

신흥도전

12장

과학기술
— 피 흘림 없는 전쟁?

1 화포, 핵무기, 무인기

한미 양국은 2023년 4월 한미 정상회담 공동성명에서 북한의 불법 사이버 활동에 대한 우려를 표명하며 사이버 위협에 공동 대처할 것을 명시하였다. 더불어 동맹 70주년을 맞이한 양국은 '사이버안보 협력 프레임워크'와 '차세대 핵심·신흥기술 대화 출범에 관한 공동성명'을 별도로 발표하면서 양국이 첨단기술 안보동맹으로 변모하고 있음을 여실히 보여주었다. 단순히 경제협력과 기술발전을 위한 연성 분야의 협력이 아니라 사이버 활동과 기술혁신이 안보위협에 직결된다는 전략적 사고가 작동하고 있다. 북한의 핵과 미사일 개발을 억제하기 위해서 북한의 사이버 외화수익을 차단해야 한다는 문제의식이 그것을 대변한다.

사실 과학기술과 국제정치는 매우 밀접한 관련성을 지닌다. 그동안 국제정치학자들이 오랫동안 주목한 사례는 화기와 핵무기의 등장이다. 우선 화기의 개발은 국제정치를 탄생시킨 주요 배경이었다. 창칼과 성벽이 무력해지고 화기로 무장한 대규모 상비군을 보유한 정치체제만이 살아남게 되었다. 따라서 근대국가가 등장하고 이들 간 협력과 갈등이 시작되면서 국제정치가 등장했다. 기존의 탈집중화된 봉건제도는 더 이상 생존이 불가능한 안보환경이 조성되었다. 도시국가 역시 충분한 군사력을 갖추기 힘든 빈약한 정치단위로 사라지기 시작했다.

중국은 과거 오랫동안 세계 과학기술의 선두주자였다. 하지만 17세기부터 시작된 과학혁명은 유럽의 산업혁명과 군사혁명을 낳으면서 근대국제체제의 원동력을 제공하였다. 앞선 기술은 곧 국력을 의미했다. 그 결과 유럽제국은 전 세계를 식민지화하면서 자원과 시장을 둘러싼 경쟁을 펼쳐나갔다. 자연스레 유럽의 이념과 제도는 다른 지역에 이식 혹은 강제되면서 근대국제질서가 온 세계에 확산되는 과정이 20세기까지 진행되었다. 이러한 국제정치의 등장과 확산을 이해하기 위해서 과학혁명이 근대국가의 출현을 낳았다는 사실을 알아야 한다. 상비군을 갖추려면 조세제도와 관료조직을 통한 권력집중이 필요했다. 그러한 성공을 거둔 근대국가만이 새로운 시대에 존속하며 서로 경쟁하였다.

20세기 다수 학자가 주목한 과학기술 변수는 바로 핵무기였다. 1945년 미국이 최초로 개발하고 일본에 투하한 핵무기는 그동안 수직적·수평적 확산을 이루었다. 냉전기에 7만여 개에 이르던 전 세계 핵무기는 현재 약 12,121(2024년 1월 기준)이며(수직적 확산), 미국, 러시아, 영국, 프랑스, 중국, 인도, 파키스탄, 이스라엘, 북한 등 9개국이 보유한 상황이다(수평적 확산)(SIPRI Yearbook 2024). 엄청난 파괴력을 지닌 핵무기가 국제정치에 어떠한 영향력을 미쳤는가? 이른바 '핵 혁명'(nuclear revolution)에 대해서는 논쟁이 계속되지만, 분명히 강대국 간 전면전 가능성은 매우 낮아졌다. 2001년 미국정치학회 회장 취임연설에서 저비스(Robert Jervis)는 선도 강대국 사이에서 전쟁은 더 이상 일어나지 않을 것이라 전망하며 그 이유 중 하나로 핵무기를 거론하였다(Jervis 2002, 7).

현재 미중 전략경쟁이 심화되면서 양국이 글로벌 혹은 아시아 패권을 둘러싼 싸움을 한동안 이어가리라는 예상이 우세하다. 하지만 양국이 전면전 형태로 충돌할 것으로 예측하는 이들은 드물다. 우발적 혹은 국지적인 무력 충돌로 인명 및 경제 손실을 안길 상황에 대한 시나리오가 대다수이다. 이러한 전망의 근저에는 핵무기로 상대를 파멸시키겠다는 전쟁은 더 이상 생각하기 어려워졌다는 판단이 존재한다. 핵무기의 개발로 인해 국제정치의 질적 변화가 1945년에 일어났다고 주장하는 이들까지 존재한다. 전쟁이 목표를 이루기 위한 수단으로의 매력을 크게 상실했다고 본 것이다.

이른바 '핵 터부'(nuclear taboo) 규범의 확산은 핵무기의 국제정치를 다변화시키고 있다. 핵무기의 사용, 나아가 개발과 보유까지 정당화될 수 없다는 인식이 점차 확산되면서, 서구 민주국가를 중심으로 '핵 없는 세계'에 대한 열망은 점차 부상하였다. 2009년 취임 이후 첫 유럽순방에 오른 오바마 대통령은 프라하에서 핵 없는 세상을 달성하기 위한 실행 계획을 발표하였다. 그는 핵무기를 "냉전의 가장 위험한 유산"으로 묘사하며 핵확산 억제가 불가능하다는 결정론을 "치명적인 적수"라고 비판하였다(The White House 2009). 그 해 노벨위원회는 "핵무기 없는 세상을 위한 오바마의 비전과 노력을 중시"하며 그에게 노벨 평화상을 수여하였다(연합뉴스 2009.10.9.). 하지만 아쉽게도 미국이 북한 및 이란과의 핵협상을 통해 새로운 세상으로 나아가는 성과는 뒤따르지 못하였다.

그렇다면 최근 국제정치학에서 주목받는 과학기술은 무

엇인가? 인공지능을 탑재한 무인무기를 생각할 수 있다. 사실 무인기의 도입과 활용으로 무인무기는 이미 국제정치에서 주요 이슈이다. 아시아와 아프리카에서 부시 미국 대통령은 296명의 테러리스트와 195명의 민간인을 사망에 이르게 한 50회의 드론 공격을 승인했으며, 후임자 오바마 대통령이 승인한 506회의 드론 공격은 3,040명의 테러리스트와 391명의 민간인의 목숨을 앗아갔다. 오바마 대통령이 부시 행정부의 대외정책을 비판하며 변화를 시도했지만 드론 사용에 있어서는 충실히 계승하고 말았다(Zenko 2016). 9·11테러를 자행한 알카에다의 수장을 비롯한 핵심 인물을 추적하고 제거하는 작전에서 드론의 역할이 매우 컸다.

이러한 무인기 사용은 다양한 우려와 문제를 야기한다. 우선 다른 나라에서 군사 작전을 펼치는 행위에 대한 비판이다. 평시 상황에서 미국이 파키스탄에서 드론 공격을 감행하는 것이 적법한가? 2020년 1월 미국은 이란혁명수비대 쿠드스군 사령관 가셈 솔레이마니를 이라크 바그다드 공항 근처에서 드론 공격으로 제거하였다. 트럼프 대통령의 승인 속에 진행된 군사행동으로 알려지면서 이란은 미국과 이스라엘에 대한 보복을 천명하며 중동 지역의 긴장은 더욱 고조되었다(류지복 2020). 이렇듯 정규전과 비정규전, 전시와 평시의 구분을 모호하게 하면서 전장과 영토의 의미를 약화시키는 무력사용이 빈번해지고 있다. 우크라이나 전쟁에서 러시아군과 우크라이나군의 무인기 활용은 무인무기의 사용이 얼마나 보편화되어 전쟁 양상을 변화시켰는지를 보여준다(조기원 2022).

한편, 무인기 도입은 새로운 윤리 문제를 제기한다. 지구 반대편에서 무인기를 조종하는 군인은 군사작전으로 인한 살상과 피해를 생생하게 목도하다가 근무가 끝나고 바로 평화로운 일상을 살아가는 데 자주 어려움을 겪는다고 알려졌다. 전투가 게임과 비슷해진 상황에서 인간이 고통받는 것이다. 향후 인공지능이 조종하는 무인기와 로봇이 활용될 경우 살인과 파괴를 인간이 아닌 기계가 결정하는 상황도 논쟁거리이다. 과연 기계에게 살상 결정을 맡기는 것이 윤리적인가? 만약 기계의 오류와 오판으로 무고한 인명이 희생된다면 그 책임은 누구에게 있는가? 피 흘림 없는 전쟁을 가능하게 할 킬러로봇의 등장과 활용은 인간이 무엇을 기계에게 맡길 수 있으며 그것을 받아들일 것인지에 대한 윤리적 물음을 끊임없이 야기하고 있다.

2 복합위기와 인공지능의 시대

글로벌 팬데믹 이후 복합위기(polycrisis)에 대한 논의가 확산되었다. 다(多)공간과 다(多)영역의 위기가 연계되어 심대한 도전을 낳고 있다는 지적이다. 우선, 육·해·공·사이버·우주의 연계를 생각할 수 있다. 전통적 공간뿐 아니라 사이버와 우주가 주요한 공간으로 다가왔다. 특이한 점은 사이버를 중심으로 각 공간이 연계되어 우리의 삶에 영향을 미친다는 점이다. 러시아가 우크라이나를 물리적으로 침공하기에 앞서 사이버 공격을 감행한 사실에서 알 수 있듯 사이버를 통해 정보통신과 기간시설을 마비시킬 경우 육해공의 승리는 매우 손쉬워진다.

앞서 언급한 북한의 핵과 사이버 위협은 공간 연계의 대표적 사례이다. 과거 북한의 핵과 미사일은 우리의 물리적 공간을 위협하였다. 이러한 위협을 낮추고자 경제 제재를 가했지만 사이버 범죄를 통해 핵·미사일 프로그램의 자금을 확보하고 있다. 사이버 범죄와 핵·미사일 프로그램이 상승작용하며 우리의 안보를 위협하는 것이다. 단순히 사이버 공격이 상대의 인터넷망만을 노린 경우는 매우 드물다. 2010년 미국과 이스라엘이 이란의 핵개발을 차단하기 위해 선택한 것이 바로 사이버 공격이었다. 스턱스넷(Stuxnet) 악성코드

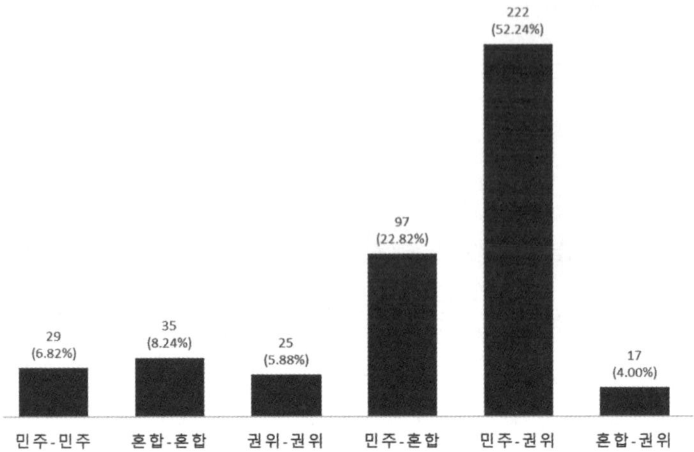

그림 12-1 사이버 분쟁과 정치체제, 2000-2021
출처: The Dyadic Cyber Incident Dataset v2.0을 활용하여 저자 작성; 정성철(2023, 6).

를 심어 이란 우라늄 농축을 위한 원심분리기의 오작동을 야기했다(손영동 2020). 결국 사이버는 물리적 공간에 접근하기 위한 통로이자, 그 자체로 정보와 기술을 저장하고 주고받는 독립 공간이다.

따라서 사이버 분쟁과 물리적 분쟁은 깊이 연관되어 있다. 〈그림 12-1〉에서 정리한 것처럼, 2000년부터 2021년까지 사이버 분쟁을 겪은 양자 관계 중 75%가 민주국가-비민주국가이다. 이는 미중 경쟁이 심화되면서 인도태평양과 유럽을 중심으로 가열되었던 '민주주의 대 권위주의' 구도를 여실히 보여준다. 가장 많은 사이버 분쟁을 겪는 양자(미국-중국[63회], 미국-러시아[47회], 한국-북한[38회], 미국-이란[30

회], 우크라이나-러시아[30회])를 살펴보면, 바로 물리적 공간과 사이버 공간에서 동일한 국가들 사이에서 치열한 분쟁이 발발함을 확인할 수 있다. 따라서 지정학과 비지정학의 연계에 주목하면서 국제정치를 이해하고 설명하려는 시도가 늘고 있다.

한편, 다양한 영역의 연계도 활발히 진행되면서 그 경계가 허물어지고 있다. 군사·경제·기술·외교·정치·사회가 서로 밀접히 연관되면서 안보를 둘러싼 협력과 갈등은 다영역에서 동시에 발생한다. 트럼프 행정부가 중국의 도전을 안보·경제·가치 영역으로 나누어 지적한 것을 생각해 볼 수 있다. 미국과 중국이 펼치는 전략경쟁이 모든 영역에서 이루어지고 있으며 이는 서로 영향을 주고받는다. 따라서 미국이 동맹과 펼치는 협력 역시 군사·경제·기술·가치를 아우르는 모습을 보여준다. 중국을 견제하는 소다자연합으로 주목받는 쿼드뿐 아니라 한미동맹과 한미일 협력을 살펴보면 명확하다. 반도체와 배터리의 공급망, 기술혁신과 사이버 규범, 가짜뉴스와 허위정보에 대한 대처 등을 현안으로 제시하며 협력을 강화하며 제도화에 나섰다.

최근 주목을 받는 것은 인공지능을 둘러싼 국제경쟁이다. 새로운 산업혁명의 핵심이 인공지능 기술과 활용이라는 점에 동의하는 국가와 민간이 협력과 경쟁을 다채롭고 치열하게 펼치는 중이다. 2022년 하반기 챗GPT가 등장하면서 인공지능이 우리 일상과 산업 전반을 혁신시키리라는 예측 속에서 국방·경제·기술·산업·교육 분야에서 활용이 추진되고 있다. 2020년 하버드 교수 앨리슨(Graham Allison)과 구글 전 회장 슈미트(Eric Schmidt)는 중국이 인공지능 분야에서 미국의 당당한 경쟁자로 성장했으며 중국공산당이 인공지능을 경제발전뿐 아니라 정권안보의 핵심으로 파악하고 있음을 지적하였다. 더불어 그들은 인공지능이 몰고 올 기회와 위험을 동시에 인식하며 미국 리더십이 인공지능 경쟁에 적극적으로 나설 것을 촉구했다(Allison and Schmidt 2020).

현재 인공지능을 둘러싼 강대국 경쟁은 구체적으로 빅데이터의 수집, 반도체 개발, 규범 창출을 두고 벌어지는 중이다. 인공지능의 개발은 빅데이터에 대한 딥러닝을 통해 이루어지기에 빅데이터의 확보가 무엇보다 중요하다. 이 부분에 있어서 많은 인구와 디지털 경제를 보유한 중국과 전 세계로 확장한 플랫폼을 확보한 빅테크 기업은 이점을 보유한다. 이러한 빅데이터를 분석하기 위해서 고성능 반도체 사용이 필수적이기에 미국은 반도체 생산망 재편을 주도하면서 노골적으로 중국을 배제하고 있다. 한편 세계 주요국은 인공지능의 편견과 차별을 방지하고 인공지능이 몰고 올 불평등과 사회불안을 해소할 규범 마련에 나서고 있다. 새로운 기술이 그에 걸맞은 규범과 제도를 만날 때 인류가 비로소 진보할 수 있다는 믿음이 반영된 것이다.

이러한 인공지능이 무인체계와 결합되어 다영역의 변화를 주도하리라는 전망이 우세하다. 유토피아와 디스토피아라는 상반된 미래 전망 속에서 국제정치의 중요성은 더욱 부각되고 있다. 과학기술이 국제정치의 변환을 이끄는 핵심 요소이지만, 그러한 변환이 궁극적으로 어떻게 일상과 사회를 변화시킬지는 정치의 영역이기 때문이다. 세계화의 심화로 20세기 후반부터 경제 불평등이 전 세계적으로 심화되었다는 분석 속에서 인공지능에 대한 우려가 크다. 하지만 일자리와 산업 변화, 그리고 이로 인한 계층 이동과 이익 배분은 국가와 민간이 모두 함께 만들어갈 미래며 인류 전체는 아직 그 길을 가보지 않았다.

2018년 슈미트 구글 전 회장은 "2028년이 되면 인터넷이 미국 중심과 중국 중심으로 쪼개질 것"이라고 전망했다. 실제로 중국은 2003년부터 국가 차원에서 방화벽을 통하여 독자적 인터넷망을 구축하였고, 러시아는 최근 우크라이나 전쟁을 치르면서 글로벌 인터넷망과 분리된 루넷을 통해 인터넷 주권 실험에 성공했다고 발표했다(구본권 2022). 이렇듯 스플린터넷(splinternet), 즉 인터넷의 파편화 현상은 바로 사이버 공간이 더 이상 강대국 간 중립지대로 존재할 수 없음을 보여준다. 국제정치의 지대한 영향 속에서 과학기술의 산물인 인터넷과 무인기, 로봇과 인공지능이 개발되고 활용된다는 점을 부정할 수 없다. 군사력은 경제력에 기초하고, 경제력은 기술력에서 나온다는 전략적 판단 속에서 기술혁신과 관련 규범을 둘러싼 강대국 경쟁이 진행 중이며, 기술혁신을 선도하는 민간 기업의 영향력이 그 어느 때보다 부각되면서 디지털 생태계에 대한 관심이 커지고 있다.

더 생각거리 **미래전과 안보 갈등**

인공지능과 로봇기술의 발달로 미래 전쟁에 대한 관심이 고조되고 있다. 무인기의 도입으로 미래전의 일부는 이미 현실이 되었다. 2001년 9·11테러 이후 미국의 테러와의 전쟁에서 무인기의 역할은 컸다. 이후 미국과 중국을 비롯한 주요국의 무인기 개발과 활용은 지속적으로 뉴스에서 보도된 바 있다. 수차례 무인기를 남파하였던 북한은 2022년 12월 무인기를 통하여 서울과 인천, 그리고 경기도 일대에서 수 시간 정보수집에 나섰다. 이러한 무인기 활동에 대처하고자 우리 정부는 '안티 드론' 체계의 도입을 발표하였다(김승욱

2023). 새로운 위협에 맞설 새로운 대응이 요구되는 법이다.

이러한 무인무기의 도입이 결국 안보 갈등을 더욱 심화시킬 것이라는 우려가 크다. 과학기술의 발달로 살상무기의 개발 비용과 그 영향이 커졌을 뿐 아니라 무력사용의 정치적 비용이 낮아지기 때문이다. 특히 민주 지도자의 경우 무력작전을 감행할 경우 이로 인한 군인의 희생으로 자국민의 비난과 반발에 부딪힐 수 있다. 흔히 해외파병을 두고 국내 대립이 불거지는 이유가 여기에 있다. 하지만 무인기와 로봇이 싸우는 전쟁에서 지도자는 그러한 우려를 덜 수 있다. 앞서 언급했듯이 미국 대통령의 무인기 사용에 대한 국내외 시선이 곱지 않았지만 그 대통령이 정치적 위기를 겪지는 않았다. 이란 인질 구출 작전에 실패한 카터(Jimmy Carter) 대통령과 비교된다. 카터는 1979년 이란 인질사태가 일어나자 군사작전을 지시했으나 군인 8명의 목숨만 잃은 채 인질 구출에 실패하였다. 그 결과 엄청난 비판과 조롱 속에 카터의 재선은 불가능해졌다.

만약 피 흘림 없는 전쟁이 현실이 된다면 민주국가의 대외 행태는 변화할 가능성이 있다. 인명피해와 인권보호와 관련해 민주 지도자는 다른 지도자에 비해 더욱 예민하게 고려하며 의사결정에 참여한다. 무력사용과 해외개입에 있어서 두드러진 특징이다. 하지만 자국민이 참여하지 않는 작전과 전쟁에 있어서 민주 지도자는 한층 가벼운 마음으로 무력사용을 승인할 수 있다. 물론 상대국의 민간인과 전투병의 생명과 안전에 대한 고려가 작동하겠지만 지금까지 민주 지도자를 자제시킨 정치 비용은 무인무기의 활용으로 상당 부분 사라지고 말 것이다. 이렇듯 새로운 전쟁은 세계를 보다 어둡게 만들 가능성을 내포하고 있다. 특히 이러한 군사혁신에 있어서 강대국과 비강대국의 격차가 한층 벌어지는 현실을 바라볼 때 미래 국제정치에서 국가 간 위계질서는 더욱 강화되고 견고해질 수 있을 것이다.

인공지능 안정성 정상회의 브레츨리 선언문

2023년 11월

(1) 인공지능은 세계적으로 엄청난 기회를 제공한다. 인공지능은 인간의 복지, 평화 및 번영을 완전히 탈바꿈하고 확대할 수 있는 잠재력이 있다. 이러한 잠재력을 실현하기 위해, 우리는 공공선을 위해서 인공지능이 인간 중심적이고 신뢰할 수 있으며 책임감 있는 방식으로 안전하게 설계, 개발, 배포 및 사용되어야 함을 확인한다. 우리는 포용적 경제 성장, 지속 가능한 발전, 그리고 혁신을 촉진하고 인권 및 근본적 자유를 보호하며 인공지능 시스템에 대한 대중의 믿음과 신뢰를 조성하여 인공지능 시스템의 잠재력을 충분히 실현하기 위해 인공지능 분

야에서 협력하려는 지금까지의 국제사회의 노력을 환영한다.

(2) 인공지능 시스템은 주거, 고용, 교통, 교육, 건강, 접근성, 사법 등 일상의 많은 영역에서 이미 활용되고 있으며, 활용처가 확대될 가능성이 높다. 따라서 우리는 지금이 바로 안전한 인공지능 개발 필요성과 더불어 인공지능의 혁신적인 기회가 우리 국가들과 전 세계에서 포용적인 방식으로 선을 위해, 그리고 모두를 위해 사용되도록 할 필요성을 확인하고 행동해야 할 유일한 순간임을 인식한다. 이는 인권을 향유하고 UN 지속가능발전 목표 달성을 위한 노력을 강화하기 위해 보건 및 교육 등 공공 서비스, 식량 안보, 과학, 청정에너지, 생물 다양성 및 기후 분야 등을 포함한다.

(3) 이러한 기회요소와 동시에, 인공지능은 일상적인 분야를 포함하여 중대한 위험도 내포하고 있다. 이를 위해, 우리는 인공지능 시스템의 잠재적 영향을 검토하고 대응하기 위한 기존의 국제 포럼 및 기타 관련 이니셔티브를 통한 국제적 노력을 환영하며, 국제사회가 인권, 투명성 및 설명 가능성, 공정성, 책임성, 규제, 안전성, 사람의 적절한 감독, 윤리, 편견 완화, 프라이버시 및 데이터 보호를 다룰 필요성을 인식함을 환영한다. 또한 콘텐츠를 조작하거나 기만적인 콘텐츠를 생성할 수 있는 능력으로 인해 예측하지 못한 위험이 발생할 가능성에 주목한다. 이 모든 문제는 매우 중요하며, 우리는 이 문제를 해결할 필요성과 시급성을 확인한다.

(4) 특정한 안전 위험은 첨단 인공지능, 즉 광범위한 작업을 수행할 수 있는, 기반 모델을 포함한 범용 고성능 인공지능 모

델과, 오늘날의 가장 발달한 인공지능 모델에 존재하는 기능에 대등하거나 이를 초과하는 위해를 일으킬 수 있는 기능을 지닌 특정 영역의 관련 인공지능에서 발생한다. 인간의 의도와 부합시키는 것과 관련하여 잠재적인 의도적 오용 또는 의도하지 않은 통제 문제로 인해 상당한 위험이 발생할 수 있다. 이러한 문제는 부분적으로 이러한 기능이 완전히 이해되지 않아서 예측하기 어렵기 때문이다. 우리는 특히 사이버 보안 및 생명 공학 등의 영역과 첨단 인공지능 시스템이 가짜정보와 같은 위험을 증폭시킬 수 있는 영역에서 이러한 위험에 대해 우려하고 있다. 이러한 인공지능 모델의 가장 중요한 기능으로 인해 고의적이든 아니든 중대한, 심지어는 치명적인 피해가 발생할 가능성이 있다. 인공지능의 빠르고 불확실한 변화 속도를 고려하고, 기술 투자 가속화의 맥락에서 볼 때, 이러한 잠재적 위험과 이를 해결하기 위한 조치에 대한 우리의 이해를 심화하는 것이 특히 시급함을 확인한다.

(5) 인공지능으로 인해 발생하는 많은 위험은 본질적으로 국제적인 성격을 띠고 있으므로, 이는 국제 협력을 통해 가장 잘 해결할 수 있다. 우리는 인공지능이 야기하는 광범위한 위험을 해결하기 위한 협력을 촉진하고자, 인간 중심적이고 신뢰할 수 있으며 책임성 있는, 안전하고 공공선을 지지하는 인공지능을 보장하기 위해, 기존의 국제 포럼 및 기타 관련 이니셔티브를 통해 포용적인 방식으로 협력할 것을 다짐한다. 이를 통해, 우리는 국가들이 인공지능과 관련된 위험을 고려하고 혜택을 극대화하는 혁신 친화적적이고 비례적인 거버넌스 및 규제 접근 방식의 중요성을 고려해야한다는 것을 인식한다. 이는 적절한 경우 국내 상황과 적용 가능한 법적 체계에 따라 위험

을 분류하는 것을 포함할 수 있다. 우리는 또한 적절한 경우 공통 원칙 및 행동 강령과 같은 접근 방식에 대한 협력의 관련성에 주목한다. 첨단 인공지능과 관련하여 발견될 가능성이 가장 높은 구체적인 위험과 관련하여, 우리는 향후 국제 인공지능 안전성 정상회의를 포함한 기존 국제 포럼 및 기타 관련 이니셔티브를 통해 파악하고 이해하며 적절한 경우 대응할 수 있도록 협력을 강화하고 지속하며, 더 많은 국가로 협력관계를 확장할 것을 결의한다.

(6) 모든 주체는 인공지능의 안전을 보장하기 위해 해야 할 역할이 있다. 국가, 국제포럼 및 기타 이니셔티브, 기업, 시민사회, 학계가 협력해야 한다. 포용적 인공지능과 디지털 격차 해소의 중요성을 고려하며, 우리는 국제협력이 필요에 따라 다양한 파트너를 참여시키고 포함하기 위해 노력해야 함을 재확인하고, 지속가능한 성장 지원 및 개발 격차 해소를 위해 개발도상국의 인공지능 역량 강화를 지원하고 인공지능의 촉진적인 역할을 활용하는 개발지향적 접근과 정책을 환영한다.

(7) 인공지능 생애주기 전반에 걸쳐 안전을 고려해야 하지만, 우리는 첨단 인공지능 기능, 특히 이례적으로 강력하고 잠재적으로 유해한 인공지능 시스템을 개발하는 주체들은 안전 시험 시스템, 평가 및 기타 적절한 조치를 통해 이러한 인공지능 시스템의 안전을 보장해야 할 특히 강한 책임이 있음을 확인한다. 우리는 모든 관련 주체가 특히 오용과 통제 문제, 기타 위험의 증폭을 방지하기 위해 잠재적 위험 기능 및 이로 인해 나타날 수 있는 관련 영향을 측정, 모니터링 및 완화하려는 계획에 대해 상황에 적합한 투명성 및 책임을 제공할 것을 권장한다.

(8) 협력의 맥락에서, 그리고 국내외 차원에서 조치에 정보를 제공하기 위해, 첨단 인공지능 위험 해결을 위한 우리의 의제는 다음 사항을 중점으로 한다.

- 우리 사회에서 인공지능의 영향을 이해하기 위한 광범위한 글로벌 접근 방식의 맥락에서, 공통적으로 우려되는 인공지능 안전 위험을 파악하고, 이러한 위험에 대한 과학적 및 증거 기반의 공유된 이해를 구축하고, 역량이 지속적으로 확대됨에 따라 이러한 이해를 유지한다.
- 이러한 위험을 고려하여 안전을 보장하기 위해 우리 국가들 간 각각의 위험 기반 정책을 수립하고, 국가 상황과 적용 가능한 법적 체계 따라 달라질 수 있음을 인식하면서도 적절하게 협력한다. 이는 첨단 인공지능 기능을 개발하는 민간 주체의 투명성과 더불어, 적절한 평가 지표, 안전 시험을 위한 도구, 관련 공공 부문 역량 및 과학 연구를 발전시킴으로써 투명성을 높이는 것을 포함한다.

이 의제를 더욱 강화함에 있어서, 우리는 정책 입안 및 공공선을 위해 사용할 수 있는 최고의 과학을 제공하기 위해 기존의 국제 포럼 및 기타 관련 이니셔티브를 포함하여 기존 및 새로운 다자간(multilateral), 복수국간(plurilateral), 양자간(bilateral) 협력을 포괄하고 보완하는, 첨단 인공지능 안전 과학 연구에 대한 국제적으로 포용적인 네트워크를 지원하기로 다짐한다.

(9) 인공지능의 혁신적인 긍정적 잠재력을 인식하고 인공지능에 대한 국제협력을 더욱 폭넓게 보장하기 위한 일환으로, 우리는 기존의 국제 포럼 및 기타 관련 이니셔티브가 참여하

며 보다 광범위한 국제 논의에 개방적인 방식으로 기여하는 포용적인 글로벌 대화를 지속하고, 기술의 혜택이 이익과 모두를 위해 책임감 있게 활용될 수 있도록 인공지능 안전 분야에 대한 연구를 지속할 것을 결의한다. 2024년에 다시 만나기를 기대한다.

출처: 정보통신산업진흥원, AI Safety Summit의 브레츨리 선언문 안내 https://www.globalict.kr/intro/notice.do?menuCode=010200&boardno=1&datano=819 (검색일: 2024.1.31.)

주요 개념

- **핵확산(nuclear proliferation)** 핵무력의 증가를 지칭함. 다수의 국가가 핵무력을 보유하게 되는 '수평적 핵확산'(horizontal proliferation)과 기존 핵보유국이 핵무력을 증강하는 '수직적 핵확산'(vertical proliferation)을 포함하는 개념임.
- **핵 터부(nuclear taboo)** 핵무기의 사용, 나아가 핵무기의 개발과 보유를 반대하는 국제 규범을 의미함. 20세기 중후반부터 형성된 이와 같은 규범의 실질적 영향에 대해서는 논쟁 중임.
- **복합위기(polycrisis)** 정치·경제·환경·기후와 같은 다영역에 걸친 복수의 위기가 서로 연결되어 악화되는 상황을 지칭함. 코로나19 이후 글로벌·지역 수준의 다양한 위기의 성격을 표현하는 용어로 널리 쓰임.

더 읽을거리

- 피터 싱어. 2011.『하이테크 전쟁: 로봇혁명과 21세기 전투』. 권영근 역. 지안출판사.

  신무기의 개발이 전쟁을 어떻게 변화시키며 어떤 윤리적 이슈들을 제기하는지를 논함. 무엇보다 로봇의 개발과 활용으로 전쟁의 정치적 비용과 심리적 부담이 줄어드는 현실이 몰고 오는 문제를 생생하게 이야기함.

- 김상배. 2022. 『미중 디지털 패권경쟁: 기술·안보·권력의 복합지정학』. 한울아카데미.

  미국과 중국이 펼치는 강대국 경쟁을 기술, 안보, 권력을 둘러싼 복합적 시각에서 분석하고 설명함. 더불어 두 강대국의 디지털 경쟁 가운데 놓인 한국이 복합적 지정학의 시각에서 추구할 대응과 정책을 논의함.

- 크리스 밀러. 2023. 『칩 워: 누가 반도체 전쟁의 최후 승자가 될 것인가』. 노정태 역. 부키.

  현재 미국과 중국 사이에 펼쳐지는 전략 경쟁의 중심에 반도체가 있음을 다각도로 설명하고 있음. 21세기 반도체 기술과 생산을 둘러싸고 주요국들 사이에서 의존과 배제가 본격화되는 상황을 기술하면서 기술개발과 국제정치의 밀접한 연관성을 보여줌.

13장

초국가도전
ㅡ 새 술은 새 부대에?

1 글로벌 팬데믹과 기후변화

2019년 글로벌 팬데믹은 환경문제의 심각성을 충격적으로 일깨워주었다. 아직까지 코로나19의 원인에 대한 논란은 지속되고 있지만, 인류가 자연환경과 더불어 살아갈 수밖에 없는 존재임을 명확히 알려주었다. 그동안 지구 온난화와 이상기후에 초점을 맞추던 대다수 개인과 조직도 생태계의 거시 관점에서 스스로를 되돌아보는 기회를 뜻하지 않게 맞이했다. 국제정치에서 글로벌 팬데믹이 몰고 온 변화가 '전환' 혹은 '가속'인지를 두고 논의가 진행되었다. 다수의 전문가는 2010년대부터 등장한 자국우선주의와 극우 및 포퓰리즘 현상을 강화시켰다고 평가했다. 실제로 글로벌 팬데믹을 극복하는 과정에서 각국은 국경, 마스크, 백신을 두고서 각자도생의 모습을 연출하였다.

국제정치에서 환경문제는 1990년대부터 전 세계의 주목을 받았다. 고어(Al Gore)를 비롯한 주요 인물을 중심으로 이슈화가 진행되었다. 하지만 이에 맞서 상반된 시각과 진단을 내놓는 정치인과 단체들이 존재했다. 지구 온난화의 심각성이 과장되었다며 환경주의자들이 거짓 과학으로 산업성장을 가로막고 있다고 비판했다. 한동안 '환경 대 개발' 구도 속에서 두 진영이 대립하는 양상이 선진국을 중심으로 펼쳐졌다. 하지만 과학적 진실과 대응을 둘러싼 논쟁은 점차 환경문제의 심각성을 인정하고 대응하는 방향으로 진행되었다. 지구 온난화라는 현실을 부정하는 것이 불가능한 상황에 이른 것이다(그림 13-1 참조). 1997년 선진국들의 온실가스 감축을 규정하는 교토의정서(Kyoto Protocol)가 유엔기후변화협약(UNFCCC) 당사국총회(COP3)에서 채택되면서 의미 있는 시작을 알렸다.

하지만 환경문제를 둘러싼 국제협력은 난항을 겪었다. 교토의정서 1차 공약기간(2008-2012년) 이후에 대한 합의가 미뤄지면서 교토의정서의 2차 공약기간(2013-2020년)에 참여하는 국가 수는 더욱 줄어들었다. 미국(1차 기간부터 불참),

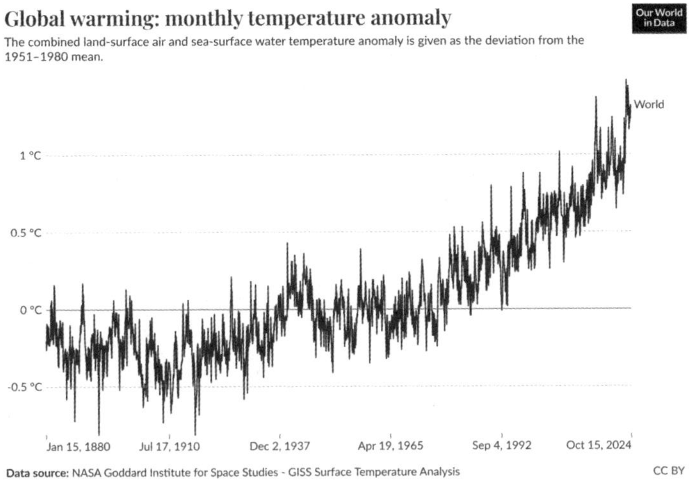

그림 13-1 지구 온난화, 1880-2024
출처: Our World in Data (https://ourworldindata.org/explorers/climate-change)

일본, 러시아, 캐나다, 뉴질랜드 등이 빠진 것이다.[7] 이러한 현상은 '공유지의 비극'(tragedy of commons)으로 이해할 수 있다. 마을 사람들이 사유지와 공유지를 두고 방목할 때 공동 목초지는 쉽사리 훼손된다. 다들 자신의 목초지를 아끼는 반면 공동 목초지를 함부로 이용하기 때문이다. 학교 전산실의 컴퓨터를 떠올리면 된다. 그 누구의 컴퓨터도 아니기에 모두가 함부로 쓰다가 쉽사리 고장나는 신세가 되고 만다.

지구라는 거대한 공유지를 두고 국가 간 협력이 힘든 이

....

7 기후변화협상, 대한민국 외교부. https://www.mofa.go.kr/www/wpge/m_ 20150/contents.do (검색일: 2024.2.2.)

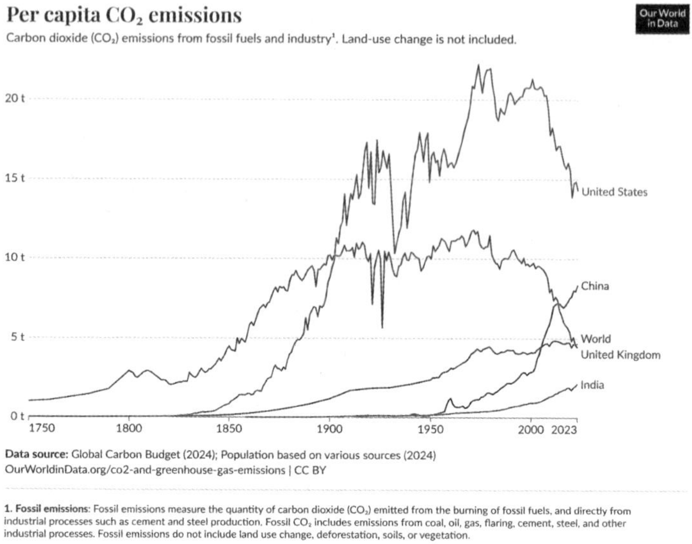

그림 13-2 1인당 이산화탄소 배출량

출처: Our World in Data (https://ourworldindata.org/explorers/co2)

유로 선진국과 개도국의 입장차도 존재한다. 누가 얼마나 책임을 지느냐를 두고 이견이 존재한다. 18세기 산업혁명 이후 서유럽과 미국은 눈부신 경제성장을 구가하며 자연훼손의 주범 역할을 담당했다. 그에 반해 개발도상국은 20세기 후반에 이르러 성장 대열에 합류했거나 그러고자 애쓰고 있다. 〈그림 13-2〉에 나타난 것처럼, 20세기 중반 이전 중국과 인도의 1인당 이산화탄소 배출량은 미국과 영국에 비하며 매우 낮다. 이러한 역사적 배경을 고려할 때 환경문제를 개선하기 위한 노력과 정책을 개도국에게 부여할 수 있을까? 개도국의 동참을 요구하기 위해서 선진국이 제공할 기술과 유인은 무엇이 되어야 하는가? 개도국 입장에서 선진국은 저 높은 곳에서 성장의 사다리를 걷어차는 욕심쟁이인 셈이다.

이렇듯 환경문제는 집단행동의 문제(collective action problem)를 보여준다. 개인이 아니라 집단이 움직일 때 소위 무임승차(free-riding) 문제가 발생한다. 일단 지구의 기온 상승이 멈추고 자연보호가 이루어지면, 그 과실은 지구에 사는 모든 이의 것이다. 따라서 비용을 부담하지 않은 채 나중에 이익을 보려는 무리가 발생한다. 특히 개발도상국은 성장 수준도 낮고 자원도 부족한 상황에서 공동 부담의 원칙을 준수하려는 의지나 능력이 부족할 수밖에 없다. 더구나 선진국 중심으로 환경문제의 심각성을 인식하고 강조하는 현실에서, 다른 국가는 뒤로 빠져 훗날 이익을 보려는 유혹에 빠지기가 매우 쉽다. 국제정치의 무정부상태의 속성상 이렇게 협력을 의도적으로 거부하는 국가를 처벌할 방안도 마땅치 않은 것이 이러한 집단행동의 문제를 더욱 부추긴다.

그럼에도 2015년 제21차 당사국총회(COP21)에서 파리기후협약이 체결되면서 모든 국가가 참여하는 신기후체제의 출범을 알렸다. 교토의정서가 선진국에게만 책임을 물었던 반면에, 파리기후협약은 모든 국가가 자국의 상황을 반영하여 참여하도록 만들었다. 2023년부터 5년 단위로 이행 사항을 평가하는 규정을 포함한 파리기후협약은 2021년 글래스고 제26차 당사국총회(COP26)에서 세부이행규칙을 완성하기에 이르렀다. 이러한 중차대한 성과와 더불어 그린에너지 관련 기술의 발달로 세계는 환경문제의 해결에 긍정적 발걸음을 내딛고 있다는 희망을 주었다. 환경문제가 명실상부한 초국가도전임을 함께 인식한 결과였다.

초국가도전은 환경-식량-자원-보건을 모두 연계하면서 복합위기를 낳고 있다. 단순히 국경을 넘어서 공동의 문제라는 의미뿐 아니라 다(多)영역을 포괄한 문제라는 것을 말한다. 환경오염이 기후변화를 낳으면서 식량 생산을 어렵게 하며 새로운 전염병을 낳는 현실이 이를 여실히 보여준다. 기후변화에 대처하기 위한 그린산업이 발전하면서 반도체와 배터리를 생산하기 위한 핵심 광물(리튬, 니켈, 코발트 등)을 둘러싼 경쟁이 한층 치열해졌다. 실제로 광물과 식량의 안정적이고 회복력 있는 생산망 구축이 모든 국가의 핵심 과제로 떠오른 것은 초국가도전이 몰고 온 최근의 현상이다. 더구나 2025년 트럼프의 귀환은 미국뿐 아니라 전 세계 자국중심주의를 강화하면서 초국가도전 극복이 더욱 어려워졌다는 우려를 낳고 있다.

2 초국가도전과 흔들리는 국제질서

기후변화와 코로나19가 대표하는 초국가도전은 국가의 역할을 부각시켰다. 20세기 후반 세계화가 진행되자 이른바 '국가의 쇠퇴'를 논의하는 학자들이 등장했다. 근대국가와 경쟁하거나 대체할 만한 행위자가 등장했다는 것이다. 국제기구와 다국적기업, 비정부기구와 개인이 바로 그들이다. 여전히 중앙집중화에 실패하고 국가경제가 부실한 국가의 경우 그 역량과 영향에 있어서 다수의 국제기구 혹은 다국적기업에 못 미쳤다. 정보통신혁명 속에 비정부기구와 개인이 보유한 역량과 정보가 증가하면서 이들에 대한 관심도 고조되었다. 2001년 9·11테러는 바로 민간조직이 초강대국에게 놀라운 충격과 공포를 심어줄 수 있다는 사실을 명백히 보여주었다.

그러나 코로나19로 보건위기가 닥치자 국가의 역할을 요구하는 목소리가 거세졌나. 코로나 확산을 막기 위한 국경 봉쇄뿐 아니라 필수 물자(방역 물품과 백신)를 제공하고 경제 회생을 주도할 정부를 기대하고 요구했다. 물론 자유주의 국가에서는 마스크와 백신을 두고 정부 조치에 반대하고 불응하는 경우도 있었지만, 국민 건강과 사회 안정에 있어서 정부의 중요성을 부정하는 이들은 드물었다. 정부를 제외하고 비상사태에서 약자를 보호할 역량과 의지를 갖춘 집단이 드물었기 때문이다(Border 2020). 글로벌 팬데믹 앞에서 세계보건기구(WHO)와 같은 국제기구와 비국가 행위자의 한계에 직면한 상황에서 주권국가는 세계정치의 핵심 행위자임을 스스로 증명하였다.

이러한 상황에서 국제경쟁은 더욱 심화되는 역설을 보였다. 글로벌 차원의 보건 위기가 발생하여 국제협력의 필요가 그 어느 때보다 절실해진 상황에서 마주한 비정한 현실이었다. 〈그림 13-3〉에서 보여주듯, 코로나19에 대응하는 각국의 모습은 그 국가와 정부의 역량에 따라 매우 상이하였다.

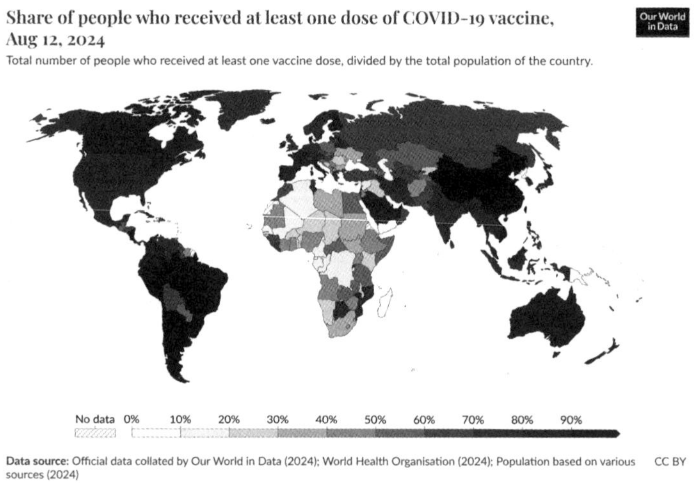

그림 13-3 최소 1회 코로나백신 접종자 국가별 비율

출처: Our World in Data (https://ourworldindata.org/covid-vaccinations)

코로나 백신의 생산은 미국·중국·영국·러시아 기업들에 한정되었다. 코로나19로 인한 각자도생의 상황이 발생하자 미국과 중국은 팬데믹 확산의 책임 논쟁을 펼치면서 백신의 생산과 제공을 두고 경쟁하였다. 중국은 백신의 공공재 성격을 강조하며, 동남아·중동·아프리카·남미의 개도국에 집중적으로 백신을 수출·공여하는 백신외교를 펼쳤다. 자국과 선진국 중심으로 백신을 제공하던 미국은 뒤늦게 백신외교에 뛰어드는 수세적 모습을 보였다(이승주 2022). 양국 모두 글로벌 팬데믹 국면에서 국가 안정과 이익을 추구하며 전략경쟁을 심화시켰던 것이다.

그렇다면 세계정치의 미래는 어떠할 것인가? 강대국 경쟁의 틈바구니 속에서 인류는 더 나은 미래를 만들어갈 수 있을까? 주권국가의 등장은 전쟁을 막기 위한 고육지책이었다. 서로의 주권을 인정하며 충돌을 자제하리라 믿었던 근대국가는 경쟁과 협력을 반복하고 있다. 하지만 21세기 기후변화와 보건위기라는 초국가도전에 맞서서 국가가 함께 효율적으로 맞설 수 있을지 미지수이다. 무엇보다 우크라이나와 대만을 둘러싼 미국, 중국, 러시아, 유럽이 펼치는 강대국 경쟁이 가장 큰 걱정거리이다. 서로를 파트너가 아니라 경쟁자, 나아가 적성국으로 간주하는 상황에서 각국이 협력하며 함께 생존과 번영을 도모할지 의문이다. 그러나 강대국 협력이 없이는 강대국 내부 정치와 경제도 안정화될 수 없기에 서로 이익과 지위를 인정하며 공동 위협에 맞설 가능성도 존재한다. 그렇지 못할 경우 새 술(초국가도전)을 헌 부대(근대국가)에 담을 수 없다는 비판과 우려가 더욱 커질 것이다.

한편, 2000년대부터 꾸준히 중견국 논의가 활발히 진행 중이다. 미국과 중국을 강대국으로 분류할 경우 대다수 주요국은 중견국으로 분류된다. 물론 독일과 러시아, 인도와 일본 등 넓은 영토와 많은 인구를 가진 국가를 중견국의 범주에 넣을 수 있는지를 두고 이견은 존재한다. 이러한 중견국에 대한 관심이 고조된 배경에는 중견국의 역량과 연대가 존재한다. 미국과 중국이 많은 분야에서 선두를 달리고 있지만, 아시아와 유럽 주요국과의 군사적·경제적·기술적 협력 없이 미중 모두 어려운 상황에 놓일 수밖에 없다. 대표적으로 미국이 반도체 생산망 재구축을 위해 한국·대만·일본에 손을 내미는 현실을 생각할 수 있다. 더구나 민주주의 중견국은 2010년대 후반부터 다양한 모습으로 상호 협력을 강화했다. 강대국 충돌로 인한 규칙기반질서의 종식을 막고 국제협력의 토대를 유지하겠다는 공동 의식이 중견국 사이에서 자리 잡았다. 한국 역시 중견국 외교를 본격화하며 세계와 지역 수준에서 폭넓은 역할을 감당한다는 외교 비전을 발표하며 변모하고 있다.

더 생각거리 **신냉전인가?**

포스트 코로나 시대를 맞이하여 신냉전(New Cold War)의 도래를 확신하는 이들이 늘어났다. 앞서 언급한 것처럼 코로나 시기 미국과 중국은 협력이 아니라 경쟁에 방점을 두면서 무역 분쟁과 규범 논쟁을 이어가고 있다. 1929년 세계 대공황 이후 세계가 제2차 대전과 냉전이라는 어두운 터널에 들어갔듯이, 코로나로 인한 글로벌 경제불황이 자국중심주의를 부추기면서 절대 이익이 아니라 상대 이익을 추구하는 경로를 예상한 것이다. 더구나 글로벌 팬데믹으로 정부 역할이 확대되는 추세 속에서 국가 중심적 사고와 그로 인한 경쟁의식이 강화되는 상황이 확산되었다.

코로나19 이후 한때 미중 간 디커플링(decoupling) 전망이 제시되었다. 두 강대국 간 경제적 의존관계가 종식되고 서로 배제된 경제망이 구축되는 상황을 표현한 것이다. 하지만 바이든 행정부는 디커플링이 아니라 디리스킹(derisking)을 추구한다고 명확히 밝혔다. 모든 산업에서 중국과 결별할 의지가 없다는 것이다. 단지 자국 안보에 위협을 초래할 수 있는 물자와 산업에서 거리두기 하여 리스크를 줄이는 계획을 알렸다고 볼 수 있다. 당장 중국에서 생산되는 값싼 공산품이 사라질 경우 발생할 인플레이션을 미국 경제가 감당할 수 없다는 것이 중론이다. 과거 경제적 왕래가 거의 끊겼던 미국-소련과 달리 현재 미국-중국의 경제 의존은 상당한 수준이라는 것을 다시 한번 확인할 수 있다.

미국의 저명한 학자였던 나이(Joseph Nye)는 신냉전 논의를 "게으르고 위험한" 발상이라고 비판한 바 있다(Nye 2021). 현재 미중 관계를 과거 미소 관계에 비유하는 것은 현실을 제대로 개념화하지 못한 것이며 양국 관계의 악화를 부추긴다고 평가한 것이다. 우리의 상상력 빈곤은 과거를 소환하여 설명하는 방식을 채택하게 만든다. 하지만 인공지능과 코로나19가 각각 상징하는 기술발전과 초국가도전은 과거와 다른 미래를 우리에게 선사하고 있다. 과거를 곱씹어 이해하지만 현재를 새롭게 바라보려는 시각과 분석이 필요하다. 더구나 현재의 전망에 따라 미래가 영향 받을 수 있다는 점을 유념해야 한다. 미중 관계를 신냉전으로 바라볼 때 다른 미래가 들어설 자리는 사라진다. 서로를 적대적 라이벌로 바라보는 인식이 양국 협력을 허용하지 않기 때문이다.

그렇다면 과거 미국-소련 경쟁과 현재 미국-중국 경쟁의 차이는 무엇인가? 무엇보다 미국과 소련은 제2차 세계대전 이후 상이한 경제망을 구성하며 자국 중심의 세력권을 형성하였다는 점을 들 수 있다. 현재 미국과 중국은 완전한 결별을 결단할 수 없는 의존 관계에 놓여 있다. 트럼프 2기 행정부는 노골적이고 급작스런 관세 정책을 전면에 내세우지만 그것의 목표는 중국 붕괴가 아니라 미국 우위이다. 또한 20세기 중반 미국과 소련은 월등한 국력을 바탕으로 동맹망을 구축할 수 있었다. 미국이 북대서양조약기구(NATO)와 한미동맹, 한일동맹 등을 구축했다면, 소련은 바르샤바조약기구, 중소동맹, 북중동맹 등을 이끌었다. 현재 전 세계 대다수 주요국은 미중 충돌 가능성을 염려하며 안정적 국제질서의 유지를 희망한다. 비록 다극질서로의 전환을 이끌지는 못하더라도 적대적 양극체제의 등장을 반기지 않는 세력이 존재한다. 더구나 미국과 중국 모두 자국 내 문제로 골치를 앓는 상황이기에 두 나라에 의해 세계가 조만간 양분화된다는 주장은 성급하다고 할 수 있다.

파리협정

발효일: 2016년 12월 03일 〔조약 제2315호〕

2015년 12월 12일 파리에서 개최된 유엔 기후변화협약 당사자총회에서 채택되고, 2016년 8월 30일 제38회 국무회의의 심의를 거쳐 2016년 11월 3일 제346회 국회(정기회) 제11차 본회의의 비준동의를 얻은 후, 2016년 11월 3일 국제연합 사무총장에게 비준서를 기탁하여 2016년 12월 3일자로 대한

민국에 대하여 발효되는 "파리협정"을 이에 공포합니다.

대통령 박근혜 (인)

2016년 11월 10일

국무총리 황교안

국무위원 외교부장관 윤병세

⊙ 조약 제2315호

파리협정

이 협정의 당사자는,

「기후변화에 관한 국제연합 기본협약(이하 "협약"이라 한다)」의 당사자로서,

제17차 협약 당사자총회에서 결정(1/CP.17)으로 수립된 「행동 강화를 위한 더반플랫폼」에 따라,

협약의 목적을 추구하고, 상이한 국내 여건에 비추어 형평의 원칙 및 공통적이지만 그 정도에 차이가 나는 책임과 각자의 능력의 원칙을 포함하는 협약의 원칙에 따라,

이용 가능한 최선의 과학적 지식에 기초하여 기후변화라는 급박한 위협에 대하여 효과적이고 점진적으로 대응할 필요성을 인식하며,

또한, 협약에서 규정된 대로 개발도상국인 당사자, 특히 기후변화의 부정적 영향에 특별히 취약한 개발도상국 당사자의 특수한 필요와 특별한 사정을 인식하고,

자금 제공 및 기술 이전과 관련하여 최빈개도국의 특수한 필요와 특별한 상황을 충분히 고려하며,

당사자들이 기후변화뿐만 아니라 그에 대한 대응 조치에서 비롯된 여파에 의해서도 영향을 받을 수 있음을 인식하고,

기후변화 행동, 대응 및 영향이 지속가능한 발전 및 빈곤 퇴치에 대한 형평한 접근과 본질적으로 관계가 있음을 강조하며,

식량안보 수호 및 기아 종식이 근본적인 우선 과제이며, 기후변화의 부정적 영향에 식량생산체계가 특별히 취약하다는 점을 인식하고,

국내적으로 규정된 개발우선순위에 따라 노동력의 정당한 전환과 좋은 일자리 및 양질의 직업 창출이 매우 필요함을 고려하며,

기후변화가 인류의 공통 관심사임을 인정하고, 당사자는 기후변화에 대응하는 행동을 할 때 양성평등, 여성의 역량 강화 및 세대 간 형평뿐만 아니라, 인권, 보건에 대한 권리, 원주민·지역공동체·이주민·아동·장애인·취약계층의 권리 및 발전권에 관한 각자의 의무를 존중하고 촉진하며 고려하여야 함을 인정하며,

협약에 언급된 온실가스의 흡수원과 저장고의 적절한 보전 및 증진의 중요성을 인식하고,

기후변화에 대응하는 행동을 할 때, 해양을 포함한 모든 생태계의 건전성을 보장하는 것과 일부 문화에서 어머니 대지로 인식되는 생물다양성의 보존을 보장하는 것의 중요성에 주목하고, 일각에게 "기후 정의"라는 개념이 갖는 중요성에 주목하며,

이 협정에서 다루어지는 문제에 대한 교육, 훈련, 공중의 인식, 공중의 참여, 공중의 정보 접근, 그리고 모든 차원에서의 협력이 중요함을 확인하고,

기후변화에 대한 대응에 당사자 각자의 국내 법령에 따라 모든 차원의 정부조직과 다양한 행위자의 참여가 중요함을 인식하며,

또한, 선진국인 당사자가 주도하고 있는 지속가능한 생활양식과 지속가능한 소비 및 생산 방식이 기후변화에 대한 대응에 중요한 역할을 함을 인식하면서,

다음과 같이 합의하였다.

제1조

이 협정의 목적상, 협약 제1조에 포함된 정의가 적용된다. 추가로,

가. "협약"이란 1992년 5월 9일 뉴욕에서 채택된 「기후변화에 관한 국제연합 기본협약」을 말한다.

나. "당사자총회"란 협약의 당사자총회를 말한다.

다. "당사자"란 이 협정의 당사자를 말한다.

제2조

1. 이 협정은, 협약의 목적을 포함하여 협약의 이행을 강화하는 데에, 지속가능한 발전과 빈곤 퇴치를 위한 노력의 맥락에서, 다음의 방법을 포함하여 기후변화의 위협에 대한 전지구적 대응을 강화하는 것을 목표로 한다.

가. 기후변화의 위험 및 영향을 상당히 감소시킬 것이라는 인식하에, 산업화 전 수준 대비 지구 평균 기온 상승을 섭씨 2도보다 현저히 낮은 수준으로 유지하는 것 및 산업화 전 수준 대비 지구 평균 기온 상승을 섭씨 1.5도로 제한하기 위한 노력의 추구

나. 식량 생산을 위협하지 아니하는 방식으로, 기후변화의 부정적 영향에 적응하는 능력과 기후 회복력 및 온실가스 저배출 발전을 증진하는 능력의 증대, 그리고

다. 온실가스 저배출 및 기후 회복적 발전이라는 방향에 부

합하도록 하는 재정 흐름의 조성

2. 이 협정은 상이한 국내 여건에 비추어 형평 그리고 공통적이지만 그 정도에 차이가 나는 책임과 각자의 능력의 원칙을 반영하여 이행될 것이다.

제3조

기후변화에 전지구적으로 대응하기 위한 국가결정기여로서, 모든 당사자는 제2조에 규정된 이 협정의 목적을 달성하기 위하여 제4조, 제7조, 제9조, 제10조, 제11조 및 제13조에 규정된 바와 같이 의욕적인 노력을 수행하고 통보하여야 한다. 이 협정의 효과적인 이행을 위해서는 개발도상국 당사자에 대한 지원이 필요함을 인식하면서, 모든 당사자는 시간의 경과에 따라 진전되는 노력을 보여줄 것이다.

(이하 생략)

출처: 법제처 국가법령정보센터 (https://www.law.go.kr/trtyMInfoP.do?trtySeq=12440)

주요 개념

- **공유지의 비극(tragedy of commons)** 개인 목초지와 달리 공동 목초지는 관리 소홀로 황폐해지는 상황을 묘사함. 흔히 지구상의 국가들이 공유지인 지구 환경을 파괴하는 현실을 설명할 때 자주 활용되는 개념임.
- **집단행동의 문제(collective action problem)** 복수의 행위자가 공동의 목표를 위해 노력할 때, 개인은 무임승차(free riding)를 통해 비용 없이 이득을 챙기려는 상황을 지칭함. 환경문제 해결을 위해 국가들이 노력할 때 자국만은 그

러한 노력을 기울이지 않으려는 현상을 설명할 수 있는 개념임.

- **초국가도전(transnational challenge)** 기후변화와 글로벌 팬데믹 등과 같이 한 국가에 국한되지 않고 다수의 국가가 마주한 공동의 문제를 지칭함. 국경을 무시하고 발생하는 문제들을 해결하기 위해 국제협력이 절실한 현실을 논의할 때 자주 언급됨.

더 읽을거리

- 스티븐 로치. 2023.『우발적 충돌: 미국과 중국은 왜 갈등하는가?』. 이경식 역. 한국경제신문사.

  미국과 중국이 '이해 충돌'보다는 '거짓 서사'로 인해 한층 갈등하는 상황에 내몰리고 있다고 주장함. 서로를 근거 없이 비난하고 의심하는 서사들에서 벗어날 때 미국과 중국은 비로소 서로 협력하며 이해를 증진시킬 수 있다는 논의를 균형감 있게 제시함.

14장

새로운 한반도 — 전장, 시장, 광장

1 한반도의 슬픈 역사

한국의 근현대사를 흔히 질곡의 역사라 칭한다. 질곡은 몹시 속박하여 자유를 가질 수 없는 고통의 상태이다. 19세기 말 개항 이후 망국, 해방, 분단, 전쟁으로 이어지는 주요 사건이 그것을 입증한다. 이러한 역사를 뒤로 하고 20세기 후반부터 한국이 이룬 산업화와 민주화의 가치는 무엇보다 크다고 할 수 있다. 2009년 경제협력개발기구(OECD) 개발원조위원회(DAC)의 회원국이 되면서 한국은 원조를 받는 국가에서 원조를 주는 국가로 성장한 최초 사례가 되었다(이귀원 2015). 흔히 국제정치의 위계와 착취 구조를 지적하는 시각에 대한 반증으로 한국을 지목하는 이유가 여기에 있다. 분명 한국은 다수의 저개발국에게 희망을 주는 사례이다.

하지만 한반도의 슬픈 역사를 되돌아보는 것은 매우 중요하다. 오랫동안 한반도는 강대국 경쟁 속에서 어려움을 겪어왔기 때문이다. 〈표 14-1〉은 한반도 전장(戰場)의 역사를 보여준다. 16세기 임진왜란, 17세기 정묘·병자호란, 19세기 청일전쟁, 20세기 러일전쟁·태평양전쟁·한국전쟁이 발발하였다. 이러한 전쟁은 수만 명에서 수십만 명의 사상자를 낳

표 14-1 동아시아 세력이동과 한반도 전쟁

	한반도	동아시아 (준)패권국	동아시아 도전국	승리국-(준)패전국	전쟁 이후 동아시아 질서
임진왜란 (1592-98)	조공국	명	일	조명 - 일	천하질서 유지
정묘/병자호란 (1627·1636)	조공국	명	청(후금)	청(후금) - 조선	천하질서 약화
청일전쟁 (1894-95)	조공국	청	일	일 - 청	천하질서 붕괴
러일전쟁 (1904-05)	약소국 (半식민지)	러/일	러/일	일 - 러	제국질서 심화
태평양전쟁 (1941-45)	식민지	일	미국	미국 - 일	제국질서 붕괴
한국전쟁 (1950-53)	동맹국 (한국-미국, 북한-소련/중국)	미국/소련	소련/미국	휴전	냉전질서 고착

출처: 정성철(2020, 158), 표 2.

은 대규모 충돌이었을 뿐 아니라 양자가 아닌 다자 간 갈등 속에서 일어났다는 특징을 보인다. 동아시아 강대국의 세력 이동 속에서 그들 사이에 놓인 한반도가 전장으로 전락하고 말았다. 일본과 명(임진왜란), 후금(청)과 명(정묘·병자호란), 일본과 청(청일전쟁), 일본과 러시아(러일전쟁), 일본과 미국(태평양전쟁), 그리고 미국과 소련(한국전쟁)의 갈등이 충돌로 일어난 것이 한반도 전쟁이었다.

이러한 전쟁은 동아시아 국제질서와 밀접한 연관을 맺고 있다. 전국시대를 마감하고 훗날 발 빠른 근대화에 성공한 일본은 명과 청에 대해 각각 전쟁을 일으키며 천하질서에 맞섰다. 이후 일본은 동아시아 패권을 확보하기 위해 러시아와 미국을 상대로까지 전쟁을 펼쳤으나 결국 실패했다. 제2차 대전에서 함께 싸웠던 미국과 소련은 전후 질서에서 주도권을 두고 경쟁하며 각각 남한과 북한을 후원하면서 한반도를 최전선으로 하는 냉전 질서를 형성하였다. 이러한 강대국 충돌 속에서 한반도는 조공국·식민지·분단국이라는 강요된 역할을 받아들일 수밖에 없었다. 이러한 역사가 오늘을 사는 우리에게 '고래 싸움에 새우 등 터진다'는 의식을 심어놓았는지도 모른다.

왜 이런 역사가 반복된 것일까? 많은 이들은 한반도의 지정학을 지적한다. 대륙과 해양을 잇는 한반도는 일본인에게

"일본의 심장을 겨누는 단도(短刀)", 중국인에게 "중국의 머리를 내려칠 망치", 러시아인에게 "침입자에게는 닫혀 있어야 하지만 침략할 때는 열어야 할 뒷문"이었다(Hong 2007, 27). 임진왜란 당시 일본은 조선에게 길을 열라고 했으며, 명은 순망치한의 논리로 조선을 도왔다. 이는 결국 조선이 '전략적 영토'라는 의미이다. 한반도를 차지한 국가는 유리한 고지를 점하지만, 그 상대는 불리한 상황에 빠진다. 만약 상대를 완전 굴복시킬 수 없다면 한반도를 차지하는 차선을 노리는 전략을 강대국이 반복해서 채택했던 것이다. 현재 미국과 중국이 강대국 경쟁을 강화하자 한반도가 전략적 격전지로 재등장했다는 우려가 커지고 있다.

하지만 21세기 미중 경쟁 속에서 한국이 놓인 상황은 과거와 다르다. 약소국이 아니라 중견국의 국력과 위상을 갖춘 한국의 비중과 역할은 중차대하다. 단순히 군사력을 통해 스스로를 방어할 수 있는 안보적 역량뿐 아니라 반도체와 배터리, 군수품과 자동차 등을 수출하는 경제력을 보유하고 미국·유럽·일본 등과 다양한 양자·소다자·다자 협력을 맺는 외교력을 과시하고 있다. 20세기 후반 세계화의 흐름 속에 전 세계는 경제적 상호의존뿐 아니라 문화와 규범의 교류 속에서 글로벌 차원의 국가망을 발전시켰다. 따라서 동아시아는 강대국 경쟁이 발발하는 고립된 지역이 아니기에 한국이 연대하고 협력할 대상은 그 어느 때보다 많다. 미국이 중국과의 경쟁을 염두하며 인도태평양을 중시하자 미국과 아시아 국가(한국·일본·호주·인도)뿐 아니라 유럽과 북미 국가(프랑스·독일·네덜란드·영국·유럽연합·이탈리아·스웨덴·캐나다)가 인도태평양전략을 발표하고 있다.

그동안 대다수 아시아와 유럽 국가는 미중 경쟁 속에서 헤징(hedging) 전략을 구사하였다. '울타리를 친다'는 의미로 안정적 투자 전략을 일컬은 말이었던 헤징은 미국과 중국 모두 중시하는 외교전략을 지칭한다. 미중 어느 한쪽만 선택하는 것은 위험하다는 발상이 작동한 것이다. 그동안 안미경중(安美經中, 안보는 미국, 경제는 중국)을 내세웠던 한국이 대표적 헤징국가였다. 한미동맹을 중시하고 한중협력을 강화하겠다는 외교 목표에 대해 반대하는 목소리를 2010년대 중반까지 찾기 어렵다. 하지만 북한의 4차 핵실험(2016년 1월) 이후 한국 정부가 주한미군의 사드(고고도미사일방어체계, THAAD) 배치를 결정하자 한중관계는 급속히 경색되고 말았다. 중국의 사드 보복이 경제적 형태(자국 내 한국기업에 대한 불이익, 중국인의 한국 관광 금지 등)로 이루어지자 중국에 대한 기대는 우려로 바뀌고 말았다(그림 14-1 참조). 한편, 자국우선주의를 외치던 트럼프가 미국 대통령에 두 차례 당선되면서 미국에 대한 한국인의 불안감은 강화되고 있다. 유럽과 아시아 동맹국에게 무임승차를 경고하였던 트럼프 행정부는 한국 정부에 방위비 분담금의 비상식적인 인상을 요구했고 관세 인상으로 압박을 가한다(한상용 2021). 바이든 행정부가 들어서면서 양국 동맹은 신뢰를 회복하는 듯 했으나 트럼프 대통령의 재선으로 양국 관계와 국제정치의 불확실성은 최고조에 이르렀다.

코로나19로 미중 경쟁이 심화되고 바이든 행정부가 동맹 중시 전략을 펼치자 한국은 미국을 포함한 민주국가와 연대를 강화하고 나섰다. 한미는 2023년 동맹 70주년을 맞이하여 글로벌 포괄적 동맹을 재확인하면서 다영역에 있어서

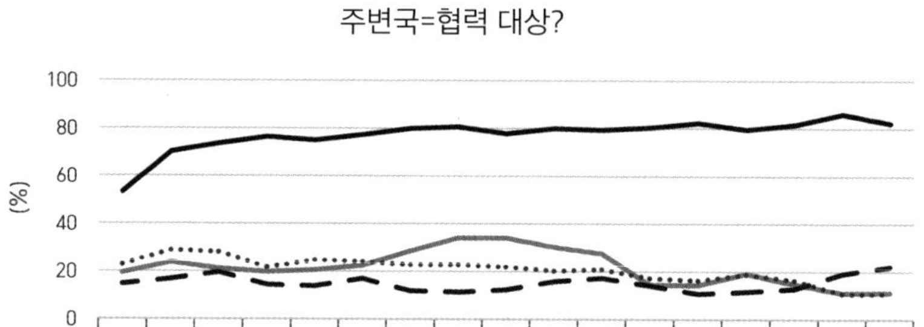

	2007	2008	2009	2010	2011	2012	2013	2014	2015	2016	2017	2018	2019	2020	2021	2022	2023
미국	53.2	70.2	73.6	76.4	75	77.3	79.9	80.6	77.8	80	79.4	80.4	82.3	79.6	81.6	86.1	82.2
중국	19.3	23.7	21.1	19.7	20.5	22.4	28.5	34	34	30.2	27.5	14.5	14.3	19.1	14.8	11.1	11.2
일본	14.6	16.7	19.5	14.3	13.8	16.9	11.8	11.3	12.3	15.8	17.2	14.1	10.7	11.6	12.8	19.1	22
러시아	22.8	28.8	28.1	21.7	24.7	24	22.8	22.8	22	20.3	20.9	17.3	16.3	18.8	16.4	10.8	10.8

그림 14-1 주변국 국가 이미지 (협력·경쟁·경계·적대 중 협력 비율)

출처: 2023 통일의식조사, 서울대 통일평화연구원. (https://ipus.snu.ac.kr/blog/archives/research_cat/unification_perception-survey)

협력을 제도화하는 데 힘을 모았다. 더불어 한국정부는 한일 관계의 개선을 이루면서 한미일 정상회담이 캠프데이비드에서 개최되도록 노력을 기울였다. 그 결과 일본을 '협력대상'으로 바라보는 국민 의식도 2007년 이후 최고 수준에 이르렀다(그림 14-1 참조). 반면에, 중국을 협력대상으로 바라보는 국민 의식은 사드배치 논란 이후 하락하여 2023년 10% 초반에 머물고 있다. 우크라이나를 침공한 러시아를 협력대상으로 바라보는 의식은 10.8%에 불과하다.

한편, 한국은 북한문제를 안고 있다. 북한의 핵과 미사일 개발은 동아시아 안보를 위협하는 요인이며, 북한 인권은 주요 민주국가의 핵심 과제이다. 단순히 한반도의 분단과 냉전이 종식되지 않았다는 민족문제에 머물지 않고 동아시아 안보와 인권의 핵심 사안으로 전 세계의 관심을 끌고 있다. 소련의 해체로 글로벌 차원의 냉전은 종식되었지만 그 무렵 불거진 북핵문제는 지금까지 한반도와 동아시아의 안보를 위협하며 지역 불안을 조장한다. 그동안 북한 지도부는 3대 세습을 통해 압제와 탄압으로 인권을 유린하는 행태를 멈추지 않고 있다. 북한을 탈출한 이들이 한국뿐 아니라 전 세계로 나아가 북한의 실상을 알리자 북한 인권은 국제정치의 주요 어젠다로 자리 잡았다. 따라서 새로운 한반도를 꿈꾸는 이들에게 북한문제는 가장 중요한 과제일 수밖에 없다. 미중 경쟁이라는 걸림돌을 넘어 북한문제를 해결해야 하는 시대를 살고 있다.

2 미래 한반도: '시장'과 '광장'

동아시아를 전장이 아니라 시장(市場)으로 만들려는 노력은 꾸준히 이어졌다. 20세기 후반부터 한국, 일본, 중국 등 동아시아 국가가 경제발전을 이루며 세계경제에 편입되자 이들 국가 간 상호의존은 심화되었다. 결국 세계경제의 중심이 유럽에서 아시아로 이동하면서 강대국의 시선도 동아시아에 쏠리게 되었다. 트럼프 1기 행정부 들어서 미국은 아시아태평양이라는 용어를 인도태평양으로 대체하였다. 생산과 소비의 중심인 아시아에서 자국의 영향력을 유지하겠다는 미국의 의지를 엿볼 수 있는 변화이다. 미국이 인도·태평양 전략을 발표한 이후 아시아 국가들뿐 아니라 유럽의 국가들 역시 인도·태평양 전략을 발표하고 있다. 전 세계 모두가 아시아를 세계경제의 중심으로 바라본 결과일 것이다.

하지만 동아시아의 경제발전과 상호의존이 든든한 안보협력으로 발전하지는 못했다. 이를 '아시아 패러독스'(Asia Paradox)라고 지칭한다. 경제적 의존관계에도 불구하고 안보적 갈등이 높다는 것이다. 이는 경제적 상호의존의 평화효과를 기대하는 이들에게 슬픈 현상이다. 좋은 사업 파트너지만 서로를 위협으로 인식하는 현상인 셈이다. 이러한 동아시아의 안보문제를 민족주의 관점에서 바라보는 이들이 존재한다. 오랜 역사 속에서 영토와 이념 갈등을 겪은 이들 사이에서 경제적 이익이 깊은 신뢰를 가져다주지 못한다는 것이다. 심지어 민주정치를 구현하고 있는 국가 사이에서도 애국주의와 국내정치의 벽을 넘지 못하고 있다는 지적이 등장한다.

현실주의는 동아시아 국가들의 상이한 국력성장을 통해 역내 안보갈등을 설명한다. 급속히 근대화에 성공을 거둔 일본이 19세기 말부터 20세기 초중반까지 안보불안의 핵심이었듯이, 20세기 후반부터 눈부신 경제성장을 이룬 중국이 동아시아 국제관계를 협력보다 갈등으로 몰고 간다는 해석이다. 이는 국내 이념이나 제도와 상관없이 국제관계에서 세력균형과 그 변화에 초점을 맞춘 접근에 따른다. 부상한 중국은 더 많은 것을 요구하고 이는 주변국과 마찰을 일으킬 수밖에 없다는 것이다. 중국이 반식민지 상태에 놓였을 때 형성된 국제질서에 앞으로도 순응할 가능성은 매우 낮다고 예상한다. 적어도 아시아에서 자국의 영향력 확보를 위해 꾸준히 노력하며 이에 대항하는 세력과 갈등하는 상황이 연출되리라 본다. 미중 갈등은 피할 수 없는 미래인 것이다.

다른 이들은 동아시아 국가의 다양한 정치체제에 집중한다. 서유럽의 다수 국가가 안정적 민주체제를 갖춘 것과 반대로, 동아시아는 민주주의와 권위주의가 공존하는 지역이다. 한국과 일본은 대통령제와 의원내각제의 민주주의라면, 중국과 북한은 일당체제와 개인독재의 권위주의를 대표하며, 러시아는 비자유 혼합체제를 유지한다. 이렇듯 상이한 정치제도 속에서 '민주주의 대 권위주도' 구도가 뚜렷해지는 대표 지역으로 동아시아가 주목받고 있다. 흔히 신냉전과 '한미일 대 북중러' 대결을 이야기하는 이들은 정치체제에 따른 진영화가 진행 중이라고 주장한다. 서로의 체제를 인정하고 존중할 수 없기에 불가피하다고 본다.

이러한 상이한 설명 속에서 동아시아에 대한 우려는 깊어가고 있다. 과거 한반도가 냉전의 최전선이었듯, 이제 동남아가 신냉전의 최전선이라는 시각이 우세하다. 대만문제를 두고 중국과 미국이 양보할 수 없는 입장을 내놓고 있으며, 남중국해에서 중국과 동남아 국가들이 펼치는 영해 갈등이 깊은 우려를 낳고 있다. 이러한 상황에서 한반도까지 미국과 중국, 민주주의와 권위주의의 대결 전선이 확장되는 것을 막아야 한다. 하지만 2019년 북미 하노이 정상회담 이후 북미관계·남북관계가 경색되었고 우크라이나 전쟁을 통해서 중국-러시아, 러시아-북한은 그 협력의 수준을 한 단계 상승시켰다. 그러나 아직까지 미중 경쟁은 양국 리더십의 소통 속에서 관리되고 있으며, 북중러 삼국이 한미일 삼국처럼 소다자협력을 제도화시키지는 못하고 있다.

그렇다면 한반도가 전장이 아니라 시장으로 기능할 수 있는 방안은 무엇인가? 나아가 외교적으로 협상하고 문화적으로 교류하는 광장(廣場)으로 거듭날 수는 없을 것인가? 우선 국내적으로 평화와 통일에 대한 논의 속에서 사회적 합의를 도출하는 작업이 선행되어야 한다. 그동안 한국 정치의 보수와 진보는 북한과 미국에 대한 입장차를 중심으로 형성되었다. 해방 이후 한국의 역사 속에서 부상한 양당제는 한국 민주주의의 양 날개를 상징하는 듯했다. 그러나 민주화 이후 한국의 대북·통일·외교정책은 정쟁의 대상이 되면서 집권 세력의 변화에 따라 급선회하는 문제에 부딪혔다. 또한 한국 정부의 대외전략은 국민 반쪽의 지지만 얻은 채 추진되면서 그 영향력과 지속성에서 한계를 노출한 지 오래다.

우리가 대외관계에서 추구하는 이익과 가치는 무엇인가? 우리의 국익은 무엇인가? 생존과 번영인가? 중견국 지위와 선도국 위신인가? 우리는 국내정치에 있어서 끊임없이 자유, 평등, 정의, 공정, 상식을 강조하지만, 우리가 국제정치에서 무엇을 추구하고 있는가? 흔히 국익을 논하지만 그 국익이라는 것이 무엇인가? 이러한 질문과 논의 속에 우리는 대외정책을 수립하고 실행하면서 길을 잃지 않을 수 있다. 무엇보다 우리가 가고자 하는 목적지에 대한 논의부터 시작해야 할 것이다. 일부에서는 평화와 통일이 서로 상반된 목표라고 평가하지만, '평화 없는 통일' 혹은 '통일 없는 평화'가 과연 바람직하고 가능한지에 대한 숙의가 필요하다.

코로나19 이후 국제질서 전환기 한반도의 운명은 정해지지 않았다. 국제질서의 전환 혹은 변환 속에 한반도 격변을 경험한 우리가 국제정치의 변화에 민감한 것은 당연하다. 하지만 그 변화의 방향과 결과를 단정하는 것은 부적절하다. 우리의 미래는 지금 만들어지고 있으며, 선진 중견국 대열에 합류한 한국의 역할과 영향은 그 어느 때보다 중요하다. 그렇다면 보수와 진보 양극화를 극복면서 우리의 이익과 가치를 담은 대외전략을 고안하고 실행하는 것이 남았다. 우리의 정체성과 사회 합의를 담아낸 정책과 전략으로 이웃국과 주요국에게 강한 신호를 보낼 수 있어야 한다. 역량만큼 중요한 것이 단합이라는 사실을 기억하며 광장이자 시장인 한반도를 지향해야 한다. 동아시아 평화와 번영의 출발지를 만들려는 선한 계획과 굳은 의지가 필요한 때이다.

더 생각거리 **민주화 이후 한국의 대외정책**

민주주의는 어떠한 대외정책을 펼치는가? 많은 이들이 민주주의는 국내정치에서 순기능을 발휘하지만 외교정책에서 걸림돌이라고 바라본다. 다른 국가와 비밀 협상하는 상황에서 주요 정보가 언론을 통해 누설되기 일쑤이며, 국내여론에 휘둘려 대외정책이 요동친다는 이유이다. 민주화 이전 대한민국의 대북·대외관계에서 이승만·박정희라는 두 인물이 차지하는 비중과 역할은 지대했다. 그만큼 권력이 집중된 국가의 자연스러운 결과였다. 그렇다면 민주화 이후 한국의 대외정책은 어떠했는가? 성숙한 민주주의로 나아가는 동안 대외관계는 후퇴했는가?

상당수의 학자는 민주주의가 대외관계에 미치는 긍정적 효과에 주목한다. 우선 민주주의는 자발성에 기초해 자원동원에 이점을 발휘한다는 주장이 존재한다. 이른바 민주승리론(democratic victory)을 주장하는 근거 중 하나이다. 위급한 상황에서 강제가 아닌 자원에 기초한 사회가 응집력 있는 대응을 한다는 점이다. 더구나 다수의 숙고와 협의에 기초한 의사결정은 현명한 결정을 낳을 가능성이 높다고 생각할 수 있다. 물론 민주국가가 어처구니없는 실수를 저지르는 경우도 종종 있다. 다만 그 빈도와 수준이 약하다는 것이다.

더불어 민주국가의 국내합의는 대외적으로 강력한 무기라는 주장이 존재한다. 만약 다양한 국내세력이 합의하는 지점이 존재한다면 민주 지도자는 대외협상에서 그것을 양보할 수 없다고 상대국을 설득할 수 있다. 자신의 역량과 의지와 상관없이 그것을 수용한다면 국내 역풍으로 양국 합의 자체가 효력을 잃을 것이라고 주장할 수 있기 때문이다. 상대국은 이런 주장이 빈말이 아니라는 사실을 언론보도 등을 통해 간접적으로 확인하고 수긍하게 된다. 예를 들어, 무역협상에서 특정 상품에 대한 개방이 불가하다는 국내 합의가 존재한다면 다른 국가가 그 상품에 대한 개방을 요구하는 것이 무의미할 수 있다. 강대국이 그 상품의 개방을 관철시켰다고 하더라도 그 국가의 국내 비준은 실패할 가능성이 매우 높기 때문이다.

여당과 야당이 동일한 목소리를 낼 경우 민주국가는 다른 국가에게 명확한 메시지를 던질 수 있다. 자국의 의지와 선호를 표현할 경우 다른 국가는 의심의 눈초리를 보내기 마련이다. 허세(bluffing)라면 무시할 수 있다. 하지만 정부와 야당의 지도자가 한목소리로 이야기하는 부분에 대해선 그 의심이 사라진다. 이러한 경우 행정부가 바뀌더라도 그 기조가 이어지리라는 믿음이 확산될 수 있다. 반대로 정부의 주장에 대해 야당이 비판하는 상황에서 다른 국가는 그 메시지를 무시할 가능성이 높다. 그 민주정부의 국내 동력이 약할 뿐 아니라 차기정부는 상이한 정책을 펼칠 수 있다는 판단이 서기 때문이다.

민주화 이후 대한민국의 대북·대외정책은 어떠한가? 대다수 전문가들이 보수와 진보라는 진영 대결 속에서 대외정책이 국내 정치화되었다는 비판을 제기한다. 외교에 있어서 여당도 야당도 없다는 말을 심심치 않게 듣지만 우리의 현실은 정반대인 것이다. 정권교체를 이룬 경우 이전 정부의 대북·통일·외교정책은 척결과 혁신의 대상이 되곤 한다. 이러한 상황에서 장기적 관점에서 대외관계를 구축하는 작업은 불가능하다. 다른 국가 역시 몇 년 이후 한국의 대응을 예상하며 불안하다는 눈빛을 거두지 않을 것이다. 장기집권을 이어가는 비민주국가의 눈에도 한국을 불안정하고 불확실한 상대로 여길 수 있다. 우리 안의 대화와 논의 속에서 공통분모를 찾아가는 노력이 무엇보다 중요한 이유이다.

민족공동체통일방안

「민족공동체통일방안」은 우리 정부의 공식 통일방안입니다. 1994년 8월 15일 김영삼 대통령이 제시한 통일방안으로서, 1989년 9월 11일 노태우 정부 시기에 발표된 「한민족공동체통일방안」을 계승하면서 남북기본합의서 발효 등 상황변화를 반영하여 보완·발전시킨 것입니다.

1. 배경 및 특징

1994년 8월 15일 김영삼 대통령은 광복절 경축사를 통해 새로운 통일방안을 제시했습니다. 「한민족공동체 건설을 위한 3단계 통일방안」(약칭, 「민족공동체통일방안」)이 그것입니다.

「민족공동체통일방안」은 기본적으로 1989년 9월 11일 천명된 「한민족공동체통일방안」을 계승하면서 보완·발전시킨 것으로, 세계적인 탈냉전과 남북 체제경쟁의 종결, 그리고 1992년 2월 19일 '남북기본합의서' 발효 등 여러 가지 새로운 국면 조성에 부응하여 제시된 것이었습니다.

「민족공동체통일방안」은 동족상잔의 전쟁과 장기간의 분단이 지속되어온 남북관계 현실을 고려한 바탕위에서 통일의 접근방법을 제시하고 있습니다. 우선 남북 간 화해협력을 통해 상호 신뢰를 쌓고 평화를 정착시킨 후 통일을 추구하는 점진적·단계적 통일방안입니다.

남과 북의 이질화된 사회를 하나의 공동체로 회복·발전시켜 궁극적으로는 '1민족 1국가'의 통일국가 실현을 목표로 하고 있습니다.

1989년 천명된 「한민족공동체통일방안」은 화해와 신뢰구축의 과정을 남북연합으로 나아가기 위한 자연스러운 과정으로 본데 비해, 「민족공동체통일방안」은 이 과정을 단계화한 것이 특징입니다. 「민족공동체통일방안」은 현재까지 대한민국 정부의 공식 통일방안으로 지속되고 있습니다.

2. 주요 내용

① 통일의 기본철학과 원칙

「민족공동체통일방안」에서는 통일의 기본철학으로서 자유민주주의를 제시하고 있습니다. 이는 우리가 통일로 나아가는 과정이나 절차에서 뿐만 아니라 통일국가의 미래상에서도 일관되게 추구해야 할 가치는 자유와 민주가 핵심으로 되어야 한다는 것을 의미합니다.

이와 함께 통일의 접근시각으로 민족공동체 건설을 제시하였습니다. 민족통일을 통하여 국가통일로 나가자는 뜻입니다. 통일은 권력배분을 어떻게 하느냐보다는 민족이 어떻게 함께 살아가느냐에 초점이 맞추어져야 하며, 계급이나 집단중심의 이념보다는 인간중심의 자유민주주의가 바탕이 되어야 한다는 것입니다.

또한 「민족공동체통일방안」은 통일을 추진함에 있어서 견지해야 할 기본 원칙으로서 자주, 평화, 민주를 제시하고 있습니다.

'자주'의 원칙은 우리 민족 스스로의 뜻과 힘으로, 그리고 남북 당사자 간의 상호 협의를 통해 통일이 이루어져야 한다는 것을 의미합니다.

'평화'의 원칙은 통일이 전쟁이나 상대방에 대한 전복을 통해서 이루어질 수 없으며, 오직 평화적으로 이루어져야 한다는 점을 강조합니다.

'민주'의 원칙이란 통일이 민족구성원 모두의 자유와 권리를 바탕으로 이루어지는 민주적 통합의 방식으로 이루어져야 한다는 원칙입니다.

② 통일의 과정

「민족공동체통일방안」에서 통일은 하나의 민족공동체를 건설하는 방향에서 점진적·단계적으로 이루어 나가야 한다는 기조 하에 통일의 과정을 화해·협력단계 → 남북연합단계 → 통일국가 완성단계의 3단계로 설정하고 있습니다.

1단계인 '화해·협력단계'는 남북이 적대와 불신·대립관계를 청산하고, 상호 신뢰 속에 긴장을 완화하고 화해를 정착시켜 나가면서 실질적인 교류 협력을 실시함으로써 평화공존을 추구해 나가는 단계입니다. 즉 남북이 상호 체제를 인정하고 존중하는 가운데 분단상태를 평화적으로 관리하면서 경제·사회·문화 등 각 분야의 교류협력을 통해 상호 적대감과 불신을 해소해 나가는 단계라 할 것입니다. 이러한 1단계 과정을 거치면서 남북은 상호신뢰를 바탕으로 민족동질성을 회복하면서 본격적으로 통일을 준비하는 방향으로 나가게 됩니다.

「민족공동체통일방안」은 남북 간의 공존을 제도화하는 중간과정으로서 과도적 통일체제인 '남북연합'을 2단계로 설정하였습니다. 이 단계에서는 남북 간의 합의에 따라 법적·제도적 장치가 체계화되어 남북연합 기구들이 창설·운영되게 됩니다. 남북연합에 어떤 기구를 두어 어떤 일을 할 것인가는 남북 간의 합의에 의해 구체적으로 정해질 것이지만, 기본적으로는 남북정상회의, 남북각료회의, 남북평의회 그리고 공동사무처가 운영될 것입니다.

마지막 '통일국가 완성' 단계는 남북연합 단계에서 구축된 민족공동의 생활권을 바탕으로 정치공동체를 실현하여 남북 두 체제를 완전히 통합하는 것으로서 1민족 1국가의 단일국가를 완성하는 단계입니다. 즉, 남북 의회 대표들이 마련한 통일 헌법에 따른 민주적 선거에 의해 통일정부, 통일국회를 구성하고 두 체제의 기구와 제도를 통합함으로써 통일을 완성하는 것입니다.

③ 통일의 미래상

「민족공동체통일방안」에서는 통일국가의 미래상으로 민족 구성원 모두가 주인이 되며 민족구성원 개개인의 자유와 복지와 인간존엄성이 보장되는 선진 민주국가를 제시하고 있습니다.

첫째, 민족공동체 건설을 위한 전제조건인 자유민주주의는 자유와 평등을 기본으로 삼권분립, 법치주의, 의회제도, 시장경제, 시민사회 등을 근간으로 이루어져 있습니다. 자유민주주의를 제대로 작동시키기 위해서는 이와 같이 민주적 기본원칙을 준수하는 규범적 토대가 마련되어야 합니다.

둘째, 경제적으로는 시장경제를 바탕으로 모든 국민이 잘사는 국가, 소외된 계층에게는 따뜻한 사회, 국제사회의 공동번영에 기여하는 나라가 되어야 합니다.

셋째, 대외적으로는 성숙한 세계국가로 나아가기 위한 국가역량을 강화해야 합니다. 선진 복지경제 및 확고한 국가안보 역량과 함께 높은 문화적 국력도 갖춘 국가를 지향해야 합니다.

출처: 통일부(https://unikorea.go.kr/unikorea/policy/Mplan/Pabout/)

주요 개념

- **헤징전략(hedging)** 울타리를 친다는 뜻으로 분산전략을 지칭하는 용어임. 두 강대국 사이에서 어느 한쪽도 포기하지 않으려는 비강대국의 전략을 지칭함.
- **아시아 패러독스(Asia Paradox)** 국가 간 경제협력에도 불구하고 안보불안을 겪는 동아시아를 설명하는 용어임. 경제적 상호의존론의 주장과 달리 의존관계에도 불구하고 안보경쟁을 이어가는 현상을 패러독스로 지칭함.

더 읽을거리

- 윤영관. 2015. 『외교의 시대: 한반도의 길을 묻다』. 미지북스.

  우리의 시각에서 국제정치의 역사와 현실을 흥미롭게 논할 뿐 아니라 한반도 평화와 통일로 가는 한국의 전략까지 설득력 있게 제시함. 미중 충돌의 피해를 막고 북한 문제 해결을 위해서 한국이 미국, 일본, 중국과의 관계를 중첩적으로 발전시키면서 외교의 공간을 글로벌 차원으로 확대할 것을 제안함.

나가는 글

지난 30년은 '전쟁 없는 세계'를 꿈꾸는 이들에게 실망을 안겨다 주었다. 1989년 베를린 장벽이 무너진 후 소련이 해체되면서 냉전이 종식된 세계 속에 많은 이들은 평화로운 세계를 희망했다. 그러한 희망을 품은 표현이 바로 "역사의 종말"이었다. 하지만 2025년 현재 세계는 유럽과 중동에서 전쟁이 평화롭고 정의롭게 마무리되기를 바랄 뿐이다. 희망의 자리에 걱정이 들어섰다. 이른바 자유주의 학자가 제시했던 국제질서와 상호의존에 기초한 평화의 시대는 왜 지속되지 못했는가? 사실 1990년대만 하더라도 미국이 주도하는 단극체제 속에서 자유주의와 상호주의를 지향하는 국제질서가 뚜렷한 저항 없이 확장되면서 세계화가 현실화되는 듯하였다.

2001년 9·11테러가 발생하자 사람들은 헌팅턴의 "문명의 충돌"에 대한 경고를 떠올렸다(Huntington 1993; 1996). 미국이라는 초강대국에 대항하는 국가는 없을지라도 서구문명에 저항하는 비국가 행위자가 부상한 순간이었다. '국가 vs 국가' 전쟁 패러다임은 철 지난 유물에 불과하다는 인식 속에 국가의 쇠퇴와 세계정치에 대한 관심이 치솟았다. 이후 미국의 이라크 침공에 대한 전 세계적인 우려와 반발은 뚜렷했지만, 자유주의 세계질서의 내구성을 의심하는 이들은 적었다. 테러집단과 어떻게 싸울지에 대한 방법론을 둘러싼 고민은 커졌지만 그들의 존재가 20세기 초 두 차례 세계대전과 같은 거대한 충돌을 낳으리라는 전망은 드물었다.

그러나 2008년 글로벌 금융위기 이후 미국과 중국의 경쟁이 격화되고 중국과 이웃국의 분쟁이 잦아들자 세계는 강대국 충돌을 본격적으로 우려하고 있다. "중국의 부상은 평화로울 수 없다"는 미어세이머의 오랜 외침이 마치 실현된 듯한 현실을 살고 있다(Mearsheimer 2001; 2006). 농경시대와 달리 산업시대에서 전쟁 비용은 전쟁 이익을 훨씬 초과하면서 산업화를 달성한 국가로 하여금 전쟁을 기피하게 만들고 있다(Levy and Thompson 2011). 그럼에도 미국과 중국의 다방면에 걸친 경쟁이 격화되고 러시아가 서방책임론을 내세우며 우크라이나를 침공하자 세계 곳곳에서 새로운 냉전이 시작되었다는 평가가 넘쳐나는 요즘이다.

이러한 불확실성 속에서 국제정치학의 중요성은 더욱 부각된다. 일각에서는 국제정치학을 강대국의 학문, 즉 그네들만을 위한 학문으로 바라본다. 두 차례 세계대전을 겪으면서 미국과 유럽을 중심으로 성장한 학문이기에 완전히 틀린 말도 아니다. 대다수 이론도 유럽과 미국의 역사적 경험과 현실적 고민을 담고 있음을 부정할 수 없다. 미국에 유학 간 대다수 연구자가 그네들의 문제의식에 갇혀 훈련받고 연구한다는 비판마저 존재한다. 사실 현실과 학문의 불가분 관계를 고려한다면 글로벌 선도국으로 수십 년을 군림한 미국이 국제정치학에 미친 영향을 부정할 수 없다. 수백 년 동안 국제정치를 좌지우지한 서구가 국제정치학의 창시자이자 수혜자였던 셈이다.

하지만 국제정치의 가장 큰 희생자는 약소국이다. 한반도의 역사가 그것을 보여준다. 주권, 국가, 민주라는 개념조차 낯선 조선인은 나라를 잃었고, 다극체제에서 양극체제로의 전환을 인지하지 못했던 한국인은 분단과 전쟁을 피할 수 없었다. 약소국의 운명과 진로에 있어서 국내적 요인만큼 국제적 요인이 중요하다는 점에 많은 이들이 동의한다. 눈에 잘 띄지 않을 뿐이다. 한국의 산업화와 민주화를 논할 때 냉전기 자유진영의 후원을 무시할 수는 없다. 물론 단일 요인으로 매사를 설명할 수 없지만, 한국의 정치와 경제, 사회와 문화에 있어서 국제정치는 공기와 같은 존재였다.

따라서 한국인이 국제정치를 이해하려는 노력은 무엇보다 유익하고 의미 있다. 물론 우리가 국제정치를 얼마나 주도할 수 있는지, 다른 국가의 존중과 동의를 이끌는지를 생각하면 답답함을 넘어서 무력감까지 몰려온다. 하지만 나와 우리를 진지하게 파악하려는 개인과 집단에게 국제정치학은 매우 유용한 관점과 도구를 제공한다. 만약 서구의 학자가 오랜 기간 동안 고안하고 발전시킨 개념과 이론이 우리의 삶을 비춰주지 않는다면 그것은 지적 사치품에 불과하다. 반대로 우리를 이해하고 설명하는데 도움을 준다면 그것은 생산지와 상관없이 구입해야 할 필수품이다. 더구나 학문의 생태계가 세계화되면서 이론과 학문의 국적과 생산지를 따지는 것은 한층 모호하고 무의미해졌다.

우리를 둘러싼 국제정치를 기억하며 모든 독자가 우리와 그들에 대한 이해를 넓혀가기를 바란다. 근대국가의 등장 이후 국가에서 자유로운 개인은 찾기 힘들다. 동시에 국가 역시 다른 국가와 영향을 주고받으며 살아남거나 사라졌다. 이러한 근대국제체제의 속성과 동학을 상정할 때 과거·현재·미래 속 우리를 이해하고 전망하는 작업은 한층 적실할 것이다. 단순히 부도덕하고 불완전한 개인과 국가에 모든 책임을 돌리며 맞서는 분노자가 아니라, 우리를 유인하고 압박하는 구조 속에서 새 길을 만드는 지혜자를 희망한다. 그러한 지혜로운 개인이 함께 모여 일구는 한반도는 한결 평화롭고 자유로울 것이다.

참고문헌

구본권. 2022. "세계를 하나로 묶은 인터넷 '바벨탑 이후'처럼 쪼개지나." 『한겨레』 (3월 21일). https://www.hani.co.kr/arti/economy/it/1035579.html (검색일: 2024.2.6.)

그레이엄 앨리슨. 2018. 『예정된 전쟁: 미국과 중국의 패권경쟁, 그리고 한반도의 운명』. 정혜윤 역. 세종서적.

김성배. 2007. "19세기 조선의 유교와 근대국제정치: 운양 김윤식의 경우." 『국제정치논총』 47(2): 123-148.

김승욱. 2023. "'北무인기 잡아라'...군·정부 주요시설에 '안티 드론'체계 도입." 『연합뉴스』 (7월 6일). https://www.yna.co.kr/view/AKR20230705120000504 (검색일: 2024.2.2.)

김영식·김병훈. 2022. "러시아·우크라이나 전쟁과 에너지의 무기화 전략." 『러시아 연구』 32(2): 47-73.

김영화. 2024. "친중과 친미 넘어 타이완이 선택한 것." 『시사IN』 (1월 25일). https://www.sisain.co.kr/news/articleView.html?idxno=52093 (검색일: 2024.1.26.)

김용구. 2001. 『세계관 충돌과 한말 외교사, 1866-1882』. 서울: 문학과지성사.

김윤종·황성호. 2022. "푸틴 '서방이 영토 침략' 침공 정당화… 전승절 승리선언 못했다." 『동아일보』 (5월 10일). https://www.donga.com/news/article/all/20220510/113307971/1 (검색일: 2022.7.14.)

김인수. 2020. "제2, 제3의 트럼프 나올 수밖에 없는 이유: 세계화의 패배자와 민주당의 배신." 『매일경제』 (11월 12일). https://www.mk.co.kr/news/columnists/9604967 (검색일: 2024.1.29.)

김지헌. 2022. "작년 국방비 지출 미국·중국·인도 순…한국은 10위 유지." 『연합뉴스』 (12월 9일). https://www.yna.co.kr/view/AKR20221209048800504 (검색일: 2024.1.9.)

노석조. 2022. "北, 핵개발에 2조원 써… 4년치 식량난 해결할 수 있는 돈." 『조선일보』 (9월 27일). https://www.chosun.com/politics/politics_general/2022/09/27/5ONSIDI2ZBHCVKP7GEEXEQEINM/

돈 오버도퍼. 2002. 『두 개의 한국』. 이종길 역. 길산.

류지복. 2020. "트럼프, '솔레이마니 살해' 작년 6월 조건부로 이미 승인." 『연합뉴스』 (1월 14일). https://www.yna.co.kr/view/AKR20200114002500071 (검색일:

2024.1.31.)
머니투데이. 2023. "'라면으로 한끼 때우자'도 부담...5월 라면값, 14년 만에 최고 상승." (6월 5일). https://news.mt.co.kr/mtview.php?no=20230606 15055660746 (검색일: 2024.1.8.)
박수현. 2019. "부활한 레이건의 '스타워즈'…美, 우주기반 미사일 방어 추진." 『조선일보』 (1월 18일). https://www.chosun.com/site/data/html_dir/2019/01/18/2019011800767.html?utm_source=naver&utm_medium=original&utm_campaign=news (검색일: 2024.1.9.).
박인숙. 2012. "레이건 행정부와 전략방어정책: 추진 배경에 대한 분석." 『미국사연구』 35: 191-223.
박인휘 외. 2023. 『영·미 사례를 통한 미중 패권전환 가능성 분석: 무역, 금융, 안보, 다자주의를 중심으로』. 대외경제정책연구원 연구보고서 23-29.
박주화. 2023. "핵무장을 원하는 국민인식의 세 가지 특징." 통일연구원 Online Series CO 23-04. https://www.kinu.or.kr/pyxis-api/1/digital-files/7c1b2d77-5ae9-4e4b-bcbf-4185f33ecd67 (검색일: 2024.1.8.).
부에노 데 메스키타, 브루스·알라스테어 스미스. 2012. 『독재자의 핸드북: 사상 최악의 독재자들이 감춰둔 통치의 원칙』. 이미숙 역. 웅진지식하우스.
손영동. 2020. "'잠복기간 5년'…이란 핵개발 막으려 은밀한 공격 나선 미국." 『중앙일보』 (2월 11일). https://www.joongang.co.kr/article/23703284#home (검색일: 2024.2.1.)
연합뉴스. 2009. "오바마 노벨평화상, 북핵 접근법 영향줄까." (10월 9일). https://n.news.naver.com/mnews/article/001/0002909018?sid=104 (검색일: 2024.1.31.)
연합뉴스. 2023. "러 '韓, 우크라 무기공급은 전쟁개입 의미'...양국 긴장 고조되나." (4월 19일). https://www.yna.co.kr/view/AKR20230419157154009?section=-search (검색일: 2024.1.8.)
이귀원. 2015. "〈광복70년〉 원조 수혜국서 공여국으로…G20 역할 주도." 『연합뉴스』 (6월 9일). https://www.yna.co.kr/view/AKR20150608086300043?section=-search (검색일: 2024.2.4.)
이명환. 2007. "30년 전쟁기(1618~1648)의 군사 과학기술과 전쟁술: 구스타부스 아돌푸스(Gustavus Adolphus)의 전쟁을 중심으로." 서양사 속의 과학과 기술. 한국과학사학회·한국서양사학회 학술대회(4월 21일).
이승주. 2022. "코로나 위기 이후 세계정치경제질서 시리즈③_ 코로나19 시대 미중 지역 전략의 경쟁: 백신 외교의 정치경제." EAI 워킹페이퍼(2월 8일). https://www.eai.or.kr/new/ko/project/view.asp?code=107&intSeq=21076&

board=kor_workingpaper&keyword_option=&keyword=& more= (검색일: 2024.2.3.)

정성철. 2013. "관심전환전쟁이론: 논리와 근거." 『한국정치학회보』 47(5): 389-406.

정성철. 2020. "동아시아 세력전이와 한반도 전쟁: 19세기 청일전쟁과 21세기 미중경쟁." 동북아역사재단 한일역사문제연구소 편. 『청일전쟁과 근대 동아시아의 세력전이』. 동북아 역사재단.

정성철. 2021. "미국의 인식과 전략-한국외교에의 함의." 『미중 기술패권경쟁의 미래』 국회미래연구원 연구보고서 21(16).

정성철. 2023. "사이버 안보 동맹." 한국사이버안보학회 추계학술회의. 10월 11일.

정은혜·박형수. 2022. "63%→83% 전쟁으로 떠받친 지지율, 푸틴 실각땐 러 혼란." 『중앙일보』 (5월 8일). https://www.joongang.co.kr/article/25069429# home (검색일: 2022.7.21.)

조기원. "군사용 드론 시험장이 된 우크라이나." 『한겨레』 (11월 10일). https://www.hani.co.kr/arti/opinion/column/1066719.html (검색일: 2024.1.31.)

조동준. 2004. "'자주'의 자가당착: 한반도 국제관계에서 나타난 안보모순과 동맹모순." 『국제정치논총』 44(3): 25-49.

찰스 킨들버거. 2018. 『대공황의 세계 1929-1939』. 박정태 역. 굿모닝 북스.

참여연대. 2021. "2022년 국방예산 삭감 촉구 '국방비 증액 그만해! 이러다가는 다 죽어!'." 평화군축센터. https://www.peoplepower21.org/peace/1836000 (검색일: 2024.1.9).

채제우. 2024. "中, 대만 침공 쉽게 못하는 까닭…"TSMC 반도체가 '호국신산'"." 『조선일보』 (1월 28일). https://www.chosun.com/economy/weeklybiz/2024/01/25/HN5XMMHYARE4FANFBAQTYPCDJI/?utm_source=naver&utm_medium=referral&utm_campaign=naver-news (검색일: 2024.1.29.)

한상용. 2021. "트럼프 억지에 1년반 끈 방위비…바이든 취임하자 속전속결 타결." 『연합뉴스』 (3월 10일). https://www.yna.co.kr/view/AKR2021 03100 55400504 (검색일: 2024.2.4.)

함규진. 2010. "20세기 초 한반도가 분할됐다면, 1910-2010년 가상역사 '만약에'." 『한겨레21』 (1월 5일). https://h21.hani.co.kr/arti/special/special_general/26452.html (검색일: 2024.1.8.).

현승수. 2023. "우크라이나 전쟁과 에너지 분쟁." 전재성 외. 『우크라이나 전쟁의 현재와 미래』 한반도 포커스 2023-03. 서울: 경남대학교 극동문제연구소.

Aitken, Jonathan. 2014. "Caught on tape, the day Ronald Reagan turned on the charm to avoid a Maggie handbagging: Secret White House tape recordings reveal his apology to furious Thatcher over America's 1983 invasion of Grenada." *Mail Online* (November 11). https://www.dailymail.co.uk/news/article-2829382/Caught-tape-day-Ronald-Reagan-turned-charm-avoid-Maggie-handbagging-Secret-White-House-tape-recordings-reveal-apology-furious-Thatcher-America-s-1983-invasion-Grenada.html (검색일: 2022.7.20.)

Allison, Graham and Eric Schmidt. 2020. "Is China Beating the U.S. to AI Supremacy?" Avoiding Great Power War Project, Belfer Center at Havard Kennedy School. https://www.belfercenter.org/publication/china-beating-us-ai-supremacy (검색일: 2024.2.2.)

Allison, Graham and Philip Zelikow. 1999. *Essence of Decision: Explaining the Cuban Missile Crisis*. second edition. New York: Longman.

Allison, Graham. 2017. *Destined for War: Can America and China Escape Thucydides's Trap?* Boston: Houghton Mifflin Harcourt.

Axelrod, Robert, and Robert O. Keohane. 1985. "Achieving Cooperation under Anarchy: Strategies and Institutions." *World Politics* 38(1): 226-254.

Barnett, Michael N., and Jack S. Levy. 1991. "Domestic Sources of Alliance and Alignments: The Case of Egypt, 1962-73." *International Organization* 45(3): 369-395.

Blinken, Antony J. 2022. "The Administration's Approach to the People's Republic of China." Speech at the George Washington University (May 26). https://www.state.gov/the-administrations-approach-to-the-peoples-republic-of-china/ (검색일: 2024.1.27.)

Border, Julian. 2004. "War 'Making World Safer'." *The Guardian* (January 21). https://www.theguardian.com/world/2004/jan/21/uselections2004.usa (검색일: 2024.1.30.).

Border, Julian. 2020. "The State We're In: Will the Pandemic Revolutionise the Role of Government?" *The Guardian* (April 26). https://www.theguardian.com/us-news/2020/apr/26/government-state-role-pandemic-coronavirus (검색일: 2024.2.3.)

Bueno de Mesquita, Bruce, James D. Morrow, Randolph M. Siverson, and Alastair Smith. 1999. "An Institutional Explanation of the Democratic Peace." *American Political Science Review* 93(4): 791-807.

Bueno de Mesquita, Bruce, James D. Morrow, Randolph M. Siverson, and Alastair

Smith. 2003. *The Logic of Political Survival*. Cambridge: MIT Press.

Carr, Edward Hallett. 2001[1939]. *The Twenty Years' Crisis, 1919-1939*. Reissued with a new preface from Michael Cox. Springer.

Chiozza, Giacomo. 2002. "Is There a Clash of Civilizations? Evidence from Patterns of International Conflict Involvement, 1946-97." *Journal of Peace Research* 39(6): 711-734.

Christensen, Thomas J., and Jack Snyder. 1990. "Chain Gangs and Passed Bucks: Predicting Alliance Patterns in Multipolarity." *International Organization* 44(2): 137-168.

Cooley, Alexander, Daniel Nexon, and Steven Ward. 2019. "Revising Order or Challenging the Balance of Military Power? An Alternative Typology of Revisionist and Status-Quo States." *Review of International Studies* 45(4): 689-708.

Copeland, Dale C. 2014. *Economic Interdependence and War*. Princeton University Press.

Dittmer, Lowell. 1981. "The Strategic Triangle: An Elementary Game-Theoretical Analysis." *World Politics* 33(4): 485-515.

Doyle, Michael W. 1983. "Kant, Liberal Legacies, and Foreign Affairs." *Philosophy & Public Affairs* 12(3): 205-235.

Doyle, Michael W. 1986. "Liberalism and World Politics." *American Political Science Review* 80(4): 1151-1169.

Embassy of the People's Republic of China in the USA. 2022. "China's Comprehensive, Systematic and Elaborate Response to Secretary Antony Blinken's China Policy Speech." (June 19). http://us.china-embassy.gov.cn/eng/zmgx/zxxx/202206/t20220619_10706097.htm (검색일: 2024.1.27.)

Farber, Henry S., and Joanne Gowa. 1995. "Polities and Peace." *International Security* 20(2): 123-146.

Fazal, Tanisha M. 2007. *State Death: The Politics and Geography of Conquest, Occupation, and Annexation*. Princeton University Press.

Fearon, James D. 1995. "Rationalist Explanations for War." *International Organization* 49(3): 379-414.

Gartzke, Erik. 2007. "The Capitalist Peace." *American Journal of Political Science* 51(1): 166-191.

Gilpin, Robert. 1981. *War and Change in World Politics*. Cambridge University Press.

Grieco, Joseph M. 1988. "Anarchy and the Limits of Cooperation: A Realist Critique of the Newest Liberal Institutionalism." *International Organization* 42(3): 485-507.

Haass, Richard. 2019. "How a World Order Ends: And What Comes in Its Wake." *Foreign Affairs* 98(1): 22-30.

Hedley Bull. 1977. *The Anarchical Society: A Study of Order in World Politics*. Columbia University Press.

Henderson, Errol A., and Richard Tucker. 2001. "Clear and Present Strangers: The Clash of Civilizations and International Conflict." *International Studies Quarterly* 45(2): 317-338.

Hendrickson, Ryan C. 2002. "Clinton's Military Strikes in 1998: Diversionary Uses of Force?" *Armed Forces & Society* 28(2): 309-332.

Hong, Hyun Woong. 2007. "American Foreign Policy toward Korea, 1945-1950." PhD Dissertation, Department of History, Oklahoma State University.

Hui, Victoria Tin-bor. 2005. *War and State Formation in Ancient China and Early Modern Europe*. Cambridge University Press.

Huntington, Samuel P. 1993. "The Clash of Civilizations?" *Foreign Affairs* 72(3): 22-49.

Huntington, Samuel P. 1996. *The Clash of Civilizations and the Remaking of World Order*. Simon & Schuster.

Ikenberry, G John. 2012. *Liberal Leviathan: The Origins, Crisis, and Transformation of the American World Order*. Princeton University Press.

Ikenberry, G. John. 2009. *After Victory: Institutions, Strategic Restraint, and the Rebuilding of Order after Major Wars*. Princeton University Press.

Janis, Irving L. 1983. *Groupthink: Psychological Studies of Policy Decisions and Fiascoes*. 2nd ed. Boston: Houghton Mifflin.

Jervis, Robert. 1976. *Perception and Misperception in International Politics*. Princeton: Princeton University Press.

Jervis, Robert. 1978. "Cooperation under the Security Dilemma." *World Politics* 30(2): 167-214.

Jervis, Robert. 2002. "Theories of War in an Era of Leading-Power Peace." *American Political Science Review* 96(1): 1-14.

Katzenstein, Peter J, and Robert Keohane eds. 2007. *Anti-Americanisms in World Politics*. Cornell University Press.

Kelly, Robert E. 2012. "A 'Confucian Long Peace' in Pre-Western East Asia?" *Euro-*

pean Journal of International Relations 18(3): 407-430.

Keohane, Robert O., and Joseph S. Nye. 1977. *Power and Interdependence: World Politics in Transition*. Little and Brown.

Kissinger, Henry A. 1994. *Diplomacy*. New York: Simon & Schuster.

Layne, Christopher. 1993. "The Unipolar Illusion: Why New Great Powers Will Rise." *International Security* 17(4): 5-51.

Levi, Margaret. 1988. *Of Rule and Revenue*. University of California Press.

Levy, Jack S. 1983. "Misperception and the Causes of War: Theoretical Linkages and Analytical Problems." *World Politics* 36(1): 76-99.

Levy, Jack S. 1990. "Preferences, Constraints, and Choices in July 1914." *International Security* 15(3): 151-186.

Levy, Jack S. 1994. "The Democratic Peace Hypothesis: From Description to Explanation." *Mershon International Studies Review* 38(2): 352-354.

Levy, Jack S. Levy and William Thompson, 2011. *The Arc of War: Origins, Escalation, and Transformation*. University of Chicago.

Levy, Jack S., and William R. Thompson. 2010. *Causes of War*. John Wiley & Sons.

Mansfield, Edward D., and Jack Snyder. 2005. *Electing to Fight: Why Emerging Democracies Go to War*. MIT Press.

Maoz, Zeev, and Bruce Russett. 1993. "Normative and Structural Causes of Democratic Peace, 1946-1986." *American Political Science Review* 87(3): 624-638.

Mearsheimer, John J. 2001. *The Tragedy of Great Power Politics*. New York: Norton.

Mearsheimer, John J. 2006. "China's Unpeaceful Rise." *Current History* 105 (690): 160-162.

Mearsheimer, John J. 2021. "The Inevitable Rivalry: America, China and the Tragedy of Great-Power Politics." *Foreign Affairs* 100(6): 48-58.

Monteiro, Nuno P. 2014. *Theory of Unipolar Politics*. New York: Cambridge University Press.

Moore, David W. 2001. "Bush Job Approval Highest in Gallup History: Widespread Public Support for War on Terrorism." *Gallup News* (September 24). https://news.gallup.com/poll/4924/bush-job-approval-highest-gallup-history.aspx (검색일: 2022.7.21.)

Morgenthau, Hans J. 1960[1948]. *Politics among Nations: The Struggle for Power and Peace*. third ed. New York: Knopf.

Morrow, James D. 1991. "Alliances and Asymmetry: An Alternative to the Capability Aggregation Model of Alliances." *American Journal of Political Science* 35(4): 904-933.

Morrow, James D. 1993. "Arms Versus Allies: Trade-Offs in the Search for Security." *International Organization* 47(2): 207-233.

Nye, Joseph. 2021. "With China, a 'Cold War' Analogy Is Lazy and Dangerous." *New York Times* (November 2). https://www.nytimes.com/2021/11/02/opinion/biden-china-cold-war.html (검색일: 2024.2.3.)

Oneal, John R., and Bruce Russett. 2001. *Triangulating Peace: Democracy, Interdependence, and International Organizations*. Norton.

Oren, Ido, and Jude Hays. 1997. "Democracies May Rarely Fight One Another, but Developed Socialist States Rarely Fight at All." *Alternatives* 22(4): 493-521.

Oren, Ido. 2002. *Our Enemies and US: America's Rivals and the Making of Political Science*. Cornell University Press.

Organski, A.F.K. 1958. *World Politics*. New York: Knopf.

Owen, John M. 1997. *Liberal Peace, Liberal War*. Ithaca: Cornell University Press.

Owen, John M. 2013. *The Ecology of Nations: American Democracy in a Fragile World Order*. New Haven and London: Yale University Press.

Peceny, Mark, Caroline C. Beer, and Shannon Sanchez-Terry. 2002. "Dictatorial Peace?" *American Political Science Review* 96(1): 15-26.

Pew Research Center. 2016. "Campaign Exposes Fissures over Issues, Values and How Life Has Changed in the U.S." (March 31). https://www.pewresearch.org/politics/2016/03/31/campaign-exposes-fissures-over-issues-values-and-how-life-has-changed-in-the-u-s/ (검색일: 2024.1.29.)

Pressman, Jeremy. 2008. *Warring Friends: Alliance Restraint in International Politics*. Ithaca: Cornell University Press.

Roach, Stephen. 2022. *Accidental Conflict: America, China, and the Clash of False Narratives*. Yale University Press.

Rosecrance, Richard N. 1986. *The Rise of the Trading State: Commerce and Conquest in the Modern World*. New York: Basic Books.

Schweller, Randall L. 1994. "Bandwagoning for Profit: Bringing the Revisionist State Back In." *International Security* 19(1): 72-107.

Sharafutdinova, Gulnaz. 2022. "Putin's War in Ukraine is a Grim Diversion from Domestic Failures." *Riddle* (March 1). https://ridl.io/putin-s-war-in-ukraine-is-a-grim-diversion-from-domestic-failures/ (검색일: 2022.7.21.)

SIPRI Yearbook 2024. Stockholm International Peace Research Institute. https://

www.sipri.org/sites/default/files/YB24%2007%20WNF.pdf (검색일: 2025.2.27.)

Smeltz, Dina and Craig Kafura. 2023. "Americans Grow Less Enthusiastic about Active US Engagement Abroad." Lester Crown Center on US Foreign Policy, The Chicago Council on Global Affairs (October). https://globalaffairs.org/sites/default/files/2023-12/CCS%202023%20US%20Role.pdf (검색일: 2024.1.27.)

Snyder, Glenn H. 1997. *Alliance Politics*. Ithaca, N.Y.: Cornell University Press.

Streich, Philip and Jack Levy. 2007. "Time Horizons, Discounting, and Intertemporal Choice." *Journal of Conflict Resolution* 51(2): 199–226.

Streich, Philip. 2012. "The Balance of Power in Japan's Warring States Period." *Asia Pacific World* 3(2): 17-37.

Tammen, Ronald L., Jacek Kugler, Douglas Lemke, Alan III Stam, Mark Abdollahian, Carole Alsharabati, Brian Buford-Efird, and A.F.K. Organski. 2000. *Power Transitions: Strategies for the 21st Century*. New York: Chatham House Publishers.

The White House. 2009. "Remarks by President Barack Obama in Prague as Delivered." (April 5). https://obamawhitehouse.archives.gov/the-press-office/remarks-president-barack-obama-prague-delivered (검색일: 2024. 1.31.)

Thies, Cameron G. 2005. "War, Rivalry, and State Building in Latin America." *American Journal of Political Science* 49(3): 451-65.

Thompson, William and Leila Zakhirova. 2019. *Racing to the Top: How Energy Fuels Systemic Leadership in World Politics*. New York: Oxford University Press.

Thompson, William R. 2001. "Identifying Rivals and Rivalries in World Politics." *International Studies Quarterly* 45(4): 557-586.

Thompson, William R., Kentaro Sakuwa, and Prashant Hosur Suhas. 2021. *Analyzing Strategic Rivalries in World Politics: Types of Rivalry, Regional Variation, and Escalation/de-escalation*. Springer Nature.

Tilly, Charles. 1990. *Coercion, Capital, and European States, AD 990–1990*. Cambridge and Oxford: Blackwell.

Walt, Stephen M. 1985. "Alliance Formation and the Balance of World Power." *International Security* 9(4): 3-43.

Walt, Stephen M. 1987. *The Origins of Alliances*. Ithaca: Cornell University Press.

Waltz, Kenneth N. 1970. "The Myth of National Interdependence." In *The Interna-*

tional Cooperation. edited by Charles P. Kindleberger. 205-223. MIT Press.

Weitsman, Patricia A. 1997. "Intimate Enemies: The Politics of Peacetime Alliances." *Security Studies* 7(1): 156-193.

Wendt, Alexander. 1992. "Anarchy Is What States Make of It: The Social Construction of Power Politics." *International Organization* 46(2): 391-425.

Wendt, Alexander. 1995. "Constructing International Politics." *International Security* 20(1): 71-81.

Zakaria, Fareed. 1997. "The Rise of Illiberal Democracy." *Foreign Affairs* 76(6): 22-43.

Zenko, Micah. 2016. "Obama's Embrace of Drone Strikes Will Be a Lasting Legacy." *New York Times* (January 12). https://www.nytimes.com/roomfordebate/2016/01/12/reflecting-on-obamas-presidency/obamas-embrace-of-drone-strikes-will-be-a-lasting-legacy (검색일: 2024.1.31.)

찾아보기